beck'sche reihe

bsr

In 50 Jahren wird mehr als ein Drittel der deutschen Bevölkerung aus Zuwanderern bestehen und dennoch wird die Bevölkerungszahl weiter zurückgehen. Angesichts ähnlicher Prognosen für die Nachbarländer stellt sich aus demographischer Sicht die scheinbar unzeitgemäße Frage: Verschwindet Europa?

Herwig Birg untersucht, was es mit dem seit Jahren wahrnehmbaren steilen Bevölkerungsrückgang in Europa auf sich hat und wie er in Zukunft die Lebensverhältnisse in Deutschland verändern wird. Was sind seine Ursachen, was seine Konsequenzen? Ausgehend von sorgfältigen demographischen Berechnungen macht Birg auf die weitreichenden Folgen der negativen Bevölkerungsentwicklung in Wirtschaft, Politik und Gesellschaft aufmerksam und diskutiert Lösungsvorschläge. Birgs Studie veranschaulicht die häufig unterschätzte Bedeutung des immer größer werdenden Mißverhältnisses zwischen einem bevölkerungsarmen Europa und einer rasant wachsenden Weltbevölkerung und erörtert speziell die für Deutschland entstehenden Schwierigkeiten. Dabei werden aktuelle politische Kontroversen um Einwanderungspolitik, Altersvorsorge oder Familienrecht auf ihre demographische Basis zurückgeführt. In einer ethischen Grundlagenreflexion fordert Birg zuletzt nachdrücklich dazu auf, Verantwortung für die kommenden Generationen zu übernehmen und den Generationenvertrag künftig wieder einzuhalten.

Herwig Birg ist Professor für Demographie und Direktor des Instituts für Bevölkerungsforschung und Sozialpolitik der Universität Bielefeld. Er gehört zu den weltweit renommiertesten Experten für Bevölkerungsfragen. Bei C.H. Beck ist erschienen: Die Weltbevölkerung. Dynamik und Gefahren (bsr 2050).

Herwig Birg

Die demographische Zeitenwende

Der Bevölkerungsrückgang in
Deutschland und Europa

Verlag C. H. Beck

Mit 40 Schaubildern und 25 Tabellen

Die erste Auflage dieses Buches erschien 2001.
2. Auflage. 2002
3. Auflage. 2003

Originalausgabe

4. Auflage. 2005
© Verlag C. H. Beck oHG, München 2001
Gesamtherstellung: Druckerei C. H. Beck, Nördlingen
Umschlagentwurf: +malsy, Bremen
Printed in Germany
ISBN 3 406 47552 3

www.beck.de

Für Ursula, meine Frau

Inhalt

1. Einführung 9

2. Transformiert die ökonomische Globalisierung die Weltbevölkerung in eine Weltgesellschaft? 21

3. Das demographisch-ökonomische Paradoxon und der langfristige Rückgang der Geburtenrate in Deutschland und Europa 42

4. Wirtschaftliche Prosperität und demographischer Niedergang 53

5. Grenzen der Familienpolitik im Hinblick auf die Logik biographischer Entscheidungen 64

6. Zweck, Verfahren und Genauigkeit demographischer Vorausberechnungen 83

7. Bevölkerungsvorausberechnungen für Deutschland im 21. Jahrhundert 97

   7.1. Die Eigendynamik der demographischen Schrumpfung und Alterung 97
   7.2. Die demographische Entwicklung der deutschen und der zugewanderten Bevölkerung in den alten und neuen Bundesländern 101
   7.3. Der Einfluß unterschiedlicher Geburtenraten, Lebenserwartungen und Einwanderungen auf die demographische Alterung und die Bevölkerungsschrumpfung 108

8. Bevölkerungsvorausberechnungen für Europa und die südlichen Anrainerstaaten des Mittelmeers 119

9. Veränderungen der Zahl und Größe der privaten Haushalte und des Bedarfs an Wohnraum – regionale und sozialräumliche Aspekte 137

10. Notwendige Vorüberlegungen zur Erforschung der wirtschaftlichen Auswirkungen 160

11. Konsequenzen für das soziale Sicherungssystem in
    Deutschland 170

12. Demographie und Politik 194

13. Ethische Aspekte der menschlichen Fortpflanzung
    – die Verantwortungsethik von Hans Jonas 207

Anmerkungen, Quellen und zitierte Literatur 219

1. Einführung

In regelmäßigen Abständen von zwei Jahren sendet die Bevölkerungsabteilung der Vereinten Nationen ihre jeweils aktuelle Bevölkerungsvorausberechnung an die Nachrichtenredaktionen der Welt. Es gibt inzwischen 16 solcher Aktualisierungen, die letzte Runde stammt vom Februar 2001. Die Berechnungen, die sich bis zum Jahr 2050 erstrecken, haben seit einiger Zeit immer das gleiche Ergebnis: Die Weltbevölkerungszahl wird in den nächsten 50 Jahren, ähnlich wie die mit einem Fehler von nur 2% erstaunlich genau vorausberechnete Erhöhung von 2,5 Mrd. (1950) auf 6,1 Mrd. (2001), bis 2050 um weitere drei auf gut 9 Mrd. wachsen. So wie die Ergebnisse der verschiedenen Berechnungsrunden gleichen sich auch die Kommentare der Nachrichtenredakteure mit ihren Prophezeiungen über drohende Hungersnöte, Umweltkatastrophen und kriegerische Konflikte.

Gegen die seit Jahrhunderten übliche Interpretation, daß es sich bei den vorausgesagten Katastrophen um sogenannte „Bevölkerungsprobleme" handelt, gab es bereits im 18. Jahrhundert starke Proteste. Vor allem der Klassiker der Bevölkerungswissenschaft, der Berliner Gelehrte und Propst Johann Peter Süßmilch, hat gegen diese Interpretation mit großer Energie angekämpft. Von Süßmilch stammt die erste, wissenschaftlich bedeutsame Weltbevölkerungsvorausschätzung und die erste Vorausberechnung der „Tragfähigkeit der Erde". Sie führte zu dem Resultat, daß die Erde, auf der damals etwa eine Dreiviertelmilliarde Menschen lebten, gut 14 Mrd. „tragen" kann („Die Göttliche Ordnung in den Veränderungen des menschlichen Geschlechts", Berlin 1741 und 1765, 2. Teil, S. 177). Um zu demonstrieren, daß die Furcht vor einer „Übervölkerung" der Erde grundlos sei, und daß die meisten „Bevölkerungsprobleme" letztlich politisch und nicht demographisch bedingt sind, rechnete Süßmilch seinen Gegnern vor, daß die gesamte damalige Menschheit auf einer Fläche von der Größe des Bodensees Platz hätte.

Einer meiner jüngeren Studenten, der Süßmilchs Buch, das im Jahr 2001 wegen seiner Aktualität neu erschien, nicht kannte, erwähnte einmal beiläufig, daß er sich lange Zeit über das sogenannte Weltbevölkerungsproblem geängstigt habe, bis ihn eine einfache Dreisatzrechnung endgültig von seinen Ängsten befreite. Die Rechnung habe ihn zu der Einsicht geführt, daß unsere Erde unerschöpfliche Entwicklungsmöglichkeiten birgt und daß es auf diesem Planeten weder Platzprobleme noch irgendwelche Ernährungs-, Energie- oder Umweltprobleme geben würde, wenn wir diese fälschlich als „Bevölkerungsprobleme" bezeichneten Entwicklungsstörungen, bei denen es sich in Wahrheit um politische Probleme handele, vermeiden wollten. – Die Überlegung, die ihm dies zu Bewußtsein brachte, lautet: Wenn die gesamte Erdbevölkerung von z. Zt. gut 6 Mrd. Menschen zu einer Art Vollversammlung oder zu einem großen Open-Air-Konzert zusammenkommen wollte, würde heute immer noch ein Versammlungsplatz von der Größe der Insel Mallorca ausreichen.

Genügt die Erkenntnis des vorwiegend politischen Charakters der meisten Bevölkerungsprobleme wirklich, um alle diesbezüglichen Sorgen zu zerstreuen? Die Antwort auf diese Frage hängt naturgemäß davon ab, welche Ansichten man über die Motive und die Möglichkeiten der Politik hegt. Dabei müssen auch die Idealisten, zu denen ich mich gerne rechnen würde, angesichts der Faktenlage aber kaum noch rechnen kann, einräumen, daß die bloße Möglichkeit, z. B. den Hunger in den Entwicklungsländern durch eine gute Politik aus der Welt zu schaffen, noch niemanden satt gemacht hat, – auch wenn die Produktivität der Böden und Gewässer mehr als ausreichend wäre, um z. B. Afrika und die meisten anderen Entwicklungsländer zu Nahrungsmittelexporteuren zu machen, so daß mehr als die doppelte Erdbevölkerung ernährt werden könnte.

In den reichen Industrieländern stellt sich die Frage nach den Möglichkeiten der Politik, um deren absehbare Bevölkerungsprobleme zu lösen, auf eine andere Weise als in den Entwicklungsländern. Für die nach dem Zweiten Weltkrieg geborenen Menschen in den Industrieländern, insbesondere in Deutschland, die den Hunger niemals am eigenen Leibe erfahren haben, liegt der Gedanke fern, daß der in der zweiten Hälfte des 20. Jahrhunderts erzielte Fortschritt beim Ausbau unseres Wohlfahrtsstaates ausgerechnet aus demographischen Gründen im 21. Jahrhundert wieder gefährdet sein könnte. Wer sich um die demographische Zukunft Sorgen macht, stößt meist auf Unverständnis, weil dies von einem Mißtrauen gegenüber der Politik und von einer Skepsis gegenüber der Problemlösungsfähigkeit der Gesellschaft zu zeugen scheint und schlimmstenfalls sogar den Verdacht erregt, daß sich hinter dem Pessimismus eine undemokratische Gesinnung verbergen könnte. Da politische Macht in einer Demokratie durch Wahlen errungen wird, für deren Erfolg sich das Versprechen einer sorglosen Zukunft als ein geeignetes Mittel erwiesen hat, ist die Verdrängung der demographischen Probleme zu einer heimlichen, überparteilichen Staatsraison unseres demokratischen Wohlfahrtsstaats geworden. Die eingespielten Verdrängungsmechanismen werden erbittert verteidigt, so als seien sie ein Wesensmerkmal der Demokratie selbst.

Um zu zeigen, daß die demographisch bedingten Probleme der Industrieländer ebenso wie die der Entwicklungsländer in Wahrheit nur politische Probleme sind, die sich z.B. mit den Möglichkeiten der Wirtschaftspolitik lösen ließen, wird häufig eine ähnlich einfache Überlegung angestellt wie bei der obigen Rechnung über den Platzbedarf der Weltbevölkerung: Wenn die durch den technischen Fortschritt bewirkte Produktivitätszunahme der Wirtschaft wie seit Jahrzehnten gewohnt auch in der Zukunft zu einem kontinuierlichen Wachstum des Pro-Kopf-Einkommens von z.B. 1,5% pro Jahr führt, wird das reale, inflationsbereinigte Monatseinkommen eines durchschnittlichen Haushalts von heute z.B. 5 Tsd. DM nach der einfachen Zinseszinsrechnung bis zum Jahr 2050 auf das Doppelte und bis 2080 auf mehr als das Dreifache zunehmen. Mit solch hohen Einkommen, so die Überlegung, läßt sich dann die zu erwartende Explosion der Ausgaben für die Alterssicherung und für das Gesundheitssystem, die die demographische Alterung der Gesellschaft mit sich bringt, scheinbar problemlos finanzieren.

Dabei wird übersehen, daß das Volkseinkommen und das Pro-Kopf-Einkommen zwar wachsen, aber der prozentuale Anteil, der nach Abzug der steigenden Ausgaben für die Renten-, Kranken- und Pflegeversicherung und der Steuern übrig bleibt, wächst wesentlich langsamer, so daß nur ein relativ kleiner Teil für Konsumausgaben zur Verfügung steht. Deshalb wird die Zukunft ebenso wenig wie die Vergangenheit durch einen Überfluß für alle geprägt sein. Vielmehr ist mit härteren Konflikten zwischen Jung und Alt, Familien mit Kindern und Kinderlosen sowie gut ausgebildeten Deutschen und in der Regel weitaus weniger qualifizierten Zugewanderten und deren hier geborenen Nachkommen zu rechnen. Gleichzeitig wird der im 20. Jahrhundert gewohnte, schrittweise Ausbau unseres Sozialstaats zum Stillstand kommen und sich aus demographischen Gründen sogar in Richtung auf amerikanische Verhältnisse zurückentwickeln. Dort sind heute z.B. 40 Mio. Bürger ohne Krankenversicherung – eine in Deutschland unvorstellbare Tatsache.

Viele Menschen bewegen die Sorgen über eine ökologisch nachhaltige Entwicklung unseres Landes und unseres Planeten viel stärker als alle übrigen Zukunftsfragen. Dabei kommt es ihnen meist nicht in den Sinn, daß zur ökologischen Nachhaltigkeit eigentlich auch eine demographische Nachhaltigkeit gehört. Daß auch der Mensch eine natürliche Spezies ist, deren abnehmende Zahl in Deutschland und in anderen Industrieländern nicht weniger alarmierend ist als die der zurückgehenden Populationen einiger Tier- und Pflanzenarten, scheint niemanden wirklich zu kümmern. Die Bevölkerungsabnahme wird sogar oft begrüßt, weil sie eine positive Dividende für die Umwelt abzuwerfen scheint. Dabei wird übersehen, daß mit den geringfügigen positiven Wirkungen auf die natürliche Umwelt gleichzeitig negative Auswirkungen auf die soziale und gesellschaftliche Mitwelt verbunden sind. Sie könnten sich für unsere Lebenswelt als weitaus schädlicher erweisen als z.B. eine durch den Menschen verursachte Änderung des Klimas. Die Horrorvorstellungen über die Folgen einer Klimaänderung sind harmlos im Vergleich zu den drohenden kulturellen und sozialen Verwüstungen in unserer Gesellschaft, wenn vielleicht der flächendeckende Einsatz der gentechnischen Analysen und Diagnosen von Krankheitsrisiken in Zukunft mit dem Argument begründet wird, daß sich damit die Kosten des Gesundheitssystems drastisch reduzieren lassen.

Die Umweltprobleme und die demographischen Probleme haben viele Gemeinsamkeiten. Sie kündigen sich Jahrzehnte im voraus an, bevor sie akut werden, und wenn sie da sind, ist es viel zu spät, um das Blatt zu wenden. Aber es gibt auch einen wichtigen Unterschied: Die Klimaveränderung z.B. ist ein Umweltproblem, bei dem sich die Wissenschaft noch nicht sicher ist, zu welchem Anteil die bereits nachweisbare Erhöhung der mittleren Erdtemperatur auf menschliche oder auf natürliche Ursachen zurückzuführen ist. Im Unterschied dazu beruhen alle demographisch bedingten Probleme ausnahmslos auf den Verhaltensweisen der

Menschen. Die Menschen haben es also in der Hand, die Zukunft ihrer gesellschaftlichen und sozialen Mitwelt ganz nach ihren Vorstellungen zu formen.

Ein scheinbar unwiderlegbares Argument gegen die Beschäftigung mit Bevölkerungsproblemen wird in Deutschland aus unserer Geschichte zwischen 1933 und 1945 abgeleitet. Da die jüngere deutsche Geschichte gezeigt habe, wohin es führt, wenn sich Demographie und Politik aufeinander einlassen, erscheint es vielen Menschen geboten, demographische Probleme auf eine möglichst demonstrative Weise zu verdrängen und alle diesbezüglichen Informationen und Erkenntnisse abzuwehren. Dadurch hoffen sie, einer Wiederholung der Geschichte vorzubeugen. Dieses Verhalten hat immerhin mit zu dem positiven Tatbestand beigetragen, daß es in Deutschland keine Bevölkerungspropaganda mehr gibt. Dennoch entsteht aber sofort eine Art Gegenpropaganda, sobald sich auch nur die Möglichkeit abzeichnet, daß sich vielleicht eine aufgeklärte, an Fakten orientierte öffentliche Diskussion über eine an demographischen Zielen orientierte Politik entwickeln könnte. Dies ist ein erklärungsbedürftiges Phänomen. Man muß sich fragen, ob nicht vielleicht gerade die besonders engagierten Gegner jeder Art von öffentlicher Reflexion über Bevölkerungsfragen gegenüber jenen politischen Versuchungen besonders anfällig sind, deren Folgen sie zu Recht fürchten. Die Scheu vor diesem Thema könnte bei diesen Menschen, ähnlich wie bei Suchtkranken, auf der verborgenen Angst vor der eigenen Anfälligkeit beruhen. Dies veranlaßt z.B. abstinente Alkoholiker dazu, den Genuß geistiger Getränke strikt zu meiden, weil sie sich über die Folgen besser im Klaren sind als die Nicht-Süchtigen. Die große Mehrheit der Bevölkerung ist jedoch nicht suchtkrank, und sie darf deshalb auch nicht so behandelt werden.

Natürlich kann die öffentliche Wahrnehmung der wissenschaftlichen Erkenntnisse der Demographie in Anbetracht der geschichtlichen Erfahrung in Deutschland gar nicht kritisch genug sein. Die Kritikfähigkeit setzt jedoch Grundkenntnisse über die demographischen Fakten unserer Gesellschaft voraus, die in der Politik und bei den Medien weitgehend fehlen. Politik und Medien verhalten sich immer noch so, als ob mit jeder Erkenntnis auf dem Gebiet der Demographie und mit ihrer öffentlichen Verbreitung automatisch ein Zwang verbunden wäre, sie in der

Form der zu Recht abgelehnten Bevölkerungspolitik früherer Zeiten sogleich praktisch anzuwenden. Auf der anderen Seite gibt es aber kaum einen Wirklichkeitsbereich von ähnlicher gesellschaftlicher und wirtschaftlicher Tragweite, dessen künftige Entwicklung mit einer so großen Sicherheit vorausberechnet werden kann wie die demographische Entwicklung, so daß Fehlentwicklungen frühzeitig erkannt und vielleicht vermieden werden könnten. Diese Möglichkeiten ungenutzt zu lassen, weil die Demographie in einer bestimmten Phase unserer Geschichte für eine totalitäre Politik, für Rassenhygiene und Eugenik, mißbraucht wurde, läuft darauf hinaus, die katastrophalen Auswirkungen der Nazizeit über das Unvermeidliche hinaus zu verlängern und zu verewigen. Dies ist kein Beitrag zur „Aufarbeitung" der Vergangenheit, sondern eine beschämende Art der Kapitulation vor ihren Folgen, die von einem mangelnden Vertrauen in unsere Demokratie zeugt.

Gegen die Beschäftigung mit Bevölkerungsproblemen kann man allerdings stets die generelle Frage ins Feld führen, was die Menschen von heute eigentlich davon hätten, wenn sie ihre Energie in die Vermeidung der demographisch bedingten Zukunftsprobleme investierten, wo doch die Menschen z.B. des Jahres 2050 auch nichts für die jetzt Lebenden tun? – Für das Nichts-Tun und für das Nicht-Wissen-Wollen gibt es viele Gründe, so daß ich als Autor eine Beweislast spüre, darlegen zu müssen, warum ich dieses Buch überhaupt geschrieben habe. Der wichtigste Beweggrund ist die Aussicht, daß der demographische Niedergang Deutschlands (und Europas) rückblickend einmal als ein Vorzeichen für den Abschied unseres Landes aus seiner tausendjährigen Geschichte gedeutet werden könnte, ohne daß diese Gefahr den heutigen Zeitgenossen überhaupt bewußt war.

Worauf beruht diese Ahnungslosigkeit? Das Interesse an den öffentlichen Angelegenheiten wird primär von den Fragen über die ökonomische Entwicklung in Anspruch genommen, und diese Entwicklung kann nach den bisher vorherrschenden Ansichten der meisten Wirtschaftswissenschaftler von den absehbaren demographischen Problemen auf eine ernsthafte Weise gar nicht negativ beeinflußt werden. Die intensive Beschäftigung mit Bevölkerungsfragen würde nur auf eine überflüssige Störung bei der Verwirklichung der positiven, wenn nicht sogar glänzenden Zukunftsaussichten hinauslaufen.

Diese Meinung hat seit Jahrzehnten die wirtschaftswissenschaftliche Szene dominiert, und wer es wagte, an ihr zu zweifeln, stieß auf taube Ohren. Seit kurzem hat sich der Wind jedoch entscheidend gedreht. Neuerdings äußern sich Ökonomen immer skeptischer über die Wachstumsaussichten der Industrieländer, die sie aus demographischen Gründen gefährdet sehen. Von der Gruppe der führenden Industrieländer wurde die „Global Ageing Initiative" ins Leben gerufen, um Politik und Öffentlichkeit wach zu rütteln. Unter Anwesenheit mehrerer amtierender Minister und früherer Ministerpräsidenten und Notenbankgouverneure fand im Januar 2001 unter Federführung des Washingtoner „Center for Strategic and International Studies" in Zürich eine internationale Konferenz statt, auf der die negativen Auswirkungen der demographischen Entwicklung auf die Volkswirtschaften der sieben bedeutendsten Industrieländer im Zentrum der Debatte standen. Die Gruppe der sogenannten G7-Länder hat einen Anteil von rd. 40% am Sozialprodukt der Welt, und es wird befürchtet, daß sich ihr Gewicht in Zukunft aus demographischen Gründen stark verringern wird.[1] Diese Furcht besteht zu Recht. Die mit der oben dargestellten Beispielrechnung illustrierten positiven Wachstumsaussichten des Pro-Kopf-Einkommens, der zufolge unsere Kinder und Enkel dereinst über ein Haushaltseinkommen verfügen werden, das das heutige um ein Vielfaches übertrifft, könnten gerade durch die demographisch bedingten Umwälzungen unserer Gesellschaft stark beeinträchtigt werden, weil das reibungslose Funktionieren der Wirtschaft in unserer störanfälligen Welt entscheidend von der Stabilität der gesellschaftlichen und kulturellen Basis abhängt, die durch die demographische Drift aus den Fugen geraten wird. Die demographisch bedingten Entwicklungshemmnisse treten schon heute vor allem in den folgenden Bereichen mit großer Deutlichkeit in Erscheinung.

(1) Die Kluft zwischen Verfassungsrecht und Verfassungswirklichkeit hat sich seit den 70er Jahren des vorigen Jahrhunderts beständig erweitert, weil das Ziel des sozialen Rechtsstaates mit den veränderten demographischen Strukturen immer weniger vereinbar ist. Heute bleibt bereits ein Drittel der jüngeren Frauenjahrgänge zeitlebens kinderlos, bei den zwei Dritteln mit Kindern hat die Geburtenrate jedoch den idealen Wert von rd. zwei Kindern pro Frau. Eine noch schärfere, gefahrenträchtigere Spaltung der

Gesellschaft ist kaum vorstellbar. Das Drittel der Frauen und Männer ohne Kinder erfüllt nur einen Teil des Generationenvertrages als Kern des allgemeinen Gesellschaftsvertrages. Diese Menschen zahlen zwar wie alle anderen Beiträge in die sozialen Sicherungssysteme ein, aber die Erziehung künftiger Beitragszahler ist die weitaus wichtigste Verpflichtung aus dem Gesellschafts- und Generationenvertrag, und dieser Vertragsbestandteil wird immer weniger erfüllt. Der Tatbestand selbst ist unbestritten; er läßt sich auf folgenden Nenner bringen: „An Kindern profitiert, wer keine hat!"[2] Hierzu führte Paul Kirchhof, ein früherer Verfassungsrichter, aus: „Den Generationenvertrag des Sozialstaats halten nur die Eltern ein. Daß gerade sie an diesem Vertrag kaum beteiligt werden, ist ein rechtsstaatlicher Skandal."[3] Die demographische Spaltung der Gesellschaft gefährdet nicht nur die Funktionsfähigkeit der sozialen Sicherungssysteme, sondern das Gerechtigkeitsziel als Fundament unserer Verfassung.

(2) Die Einwanderung aus dem Ausland verläuft in Deutschland seit Jahrzehnten ungesteuert. Das Migrations- und Integrationsproblem hat in der Lebenswirklichkeit vieler großer Städte ein besorgniserregendes Ausmaß angenommen. Die Schrumpfung der einheimischen Bevölkerung durch den Sterbeüberschuß – bei gleichzeitigem starkem Wachstum der zugewanderten Populationen durch Geburtenüberschüsse und fortwährende Einwanderungen – hat nicht zur multikulturellen Gesellschaft geführt, sondern zu einem Gesellschaftstyp, den ich als „Multiminoritätengesellschaft" bezeichne, weil die bisherige „Mehrheitsgesellschaft" ihre absolute Mehrheit bei der für die Zukunft wichtigen Altersgruppe der unter 40jährigen vielerorts schon in ein bis zwei Jahrzehnten verlieren wird. Dabei ist die ungesteuerte Einwanderung junger Menschen aus Entwicklungsländern nicht geeignet, um die Altersstruktur der Bevölkerung nachhaltig zu verjüngen. Sie ist auch kein Instrument, um den Bedarf der Wirtschaft an qualifizierten Arbeitskräften zu decken, weil die Bildungsabschlüsse der zugewanderten Bevölkerung und ihrer hier geborenen Nachkommen in den allermeisten Fällen bei weitem nicht dem Qualifikationsniveau der deutschen Bevölkerung entsprechen. Es gibt zwar auch kleine Einwanderergruppen, insbesondere aus Asien, deren Bildungsverhalten zu ähnlichen oder sogar noch höheren Bildungsabschlüssen wie bei der deutschen Bevöl-

kerung führt, aber in Deutschland fallen diese extrem seltenen Ausnahmen quantitativ nicht ins Gewicht.

Über Deutschland hinaus ist für Europa folgendes Faktum von größter Bedeutung: Die Industrieländer können mit ihrem geringen Anteil an der Weltbevölkerung von knapp über einer Milliarde nicht alle Menschen aufnehmen, die in den Entwicklungsländern mit zusammen fünf Milliarden in menschenunwürdigen Verhältnissen leben oder denen die Menschenrechte verwehrt und die politisch verfolgt würden, wenn sie ihre Rechte einforderten. Dennoch bestimmt unsere Verfassung: „Politisch Verfolgte genießen Asyl". Diese Bestimmung hat gute historische und humanitäre Gründe auf ihrer Seite, aber weil sie nicht erfüllbare Illusionen nährt, gefährdet sie auf eine subtile Weise die politische Moral unserer Gesellschaft, anstatt sie zu stärken, wie viele hoffen. Hunderte Millionen von Menschen hätten nach unserer Verfassung ein Recht auf Asyl, wenn es ihnen gelänge, sich nach Deutschland durchzuschlagen. Nur weil die meisten von ihnen zu arm sind, um sich auf den Weg nach Deutschland zu machen, können wir es uns leisten, den Anschein eines großzügigen Landes zu erwecken, dessen Verfassung allen Menschen der Erde ein individuell einklagbares Recht auf Asyl garantiert.

Wer es ernst meint mit dem Schutz für Asylsuchende und Flüchtlinge, muß auch das Asylrecht ernst nehmen, statt es als ein bloßes Zeichen zur Markierung einer Gesinnung oder eines politischen Standpunkts zu instrumentalisieren. Wer wirklich Schutz vor Verfolgung gewähren will, kann nicht gegen die Änderung des Asylrechts sein, denn es ist nicht einzusehen, warum lediglich „politisch" Verfolgte und nicht auch z.B. aus religiösen oder aus rassistischen Gründen Verfolgte aufgenommen und geschützt werden sollen. Gleichzeitig muß aber gewährleistet sein, daß die Hilfe den wirklich Schutzbedürftigen zugute kommt. Von den Gerichten in Deutschland werden jedoch mehr als 90% der Asylanträge abgelehnt, weil der Tatbestand der politischen Verfolgung nicht vorliegt. Bei rd. 60% der Antragsteller liegt weder eine politische Verfolgung vor, noch droht ihnen bei einer Abschiebung in das Heimatland eine Verletzung der Menschenrechte, so daß sie sich weder auf das Asylrecht, noch auf den Schutz durch die Genfer Flüchtlingskonvention berufen können. Dies bedeutet, daß die Mehrheit der Antragsteller einen Schutz beansprucht und erhält, obwohl ihnen diese Hilfe rechtlich nicht zusteht. Ein Gesetz, das in einem solchen Ausmaß seinen Zweck verfehlt, ist ein schlechtes Gesetz und wertet auch die Gründe und Motive ab, mit denen es z.B. von den christlichen Kirchen gegen jede Änderung verteidigt wird.

Eine Verfassung, die in einem so bedeutsamen Rechtsbereich wie dem Grundrecht auf Asyl die Aufrechterhaltung des schönen Scheins über die Realität stellt, erleidet Einbußen an ihrer Glaubwürdigkeit und Substanz. Wenn sich z.B. eine politische Partei auf den Asyl-Artikel des Grundgesetzes beriefe, aber dafür nur heuchlerische Gründe hätte, könnte man sie mit der Verfassung nicht in die Schranken weisen, weil sich die Asylbestimmung unserer Verfassung nicht beim Wort nehmen läßt. Wir brauchen ein Einwanderungsgesetz, durch das die Quoten für Einwanderer aus humanitären Gründen, insbesondere für Flüchtlinge und Asylbewerber, und die Quoten für die aus Arbeitsmarktgründen benötigten Zuwanderer, jährlich aufs neue getrennt voneinander festgelegt werden, so daß sich die Gesamtquote aus der Summe der Einzelquoten ergibt. Bei dieser Art von Quotierung ist gewährleistet, daß Einwanderer aus humanitären und aus wirtschaftlichen Gründen nicht gegeneinander aufgerechnet werden, wie es bei der Festlegung einer Gesamtquote mit anschließender Aufteilung unvermeidlich ist. Dieses Verfahren zwingt die Gesellschaft zu einem offenen, klaren Bekenntnis über das wahre Ausmaß ihrer Hilfsbereitschaft für schutzbedürftige Bürger anderer Länder. Im Ergebnis würde dies wahrscheinlich bedeuten, daß Deutschland wesentlich mehr statt weniger wirklich Schutzbedürftige aufnehmen würde als bisher, weil die Mehrheit, die jetzt einen Schutz erhält, ohne dazu berechtigt zu sein, abgewiesen werden könnte. Im übrigen würde sich die Opferbereitschaft mit Sicherheit erhöhen, wenn die Bürger das Empfinden hätten, daß der Mißbrauch des Asylrechts eingedämmt wird.

(3) Ohne permanente Einwanderungen schrumpft die Bevölkerung in Deutschland seit Anfang der 70er Jahre des 20. Jahrhunderts. Der Rückgang wird sich im Verlauf des 21. Jahrhunderts beschleunigen. Dabei wird der demographische Aderlaß besonders in den neuen Bundesländern ein bedrohliches Ausmaß erreichen. Selbst wenn sich die in den neuen Ländern besonders niedrige Geburtenrate schon in naher Zukunft an das höhere Niveau

im Westen anpaßte und danach konstant bliebe, würde die Bevölkerung der neuen Bundesländer bis zur Mitte des 21. Jahrhunderts von rd. 15 auf 11 Mio. und bis zu dessen Ende auf 6 Mio. abnehmen, und zwar auch dann, wenn ihr immer noch bestehender Wanderungsverlust an die alten Bundesländer durch Einwanderungsüberschüsse aus dem Ausland mehr als ausgeglichen würde.

Sucht man einen gemeinsamen Nenner für die vielfältigen Ursachen der neuen demographischen Phänomene, so ist es kaum möglich, die Entwicklung mit einem einzigen Wort prägnant zu bezeichnen. Ein Begriff, der dies am ehesten leisten könnte, wäre der Begriff der kulturellen Revolution, wenn die Worte „Kultur" und „Revolution" nicht durch ihren inflationären Gebrauch schon zu abgenutzt wären. Jede Kultur, jede Gesellschaft lebt von der Geltungskraft ihrer ethischen Prinzipien. Ethische Maßstäbe können zwar nicht absolut gelten, wenn die Lebenswirklichkeiten unterschiedlich sind, aber trotz aller Relativität der kulturellen Werte gibt es einen Punkt, bei dem auch die unterschiedlichsten Kulturen mit ihren voneinander abweichenden Ethik- und Wertesystemen verglichen werden können: Dies ist die Fähigkeit und Bereitschaft der Menschen, über das eigene Leben hinaus zu denken, zu planen und darauf aufbauende Entscheidungen für die Zeit jenseits ihrer Lebensspanne zu treffen. Eines der wichtigsten Ergebnisse solcher Entscheidungen sind die Kinder, die die demographische Reproduktion einer Kultur gewährleisten.

Was die Forschung nach den Ursachen der niedrigen Geburtenrate in Deutschland, Europa und darüber hinaus betrifft, so ist es, als ob wir den Schlüssel in der Hand haltend nach ihm suchen: In Fragen der Fortpflanzung gibt es keine andere Erklärung für unser Wollen oder Nicht-Wollen als unsere kulturellen Prinzipien, die letztlich auch unsere wirtschaftliche Leitungsfähigkeit ermöglicht haben. Die kulturellen Werte fallen nicht vom Himmel, sie entstehen, erlangen Geltung oder vergehen ausschließlich durch menschliche Handlungen und Unterlassungen. Insbesondere das demographisch relevante Handeln wirkt werteschaffend oder wertevernichtend. Die praktischen Auswirkungen dieser ungreifbaren qualitativen Sphäre sind so real, daß sich die qualitativen Vorgänge auch in quantitativen ökonomischen Größen niederschlagen und mit Zahlen messen lassen. Einer dieser Maßstäbe ist das Pro-Kopf-Einkommen, das bei einer stabilen Bevölkerungsentwicklung wahrscheinlich wesentlich höher wäre als das zu erwartende, wenn die in der Wirtschaft benötigten Arbeitskräfte in der Zukunft verstärkt aus Einwanderern aus Entwicklungsländern rekrutiert werden müssen, deren Ausbildungsniveau in den weitaus meisten Fällen nicht den von der Wirtschaft gewohnten Standards entspricht.

In der Geschichte Europas hat es bereits früher Phasen eines intensiven Bevölkerungsrückgangs gegeben, in Deutschland zuletzt während des Dreißigjährigen Krieges, als die Bevölkerungszahl in vielen Regionen um ein Drittel oder die Hälfte zurückging. Auch in Zeiten ohne kriegerische Auseinandersetzungen wurde das Bevölkerungswachstum zuweilen unterbrochen, meist bedingt durch einen Anstieg der Sterblichkeit nach dem Ausbruch von Seuchen oder durch Hungersnöte infolge von Mißernten. Trotzdem wuchs die Bevölkerung Europas seit der Neuzeit und besonders stark seit der Industrialisierung in den vergangenen Jahrhunderten beständig an. Der gegenwärtige Übergang aus der jahrhundertelangen Phase des Bevölkerungswachstums in die Phase einer lang anhaltenden Bevölkerungsschrumpfung, deren Beginn in vielen Ländern zeitlich mit dem Anfang des 21. Jahrhunderts zusammenfällt, ist ein neues Phänomen, weil die Veränderung keine negativen äußeren Ursachen wie Kriege, Seuchen oder Hungersnöte hat und weil sie sich in Friedenszeiten und bei einem nie gekannten Wohlstand vollzieht.

2. Transformiert die ökonomische Globalisierung die Weltbevölkerung in eine Weltgesellschaft?

Angenommen es gäbe schon seit ein paar Jahrzehnten eine Weltgesellschaft und die Weltregierung hätte im Rahmen eines Weltbevölkerungsplans den jungen Frauengenerationen in Deutschland empfohlen, ihre Fortpflanzungsrate zu verringern und zu einem Drittel zeitlebens kinderlos zu bleiben, so daß das demographische Defizit permanent durch hohe Einwanderungen ausgeglichen werden müßte, damit die wirtschaftlichen und gesellschaftlichen Abläufe aufrecht erhalten werden können, – dann wäre das geschehen, was seit dem letzten Viertel des vorigen Jahrhunderts aus der demographischen Statistik Deutschlands ablesbar ist.

Die Vereinten Nationen haben das Ergebnis dieser Entwicklung bis zum Jahr 2050 vorausberechnet. Danach wird in Deutschland der Prozentanteil der zugewanderten Bevölkerung, einschließlich deren Geburtenüberschüsse, in den kommenden 50 Jahren so stark zunehmen, daß er mit den bereits heute hier lebenden Menschen ohne deutschen Paß im Landesdurchschnitt rund ein Drittel und in den Großstädten über 50% erreicht, – und dennoch wird die Bevölkerungszahl beständig zurückgehen. Die im März 2000 veröffentlichte Vorausberechnung der UN ist zwar im Internet allgemein verfügbar, aber nur ein verschwindend kleiner Bruchteil der Bevölkerung hat davon Kenntnis.[4] Da die Menschen nichts von diesen Dingen wissen, können sie sich mit ihrem Fortpflanzungsverhalten nicht nach irgendwelchen Empfehlungen gerichtet haben, und selbst wenn ihnen tatsächlich jemand eine Änderung ihres Fortpflanzungsverhaltens vorgeschlagen hätte, wäre dies – denkt man dieses Gedankenspiel weiter – wahrscheinlich als eine Zumutung empfunden und mit Empörung zurückgewiesen worden.

Die UN haben mit ihren Vorausberechnungen nichts anderes getan, als die Folgen des tatsächlichen Verhaltens der Menschen in die Zukunft fortzuschreiben, so wie es auch die demographischen Forschungsinstitute in und außerhalb Deutschlands seit Jahrzehnten praktizieren. Die dabei festgestellten demographischen Veränderungen scheinen sich ohne Zutun von irgend jemandem wie von selbst in die von vielen Beobachtern erwartete Richtung zu entwickeln. Abgesehen von Frankreich, England und den nordeuropäischen Ländern, in denen diese Entwicklung in moderaterer Form abläuft, vollzieht sich in ganz Europa und darüber hinaus auch in den meisten Entwicklungsländern ein grundlegender Wandel – eine demographische Zeitenwende –, die viele in ungläubiges Erstaunen versetzt, so als ob am Firmament plötzlich ein neues Sternbild aufgetaucht wäre, dessen Erscheinen von der Wissenschaft zwar vorausberechnet worden war, das aber jetzt, wo es deutlich am Himmel steht, dennoch viele überrascht. Was bedeutet dieser Wandel, diese in allen Weltregionen gleichgerichtete demographische Drift? Entsteht jetzt in den verschiedenen Ländern und Regionen der Erde aus der Weltbevölkerung tatsächlich die von vielen ersehnte und von einigen gefürchtete sogenannte Weltgesellschaft?

Wie sich in jedem Lindenblatt mit seinen Adern und Verästelungen die Form des ganzen Baumes widerspiegelt, so ist die Menschheitsgeschichte bei allen Eigenheiten ihrer Epochen sich selbst ähnlich geblieben, als wäre sie in gleichförmigen Bewegungen stets um sich selbst gekreist, auch wenn sie dabei wie eine Spirale eine Richtung beibehielt. Zur Beschreibung der Grundfigur ihrer Bewegung sind viele ihrer Umdrehungen, viele Epochen, als Beispiele geeignet. Eine der treffendsten Charakterisierungen der aktuellen Geschehnisse, die erst heute mit dem Begriff der „Globalisierung" bezeichnet werden, obwohl die Weltgeschichte schon seit langem eine Globalisierungsgeschichte gewesen ist, wurde bereits im 19. Jahrhundert veröffentlicht. Die folgende Beschreibung der Globalisierung stammt aus dem Kommunistischen Manifest von Karl Marx von 1848: „Die fortwährende Umwälzung der Produktion, die ununterbrochene Erschütterung aller gesellschaftlichen Zustände, die ewige Unsicherheit und Bewegung zeichnet die Bourgeoisieepoche vor allen früheren aus. Alle festen eingerosteten Verhältnisse mit ihrem Gefolge von altehrwürdigen Vorstellungen und Anschauungen werden aufgelöst, alle neugebildeten veralten, ehe sie verknöchern können. ... Die uralten nationalen Industrien sind vernichtet worden und werden noch täglich vernichtet. Sie werden verdrängt durch neue Industrien, deren Einführung eine Lebensfrage für alle zivilisierten Nationen wird, durch Industrien, die nicht mehr einheimische Rohstoffe, sondern den entlegensten Zonen angehörige Rohstoffe verarbeiten und deren Fabrikate nicht nur im Lande selbst, sondern in allen Weltteilen zugleich verbraucht werden.... An die Stelle der alten lokalen und nationalen Selbstgenügsamkeit und Abgeschlossenheit tritt ein allseitiger Verkehr, eine allseitige Abhängigkeit der Nationen voneinander.... Die Bourgeoisie reißt durch die rasche Verbesserung aller Produktionsinstrumente, durch die unendlich erleichterten Kommunikationen alle, auch die barbarischsten Nationen in die Zivilisation ..."[5]

Karl Marx hat mit dieser Charakterisierung des Globalisierungsprozesses ins Schwarze getroffen. Könnte er auch mit seiner Prophezeiung recht behalten, daß sich dereinst eine Weltgesellschaft herausbilden wird, die – aus heutiger Sicht – nicht kommunistisch geprägt, aber tatsächlich eine neue, die alten Nationen ablösende *Welt*gesellschaft sein wird? Die Frage bezüglich des Entstehens einer Weltgesellschaft drängt sich geradezu auf, wenn man die weltweiten demographischen Veränderungen im Zusammenhang mit der ökonomischen Globalisierung betrachtet. Die diesbezüglichen Fakten sind jedoch noch kaum im öffentlichen Bewußtsein präsent. Es ist wie bei allen großen Umwälzungen: Sie zeichnen sich dadurch aus, daß nichts an ihnen verborgen ist, so daß ihre Kennzeichen offen zutage liegen, aber gerade deshalb nicht wahrgenommen werden. Der Ethnologe Claude Lévi-Strauss ist mit der folgenden Bewertung der Tragweite der demographischen Zeitenwende unter den wissenschaftlichen Beobachtern bisher noch eine Ausnahme: „Im Vergleich zur demographischen Katastrophe ist der Zusammenbruch des Kommunismus unwichtig."[6]

Für das noch junge 21. Jahrhundert läßt sich zeigen, daß sich in allen Kontinenten parallel zur ökonomischen Globalisierung eine demographische Globalisierung vollzieht, die sich vielleicht als eine der Ursachen für die Entwicklung einer Weltgesellschaft deuten läßt, und die in Zukunft einmal, falls diese Weltgesellschaft wirklich entsteht, als eine ihrer frühen Auswirkungen zu interpretieren wäre. Da sich das demographische Fundament einer künftigen Weltgesellschaft notwendigerweise aus den Populationen der bisherigen Weltbevölkerung zusammensetzen muß, ist es wichtig, bei der Suche nach Anzeichen für das Entstehen einer Weltgesellschaft die weltweiten demographischen Veränderungen genau in den Blick zu nehmen.

Am Beginn des 21. Jahrhunderts bestand die Welt aus 184 Ländern mit einer Einwohnerzahl von 200 000 oder mehr, davon hatten 153 Länder mehr als eine und 77 mehr als 10 Mio. Einwohner. Auf die 30 größten Länder entfielen rd. 80% der Weltbevölkerung – knapp fünf von den rd. 6,1 Mrd. Menschen. Unter den 30 größten Ländern war Polen mit 39 Mio. das kleinste, China mit 1,3 Mrd. das größte (Zahlen für 2000). – Vergleicht man die Entwicklung der 30 größten Länder mit dem Ziel, Zusammenhänge zwischen den ökonomischen und den demographischen Veränderungen zu erkennen, so stößt man auf einen grundlegenden Tatbestand, den ich als *„demo-ökonomisches Paradoxon"* bezeichnet habe: Es scheint auf den ersten Blick paradox, daß die Pro-Kopf-Geburtenzahl in jenen Ländern besonders niedrig ist, in denen das Pro-Kopf-Einkommen ein überdurchschnittlich hohes Niveau erreicht hat. Dabei fungiert das Pro-Kopf-Einkommen als Maßstab für den Entwicklungsstand eines Landes. Ein anderer Maßstab ist die Lebenserwartung. Bei Verwendung der Lebenserwartung statt des Pro-Kopf-Einkommens ergibt sich der gleiche gegenläufige Zusammenhang: Je höher die Lebenserwartung war bzw. je stärker sie zunahm, desto niedriger war bzw. ist die Kinderzahl pro Frau (*Schaubild 1*). Einem Zuwachs der Lebenserwartung in Asien und Lateinamerika in den letzten zwei bis drei Jahrzehnten um rd. 10 Jahre entsprach im Mittel eine Abnahme um rd. 2,5 Geburten je Frau (*Schaubild 2*). Mißt man den Entwicklungsstand eines Landes nicht nur an der Lebenserwartung und am Pro-Kopf-Einkommen, sondern auch am Alphabetisierungsgrad der Bevölkerung, indem man die drei Größen zu einem Index zusammenfaßt (= *Human Development Index*), bestätigt sich der Grundzusammenhang: Jedes Land hat auf der Skala des Human Development Index einen Wert zwischen 0 und 1; je höher diese Maßzahl ist, desto niedriger ist tendenziell die Zahl der Lebendgeborenen pro Frau (*Schaubild 3*).

Der gegenläufige Zusammenhang zwischen dem Entwicklungsstand und der Geburtenrate läßt sich in den letzten drei Jahrzehnten besonders stringent in Asien und Europa sowie in Mittel- und Südamerika nachweisen. Auch in Afrika war dieser Zusammenhang zwischen 1970 und 1985 noch deutlich erkennbar, aber seit dem Ende der 80er Jahre wurde er durch die auf der

Aids-Pandemie beruhende Abnahme der Lebenserwartung so stark überlagert, daß die Gültigkeit dieser Regel in Afrika nicht mehr deutlich in Erscheinung tritt (vgl. die beiden Kurven mit und ohne Aids für Afrika in *Schaubild 2*). Auch in Osteuropa ist der Zusammenhang infolge des Rückgangs der Lebenserwartung der Männer in Rußland nach dem Zusammenbruch der kommunistischen Gesellschaftsordnung nicht mehr deutlich sichtbar, aber in Europa ohne Rußland ist die grundlegende Beziehung nach wie vor ebenso klar zu erkennen wie in Asien und in Mittel- und Südamerika (*Schaubild 2*). Nur in den USA weicht die Entwicklung von der Grundregel ab, ohne daß hierfür wie in der früheren UdSSR irgendwelche gesellschaftlichen Umwälzungen verantwortlich sind. In den USA stieg die Lebenserwartung zwar im gleichen Tempo wie in Europa und Asien, aber die Kinderzahl pro Frau blieb dennoch seit den 70er Jahren auf dem vergleichsweise hohen Niveau von 1,8 bis 2,0 Lebendgeborenen pro Frau annähernd konstant.

Vergleicht man die Länder nicht untereinander zu einem bestimmten Zeitpunkt, sondern verfolgt jedes Land bzw. jeden Erdteil für sich im Zeitverlauf, dann läßt sich die mit zunehmender Lebenserwartung abnehmende Kinderzahl pro Frau durch eine fallende Linie beschreiben. Auf dieser Linie bewegt sich jedes Land in vertikaler Richtung von einer hohen zu einer niedrigen Geburtenzahl pro Frau und gleichzeitig in horizontaler Richtung von einer niedrigen zu einer hohen Lebenserwartung (*Schaubild 2*). Die Linie für Mittel- und Südamerika verläuft annähernd parallel zur Linie für Asien. Beide Linien bewegen sich aufeinander zu und münden in die tiefer liegende Linie für Europa. Aus den gleichgerichteten Bewegungen der Länder und Kontinente läßt sich auf eine internationale Konvergenz der demographischen Verhaltensweisen schließen. Nur Afrika und Nordamerika sind von dieser Konvergenz wenig bzw. gar nicht betroffen. Die demographische Konvergenz hat heute in den verschiedenen Erdteilen zu den folgenden demographischen Gegebenheiten geführt (Daten für 1995–2000):[7]

In *Europa* beträgt die Geburtenzahl pro Frau 1,41, sie liegt um ein Drittel unter dem Niveau, das für die langfristige Konstanz der Bevölkerung ohne Wanderungen erforderlich wäre (= 2,1 Lebendgeborene je Frau = „Bestandserhaltungsniveau"). Die

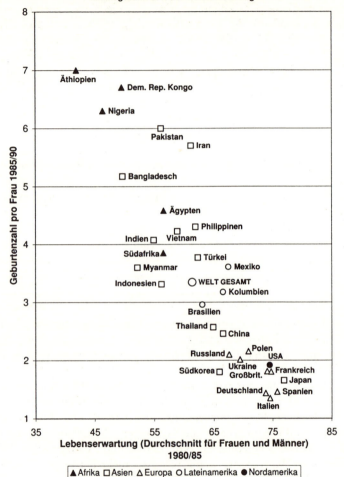

Schaubild 1: Zusammenhang zwischen der Geburtenzahl pro Frau und der Lebenserwartung für die 30 bevölkerungsreichsten Länder der Welt mit insgesamt 80% der Weltbevölkerung

Quelle: H. Birg, IBS, Universität Bielefeld.
Daten: UN (Ed.), World Population Prospects, 1998 Revision, New York 1999.

Schaubild 2: Zusammenhänge zwischen der Zunahme der Lebenserwartung und der Abnahme der Geburtenzahl pro Frau

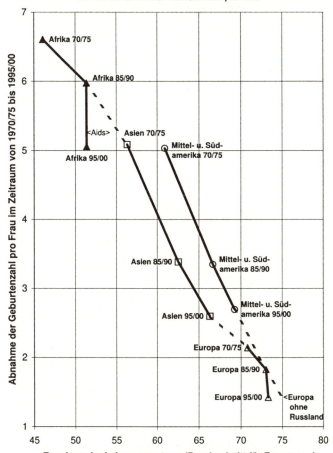

Quelle: H. Birg, IBS, Universität Bielefeld.
Daten: UN (Ed.), World Population Prospects, 1998 Revision, New York 1999 (mittlere Projektionsvariante).

Schaubild 3: Zusammenhang zwischen der Geburtenzahl pro Frau und dem Human Development Index (HDI) für die 30 bevölkerungsreichsten Länder der Welt mit insgesamt 80% der Weltbevölkerung

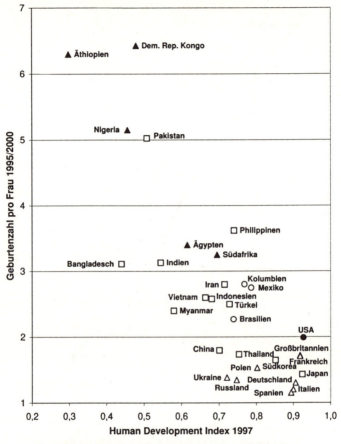

Quelle: H. Birg, IBS, Universität Bielefeld.
Daten: Human Development Index: UNDP (Ed.), Bericht über die menschliche Entwicklung, New York 1999. Geburtenzahl pro Frau: UN (Ed.), World Population Prospects, 1998 Revision, New York 1999 (mittlere Projektionsvariante).

Lebenserwartung der Männer beträgt zum Zeitpunkt der Geburt im Durchschnitt Europas 69,2, die der Frauen 77,4 Jahre.

In *Asien* und in *Mittel- und Südamerika* übertrifft die Geburtenzahl pro Frau das Bestandserhaltungsniveau etwa im gleichen Maße, wie es in Europa unterschritten wird (2,70 bzw. 2,69). Die Lebenserwartung der Männer liegt in Asien bei 64,8, die der Frauen bei 67,9 Jahren. In Mittel- und Südamerika erreicht sie mit 66,1 (Männer) bzw. 72,6 (Frauen) ein ähnliches Niveau wie in Europa.

In *Afrika* nahm die Geburtenrate von 1985–90 bis 1995–2000 von 6,0 auf 5,3 Lebendgeborene pro Frau ab. Die Lebenserwartung der Männer erhöhte sich nur geringfügig von 49,7 auf 50,0, die der Frauen ging sogar leicht zurück (53,0 bzw. 52,8). Die Daten für die Lebenserwartung sind allerdings als relativ unsichere Schätzungen zu interpretieren, denn in den meisten Ländern Afrikas gibt es keine zuverlässigen demographischen Statistiken.

Durch die forcierte ökonomische Globalisierung gewinnt der gegenläufige Zusammenhang zwischen dem Entwicklungsstand eines Landes und der Geburtenzahl pro Frau in Zukunft eine noch größere Bedeutung. Auf Grund des weltweiten ökonomischen Entwicklungsprozesses hat sich der biographische Entwicklungs- und Entfaltungsspielraum der Individuen – ihr „biographisches Universum" – in vielen Populationen der Welt, vor allem in den sich herausbildenden Mittelschichten der armen Länder, seit Jahrzehnten beständig erweitert. Entsprechend stark nahmen die Risiken langfristiger Festlegungen im Lebenslauf zu, so daß die Geburtenrate im Verlauf der Industrialisierung, Urbanisierung und der kulturellen Säkularisierung weltweit sank.[8] Von der Bevölkerungsabteilung der Vereinten Nationen wird erwartet, daß die Geburtenzahl pro Frau, die im Zeitraum 1995–2000 im Weltdurchschnitt noch 2,82 betrug, noch vor der Jahrhundertmitte die langfristig bestandserhaltende Zahl von 2,13 unterschreiten wird, so daß die Weltbevölkerung nach Ausklingen des von der jungen Altersstruktur getragenen „Schwungs" des Bevölkerungswachstums am Ende des Jahrhunderts ihr Maximum erreicht und danach abzunehmen beginnt.

Auf eine mögliche Abnahme der Weltbevölkerungszahl ist die Öffentlichkeit noch wenig vorbereitet. Die Weltbevölkerungsentwicklung wurde bisher in der Regel mit Begriffen wie „Bevölkerungsexplosion" und „Bevölkerungsbombe" beschrieben, aber für die entwicklungsimmanenten, wachstumsbegrenzenden Faktoren, die langfristig den Übergang in die Bevölkerungsschrumpfung herbeiführen werden, gab es bisher keine einprägsamen Metaphern und Begriffe. Das Weltbevölkerungswachstum setzt sich zwar auch nach Erreichen und sogar nach Unterschreiten der bestandserhaltenden Zahl von 2,13 Geburten pro Frau auf Grund der in der jungen Altersstruktur der Weltbevölkerung eingebauten Eigendynamik der demographischen Prozesse noch einige Jahrzehnte lang fort, aber das Wachstum wird immer schwächer und könnte gegen Ende des 21. Jahrhunderts bei einer Weltbevölkerungszahl von rd. 9 Mrd. zum Stillstand kommen. Die Vereinten Nationen haben die Zahlen für die Weltbevölkerung wiederholt revidiert und dabei rückwirkend bis 1950 stets nach unten korrigiert. Die hier genannten Zahlen enthalten die beiden neuesten Revisionen von 1998 und von 2000, durch die sich auch die Vorausberechnungsergebnisse im Vergleich zu früheren Veröffentlichungen automatisch verringerten.

Im Verlauf des Globalisierungsprozesses polarisiert sich die Welt immer mehr in eine kleine Gruppe von wirtschaftlich starken Ländern mit demographischer Stagnation oder Schrumpfung und in eine wesentlich größere Ländergruppe mit Bevölkerungswachstum und niedriger Wirtschaftskraft. Diese spiegelbildlich verkehrten wirtschaftlichen und demographischen Welten sind in den *Schaubildern 4 und 5* dargestellt, indem die Flächen der Länder proportional zu ihrer Wirtschaftskraft (= ökonomische Weltkarte) bzw. proportional zu ihrer Geburtenzahl (= demographische Weltkarte) gezeichnet wurden.[9] Dabei sind die absoluten Bevölkerungszahlen weniger interessant als die Veränderungen der Altersstruktur und der internationalen Bevölkerungsverteilung: Die niedrige Geburtenrate bewirkt in den Industrieländern einen Rückgang der Zahl und des prozentualen Anteils der nachwachsenden jüngeren Bevölkerungsgruppen, während sich gleichzeitig die Zahl der Älteren absolut und relativ erhöht, so daß der Altenquotient (= Zahl der über 60jährigen auf 100 Menschen im Alter von 20 bis 60) in den Industrieländern bis zur Mitte des Jahrhunderts geradezu dramatisch um das Zwei- bis Dreifache ansteigt.

Die gesellschaftlichen und wirtschaftlichen Folgen dieser Entwicklung sind gravierend. In den Ländern, deren soziale Sicherungssysteme auf dem sogenannten Umlageverfahren beruhen, steigen die Kosten für die gesetzliche Renten- und Pflegeversicherung parallel zum Altenquotienten steil an. Denn beim Umlageverfahren werden die Leistungen für die Rentner und die Pflegebedürftigen aus den Beitragszahlungen der im gleichen Jahr erwerbstätigen Bevölkerung finanziert, deshalb sind diese Beiträge längst verausgabt, wenn die Beitragszahler ihrerseits in den Ruhestand treten oder pflegebedürftig werden und dann von den zahlenmäßig stark dezimierten Jüngeren unterstützt werden müssen. Hinzu kommt ein ähnlich starker Anstieg der Kosten der gesetzlichen Krankenversicherung, der auf der Zunahme der Zahl der älteren Menschen und der Abnahme der Zahl der beitragszahlenden jüngeren beruht. In Deutschland beträgt die Summe der von Arbeitnehmern und Arbeitgebern gemeinsam getragenen Abzüge für die Renten-, Kranken- und Pflegeversicherung heute gut ein Drittel des Bruttoeinkommens, einschließlich der Arbeitslosenversicherung sind es rd. 40%. Dieses Drittel an Abzügen müßte auf Grund des Anstiegs des Altenquotienten bis 2040–50 etwa verdoppelt werden, wenn das Versorgungsniveau der Rentner, der Kranken und der Pflegebedürftigen nicht verringert werden soll – eine ebenso unabweisbare wie undurchführbare Konsequenz. In Kapitel 11 wird auf die Konsequenzen dieser Entwicklung für die Reform der gesetzlichen Renten-, Kranken- und Pflegeversicherung näher eingegangen.

Vor allem in Deutschland wurden die Kosten der sozialen Sicherung bisher in erster Linie durch prozentuale Abzüge von den Löhnen und Gehältern gedeckt, weniger durch die privaten Ersparnisse, die erst nach der Reform der Rentenversicherung eine größere Rolle spielen werden. Dabei bilden die Kosten für die soziale Sicherung einen erheblichen Bestandteil der sogenannten Lohnnebenkosten, die sich in den „Lohnstückkosten" niederschlagen – so werden die in einer Volkswirtschaft für jede produzierte Gütereinheit im Durchschnitt aufgewandten Lohnkosten bezeichnet. Hohe Lohnnebenkosten beeinträchtigen die internationale Wettbewerbsfähigkeit einer Volkswirtschaft, weil sie die Lohnstückkosten und damit die Güterpreise erhöhen. Auf diese Weise hängt die ökonomische Globalisierung eng mit der demographischen zusammen. Die ökonomische und die demographische Globalisierung bilden zwei Seiten der gleichen Medaille, so daß sich die Frage stellt, ob man aus der zunehmenden

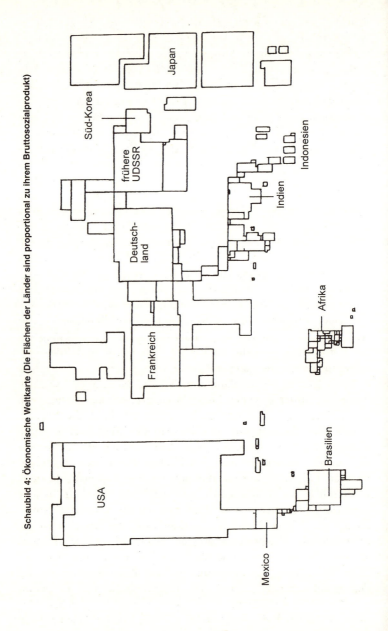

Schaubild 5: Demographische Weltkarte (Die Flächen der Länder sind proportional zu ihrer Geburtenzahl)

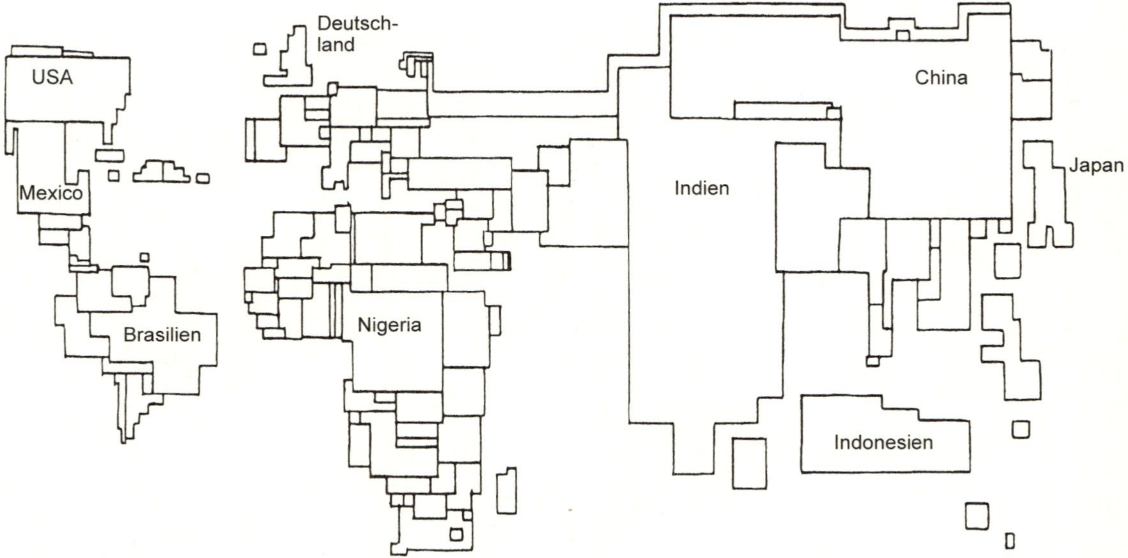

Abhängigkeit der beiden Seiten auf das Zusammenwachsen der Länder zu einer Weltgesellschaft schließen kann.

Um die negativen ökonomischen Auswirkungen der demographischen Alterung zu mildern, werden die Industrieländer in Zukunft die Einwanderung jüngerer Menschen verstärkt als ein wirtschaftspolitisches Instrument einsetzen, obwohl sich die demographische Alterung durch die Einwanderung junger Menschen nur abschwächen, aber keinesfalls abwenden läßt, wie entsprechende Forschungsarbeiten klar belegen (siehe hierzu Kapitel 7 und 8).[10] Dabei verbinden sich besonders in Deutschland mit dem Thema Migration nicht nur ökonomische, sondern auch gesellschaftspolitische Ziele. Viele erwarten, daß die transnationalen Migrationsprozesse zu tiefgreifenden politischen Veränderungen führen, in deren Verlauf sich die Populationen der Welt in Gesellschaften verwandeln, die ihre nationalstaatliche Geschichte hinter sich lassen. In dieser neuen, globalen Weltgesellschaft sollen dann nationale und kulturelle Grenzen keine Rolle mehr spielen, weil die nationalen Kulturen – folgt man dieser Betrachtungsweise – keine Funktion mehr haben werden. Aus dieser Sicht wird der Nationalstaat bereits heute – also gleichsam schon rückblickend – nur noch als eine überholte Form des gesellschaftlichen Zusammenlebens betrachtet: Der Nationalstaat wird als die optimale Gesellschaftsform zur Lösung jener Probleme angesehen, die ohne ihn gar nicht erst entstanden wären.

Diese Sicht ist in sich widersprüchlich und unrealistisch. Denn wenn der Integrationsprozeß der Einwanderer gelingt, bewirkt dies möglicherweise einen Wandel der Gesellschaft zu einer Einwanderungsgesellschaft, aber gerade dadurch könnten die betreffenden Nationalstaaten sich dazu veranlaßt sehen, ihre bisherigen nationalen Strukturen zu konservieren und ihre Identitäten zu bewahren, statt sie aufzugeben, so wie dies die klassischen Einwanderungsgesellschaften, vor allem die USA, gezeigt haben, wobei man diesem Land alle möglichen Ziele unterstellen kann, nur nicht jenes, in einer gemeinsamen Weltgesellschaft aufgehen zu wollen. Insbesondere die Einwanderer in die USA sind stolz, Amerikaner zu sein, es kommt ihnen nicht in den Sinn, ihre neue Identität als einen Schritt auf dem Weg in eine Weltgesellschaft zu begreifen. Auch die Präsidenten der USA wetteifern in diesem Stolz miteinander, während die Präsidenten der Bundesrepublik

Deutschland – vor allem Roman Herzog und Johannes Rau – stets versuchten, sich in ihren öffentlichen Aufrufen zur „Überwindung" des Nationalen zu überbieten.

Wenn der Integrationsprozeß nicht gelingen sollte, würde sich das betreffende Land dadurch nicht automatisch in ein Segment der neuen Weltgesellschaft verwandeln, sondern seine Population würde nur aus einer größeren Zahl von ethnischen Subpopulationen bestehen als zuvor. Dieser Gesellschaftstyp, zu dem sich Deutschland entwickelt, ist keine multikulturelle Gesellschaft, sondern in erster Linie eine Multiminoritätengesellschaft, weil nicht in erster Linie die kulturellen Charakteristika, sondern die unterschiedlichen Interessen die verschiedenen Bevölkerungsgruppen kennzeichnen, wobei die heutige Mehrheitsgesellschaft bei den jüngeren Bevölkerungsgruppen durch die Migration und durch die Geburtenüberschüsse der Zugewanderten in den großen Städten ihre bisher als selbstverständlich betrachtete absolute Mehrheit verliert und zu einer Minderheit unter anderen Minderheiten wird.

Dabei bildet die Multiminoritätengesellschaft für die Herausbildung einer Weltgesellschaft keine günstigeren, sondern eher ungünstigere Ausgangsbedingungen, weil sich in jeder Einwanderungsgesellschaft die Solidarität zwischen den Gesellschaftsmitgliedern tendenziell im gleichen Maße verringert, wie sich die ökonomische und soziale Ungleichheit zwischen den einheimischen und den zugewanderten Populationen vergrößert. Eine Weltgesellschaft könnte sich nur dann herausbilden, wenn die Solidarität zwischen den verschiedenen Populationen eines Landes so tragfähig wäre, daß sich aus ihr eine Art Überschuß und ein Impuls für die Schaffung supranationaler Gemeinsamkeiten entwickeln kann.

Eine Gesellschaft ist nicht wie eine Population eine bloß additiv zusammengesetzte oder faktisch voneinander abhängige Menge von Individuen, sondern eine geschichtlich gewachsene Gesamtheit von Menschen, die zur Erreichung ihrer gemeinsamen Ziele und zur Abwehr von Gefahren in gegenseitiger Solidarität miteinander verbunden sind. Gesellschaftsbildende Ideen und Ziele als Voraussetzungen einer künftigen Weltgesellschaft wurden im 18. Jahrhundert durch die Deklaration der Menschenrechte formuliert, sie existieren aber schon seit mehr als zwei Jahrtausenden in den christlichen Idealen der Brüderlichkeit und Nächstenliebe.

Diese Ideen wurden bisher stets mehr proklamiert als realisiert. Ähnliches ist in bezug auf die gesellschaftsbildenden Faktoren zu erwarten, die in Zukunft aus einer vielleicht notwendigen, solidarischen Abwehr von menschheitsbedrohenden Gefahren entstehen könnten, z.B. durch die Gefahr eines mit Massenvernichtungsmitteln ausgetragenen internationalen Konflikts oder durch ökologische Bedrohungen, hervorgerufen durch eine mögliche, weltweite Veränderung des Klimas. Auch die Gefahren einer immer wahrscheinlicheren Manipulation des menschlichen Genoms mit den Mitteln der modernen Humangenetik gehören in diese Reihe. Die größte Bedrohung ist jedoch die schon im Gange befindliche Manipulation der Wahrnehmung mit den Mitteln der modernen Kommunikationstechnologie, die alle anderen Gefahren potenziert. Die Manipulation der Wahrnehmung und der Bewußtseinsinhalte mit den technischen Möglichkeiten der elektronischen Kommunikation zerstört vor allem die Grenzen zwischen den Sphären des nur Vorgestellten und der manifesten Fakten und untergräbt dadurch auf eine subtile Weise die Unterscheidungs- und Kritikfähigkeit der Menschen. Mit manipulierten, unmündigen Geschöpfen ist aber nicht nur keine Weltgesellschaft, sondern überhaupt keine Gesellschaft und kein Staat mehr zu machen.

Könnte aus diesen weltweiten Veränderungen aber vielleicht gerade deshalb eine Weltgesellschaft entstehen, weil die Menschen als Folge dieser negativen Trends ihre Ansprüche stark reduzieren und sich schließlich ganz mit dem Wachstum ihres Konsumniveaus zufrieden geben, so daß alle höheren Ansprüche und Bedürfnisse von selbst verschwinden, vor allem gefahrenträchtige Ideale wie das Streben nach kultureller Selbstbestimmung und nationaler Identität und Würde, die in vergangenen Zeiten oft die Ursache von Feindseligkeiten und kriegerischen Auseinandersetzungen zwischen den Nationen waren? Es trifft zu, daß die Absenkung des kulturellen Anspruchsniveaus durch die weltweite Kommerzialisierung aller Lebensbereiche schon zu einer Nivellierung des Massengeschmacks auf niedrigstem Niveau geführt hat. Aber das Verschwinden der Differenzierungen und Unterschiede hat nichts mit der Entstehung neuer, für eine Weltgesellschaft günstiger Voraussetzungen zu tun. Es bedeutet vielmehr, daß sich die traditionellen Gesellschaften verändern, ohne daß sich dabei automatisch neue, internationale Solidaritätsstrukturen entwickeln, die an die Stelle der bisherigen treten könnten.

Die ökonomische Globalisierung nivelliert zwar sowohl die kulturellen Unterschiede und Standards als auch die internationalen Unterschiede des Fortpflanzungsverhaltens. Dadurch könnte das Niveau der Geburtenrate im Weltdurchschnitt vielleicht schon in zwei bis drei Jahrzehnten bis unter das Bestandserhaltungsniveau abnehmen. Aber der Abbau der Unterschiede ist nicht das Ergebnis eines entsprechenden Willens zur Erreichung gemeinsamer, die Nationen und Länder übergreifender gesellschaftlicher Ziele, der in der internationalen Konvergenz der Geburtenraten in Erscheinung tritt, sondern die unbeabsichtigte Nebenwirkung der globalen ökonomischen Veränderungen. Sie zeigt sich seit Jahrzehnten in dem paradox erscheinenden Sachverhalt, daß die Menschen ihre Kinderzahl mit dem steigenden Realeinkommen verringert statt erhöht haben.

In den Entwicklungsländern ist die Geburtenzahl pro Frau in den vergangenen drei Jahrzehnten durch den ökonomischen und gesellschaftlichen Entwicklungsprozeß noch schneller zurückgegangen als in den Industrieländern, ohne daß dies als Ergebnis einer entsprechenden gesellschaftlichen Willensbildung oder eines planvollen politischen Handelns interpretiert werden kann. Die Geburtenrate nahm nicht ab, weil sich die religiösen und kulturellen Werte in den Entwicklungsländern entscheidend gewandelt hätten; sie sank, obwohl die religiösen und kulturellen Autoritäten in den meisten Entwicklungsländern das Thema der Geburtenplanung nicht zu ihrer und zur Sache ihrer Anhänger machten, sondern es meist ignorierten. Auch für die nächsten Jahrzehnte ist zu erwarten, daß diese Länder den Auswirkungen des Globalisierungsprozesses nichts entgegensetzen können, vorausgesetzt, daß sie dies überhaupt wollten, wenn sie es könnten.

Für die Industrieländer gilt in spiegelbildlicher Entsprechung: Obwohl Kultur, Ethik und Religion eine positive Wirkung auf die als zu niedrig empfundene Geburtenrate anstrebten oder einen solchen Einfluß wenigstens nicht explizit ablehnten, war ihre Bedeutung für das Fortpflanzungsverhalten bei weitem geringer als die Wirkung der konkreten Lebensbedingungen, deren Veränderung in erster Linie von der wirtschaftlichen Entwicklung abhängt.

Eine in ihren demographischen Verhaltensweisen gleichartiger werdende Weltbevölkerung ist jedoch weder eine notwendige, noch eine hinreichende Bedingung für das Entstehen einer Weltgesellschaft. Und selbst wenn es sich tatsächlich um eine notwendige Bedingung handelte, wäre ihre Erfüllung für die tatsächliche Herausbildung einer Weltgesellschaft nicht ausreichend, falls die Mitglieder dieser Gesellschaft nicht auch den Willen hätten, eine *Welt*gesellschaft zu konstituieren. Denn eine Gesellschaft kann dann und nur dann als eine Weltgesellschaft bezeichnet werden, wenn die Menschen sich als Mitglieder einer Weltgesellschaft betrachten statt lediglich durch wirtschaftliche, politische und informationelle Gegebenheiten de facto immer stärker voneinander abzuhängen.

Die Wahrscheinlichkeit, daß ein solcher Wille zu einer gemeinsamen Gesellschaft in Zukunft entsteht, ist aus mehreren Gründen gering. Aus psychologischer Sicht ist die Entstehung eines Willens zur Weltgesellschaft unwahrscheinlich, denn dafür ist eine innere Beziehung der Menschen erforderlich. Wie das deutsche Beispiel lehrt, ist dies bisher nicht einmal in unserer Gesellschaft gelungen, obwohl die geschichtlichen Bedingungen in Ost und West über Jahrhunderte hinweg gleich waren. So stellte Ernst Benda in seinem Rückblick auf 50 Jahre Grundgesetz mit einem resignativen Unterton fest: „Die große Mehrheit der Bürger unseres Landes ... akzeptiert die Ordnung, in der wir leben. Aber es ist bisher nicht voll gelungen, über die Anerkennung der bestehenden Ordnung hinaus eine wirkliche innere Anteilnahme im Verhältnis der Bürger zu ihrem Staat zu bewirken ... ein inneres Verhältnis der Bürger zur Bundesrepublik Deutschland hat sich bisher kaum herstellen lassen."[11]

Aus politischer Sicht wäre die Preisgabe der nationalen Identität zugunsten der bloßen Hoffnung auf die Entstehung einer Weltgesellschaft eine Leichtfertigkeit, jedenfalls in Ländern wie Deutschland, in denen die Menschenrechte durch die Verfassung garantiert und in der Praxis realisiert sind. Hierzu führte ein früherer Richter am Bundesverfassungsgericht aus: „Nur die Existenz verschiedener Staaten sichert dem Menschen auch das elementarste seiner Rechte, auszuwandern, Zuflucht zu suchen, Asyl zu beantragen. Die Weltaufgaben fordern nicht den Weltstaat, sondern weltoffene Staaten und Staatenverbände."[12]

Daß wir die Möglichkeit, notfalls auswandern zu können, unbedingt bewahren sollten, wird auch aus dem schneidenden Ton unserer politischen Kommentatoren deutlich, die mit zunehmender Ungeduld darauf warten, daß sich Deutschland endlich in einem supranationalen politischen Verband auflöst wie ein Stück Zucker im Tee. Dabei ist fraglich, ob die Welt etwas gewinnen würde, wenn Deutschland mit seiner so heftig kritisierten Kultur aus der Geschichte verschwände. Wenn die Eingewanderten so wie bisher auch in Zukunft hier einen Platz hätten, um die Verletzungen der Menschenrechte in ihren Heimatländern anzuprangern, wäre allein dies Grund genug, Deutschland zu bewahren.

Schließlich wäre die Preisgabe alles Nationalen zugunsten einer Weltgesellschaft auch aus logischen Gründen etwas Widersprüchliches. Denn wenn es einer Nation wie der deutschen wirklich gelänge, ihre Identität aufzugeben, um sie in der Weltgesellschaft in einer erstrebenswerteren, höheren Form „aufgehoben" zu wissen, würde sich die Frage stellen, ob es nicht besser gewesen wäre, eine Nation, die mit dieser seltenen Fähigkeit ausgestattet ist, zu bewahren. Der Präsident der Republik Ungarn, der sein Land auf der Frankfurter Buchmesse 1999 repräsentierte, charakterisierte den Begriff Weltliteratur mit folgenden Worten: „Gute Literatur ist immer provinziell, spielt an einem Ort, in einem Haus, auf einem Stockwerk. Der Literatur gelingt es, die Welt zu erweitern, weil sie ortsgebunden ist. Nur wer sich dem Besonderen zuwendet, kann darin auch das Allgemeine finden".[13] Diese Worte lassen sich auf den Begriff der Weltgesellschaft übertragen: So wie gute Literatur immer Weltliteratur ist, weil sie provinziell ist, so sind gute Weltbürger fast immer Patrioten, die ihr Vaterland lieben.

In allen Betrachtungen über gesellschaftliche Zusammenhänge spielt der Begriff Solidarität eine wesentliche Rolle, auch auf der Ebene der Weltgesellschaft. Ist es vorstellbar, daß die Solidarität in künftigen Zeiten einmal als gesellschaftsbildender Faktor überflüssig wird, weil sich die Menschen durch die Abschaffung aller Not und durch die Erfüllung ihrer ökonomischen Bedürfnisse nicht mehr gegenseitig brauchen? Wenn es aus diesen Gründen keiner Gesellschaft mehr bedürfte, wäre auch eine Weltgesellschaft eine überflüssige und somit unwahrscheinliche Einrichtung. Ob ein Zustand ohne ökonomische Knappheit tatsächlich einmal verwirklicht wird, hängt aus heutiger Sicht nicht primär von der

Ökonomie, sondern in erster Linie von der Politik ab, denn die Möglichkeiten für die Realisierung dieses Zustandes in einer nicht allzu fernen Zukunft sind angesichts der technischen Möglichkeiten und ökonomischen Potentiale keineswegs utopisch. Selbst bei einem nur mäßigen Wachstum der Wirtschaftsleistung pro Kopf um 1,5 bis 2% pro Jahr ließe sich das Niveau des Lebensstandards z.B. in 250 Jahren um den Faktor 41 bis 141 erhöhen. Durch die Fähigkeiten des schöpferischen menschlichen Geistes könnte der Lebensstandard so beträchtlich steigen, daß sich die ökonomischen Probleme des 21. Jahrhunderts – das noch vom „kalten Stern der Knappheit" regiert werden wird, wie es in den Lehrbüchern der Volkswirtschaftslehre aus dem vorigen Jahrhundert heißt – dann überwinden ließen. Die Gesellschaft als Mittel zum Zweck der gegenseitigen Hilfe in Not und als Mittel zur Steigerung der allgemeinen Wohlfahrt würde dann nicht mehr gebraucht. Aber das würde wahrscheinlich nicht das Ende allen gesellschaftlichen Zusammenlebens bedeuten, die Gesellschaft als Mittel zum Zweck würde nur von einer anderen Art von Gesellschaft abgelöst. Denn die Menschen würden einander immer noch brauchen, weil der einzelne immer nur durch den anderen zu sich selbst kommen kann.

Was nützt es also, sich die Welt als eine einzige gesellschaftliche Einheit vorzustellen, in der Populationen und Nationen, Kulturen und regionale Lebensstrukturen in einem großen Ganzen aufgehen, so daß viele der jetzt noch wichtig erscheinenden Fragen ihre Bedeutung verlieren, insbesondere der Gegensatz zwischen Ländern mit einem starken Bevölkerungswachstum, das die Bedingungen einer gesellschaftlich nachhaltigen Entwicklung ebenso verletzt wie die demographischen Bedingungen der Länder mit permanenter Bevölkerungsschrumpfung? Die Verwirklichung dieser Vorstellung würde nichts daran ändern, daß sich die Teile dieser Weltgesellschaft nach ihrer Geschichte, nach ihrer räumlichen Nähe und kulturellen Distanz voneinander unterscheiden, wie sie es immer getan haben.

Man sollte die Beharrungstendenzen dieser Unterschiede nicht bedauern. Denn wenn der Trend zur Universalisierung, Globalisierung und Internationalisierung tatsächlich bedeutet, daß sich die nationalen Strukturen und Kulturen auflösen, dann läßt sich dieser Auflösungsprozeß nicht auf die abstrakte Ebene des Nationalen beschränken. Die Auflösung der Strukturen ist dann ein durchgängiger, auf allen Ebenen parallel ablaufender Prozeß, der auch auf der untersten Ebene der Gesellschaft, in der Familie und in den Beziehungen zwischen den Menschen, seine Spuren hinterläßt. Eine solche Weltgesellschaft, die sich nicht auf Nationen gründet, wäre eine ebenso abschreckende Vorstellung wie eine Nation, bei der es keine Familien mehr gibt und bei der die Fortpflanzung durch den Staat organisiert oder durch den Markt reguliert wird.

Auch wenn die Weltgesellschaft eines Tages tatsächlich Wirklichkeit werden sollte, wird sie wie die Nationen, die in ihr aufgehen sollen, immer noch aus Individuen bestehen. Die Wertschätzung der Weltgesellschaft bei gleichzeitiger Ablehnung der Nationen ist deshalb nur dann überzeugend, wenn man annimmt, daß sie aus den Individuen bessere Menschen machen wird. Aber diese Annahme hängt in der Luft, denn trotz aller Wechselwirkungen zwischen der Gesellschaft als Ganzem und ihren Mitgliedern, wird jede Art von Gesellschaft letztlich von Individuen geschaffen und nicht umgekehrt. Die Vorstellung, daß es anders wäre, hat etwas Erschreckendes. So wie die Individuen und Familien die Nationen tragen, so müßte die Weltgesellschaft durch die Nationen und deren Staaten gebildet werden, statt jene zu ersetzen. Auf dem Weg zur Weltgesellschaft gibt es jedenfalls keine schlauen Abkürzungen, man kann die Nationen und Staaten auf diesem Weg nicht überholen und hinter sich lassen. Deutschland hat bereits durch die frühere DDR erfahren müssen, daß das Ziel, die frühere Bundesrepublik und mit ihr die ganze Nation „zu überholen, ohne sie einzuholen", in die Irre führte. Wer sollte die Lehre aus diesem Holzweg der Geschichte ziehen, wenn nicht die Deutschen?

3. Das demographisch-ökonomische Paradoxon und der langfristige Rückgang der Geburtenrate in Deutschland und Europa

Wenn die Anwendung einer gut bestätigten Regel zum Gegenteil des erwarteten Resultats führt und wenn es sich bei dem betreffenden Fall nicht um eine zufällige Ausnahme handelt, sondern um eine durch Logik und Folgerichtigkeit geprägte Erscheinung, kann man von einem Paradoxon sprechen. Als demographisch-ökonomisches Paradoxon bezeichne ich den Sachverhalt, daß sich die Menschen in den entwickelten Ländern, aber auch die wachsende Population des Mittelstands in den Entwicklungs- und Schwellenländern, um so weniger Kinder leisten, je mehr sie sich auf Grund des seit Jahrzehnten steigenden Realeinkommens eigentlich leisten könnten. Nach dem Zweiten Weltkrieg – im sogenannten Nachkriegs-Babyboom – hatten die Menschen in Deutschland z. B. im Durchschnitt 2,4 Kinder je Frau – doppelt so viele wie heute, obwohl das Realeinkommen weniger als die Hälfte des heutigen erreichte. Diese Entwicklung ist allgemein bekannt. Aber was steckt dahinter, wie läßt sich dieser Sachverhalt verstehen und erklären?

Ein Deutungsversuch aus einem speziellen Forschungsgebiet der Wirtschaftswissenschaften, das als Bevölkerungsökonomie bezeichnet wird, argumentiert folgendermaßen: Die Preise und Kosten der für die Erziehung von Kindern benötigten Dienstleistungen, insbesondere für die Betreuung und Aufsicht durch Dienstpersonal, sind stärker gestiegen als die Preise der industriell erzeugbaren materiellen Konsumgüter, so daß heute mit einem gegebenen Einkommen ein höheres Maß an Nutzen erzielt werden kann, wenn der für den Erwerb von industriell erzeugbaren Gütern verwendete Anteil am verfügbaren Einkommen ausgeweitet und der für Kinder aufgewendete entsprechend reduziert wird. Diese Erklärung ist schlüssig, aber ihre Gültigkeit hängt davon ab, ob die dabei unterstellte Regel immer anwendbar ist, daß bei einem gegebenen Einkommen von jedem Konsumgut eine um so größere Menge nachgefragt wird, je niedriger sein Preis ist.

Wer diese Nachfrageregel auf den vorliegenden Fall anwendet, stellt eine Analogie zwischen Kindern und ökonomischen Konsumgütern her. In der Bevölkerungsökonomie ist dies üblich. Man spricht dort ausdrücklich und ungeniert von Kindern als „Konsumgütern" und vom „Konsumnutzen des Kindes" für die Eltern, der sich z.B. aus der emotionalen Befriedigung ergibt, die die Eltern durch ihre Kinder gewinnen, während der „Versorge- oder Investitionsnutzen des Kindes" aus den längerfristigen Vorteilen erwächst, insbesondere aus der Sicherheit, die die Eltern in Notfällen durch die Hilfe ihrer Kinder erwarten. Doch wer die Gleichsetzung von Kindern mit Konsumgütern wie Perserteppichen und Staubsaugern oder mit Investitionsgütern wie Immobilien und Aktien unpassend findet und als zu weit gehend ablehnt, dem fehlt das gedankliche Hilfsmittel, mit dem sich aus der Sicht der Bevölkerungsökonomie das demo-ökonomische Paradoxon auflösen läßt.

Selbst wenn man statt der Gleichheit nur eine Ähnlichkeit zwischen Kindern und ökonomischen Gütern annimmt, muß zur Aufrechterhaltung der ökonomischen Sichtweise doch eine Übereinstimmung in wesentlichen Merkmalen unterstellt werden. Aber auch die Annahme einer weniger strengen Entsprechung wirft mehr Fragen auf als sie beantwortet. Denn eines der entscheidenden Merkmale des ökonomischen Begriffs des Konsumguts ist, daß das Gut vom Konsumenten „genutzt" bzw. „verbraucht" wird, und daß der Konsument in beliebiger Weise über das Gut verfügen kann, indem er es beispielsweise durch ein anderes ersetzt, verkauft oder auf Grund seiner „Konsumentensouveränität" einfach wegwirft. In unserer Kultur lassen sich Kinder jedoch nicht wie beliebige Gebrauchsgüter wieder loswerden, wenn die Eltern nicht mehr mit ihnen zufrieden sind. Ein Kind ist kein Bild, das sich einfach von der Wand nehmen läßt, wenn es nicht mehr gefällt.

Ein anderer Begriff aus der Bevölkerungsökonomie stellt nicht auf die manifesten Kosten von Kindern im Sinne von tatsächlich entstandenen Ausgaben ab, sondern auf die meist nur vorgestellten, entgangenen Einkommen, mit denen zu rechnen wäre, wenn eine Frau, statt durch Erwerbsarbeit Einkommen zu erzielen, unbezahlte Familienarbeit leisten und Kinder großziehen würde. Diese als „Opportunitätskosten von Kindern" bezeichneten entgangenen Einkommen, die nur in der Vorstellung existieren und deshalb eigentlich nur dann als entgangen zu betrachten sind, wenn sie eine sichere Option gewesen wären, wachsen seit Jahrzehnten im gleichen Maße wie die Realeinkommen und der allgemeine Wohlstand. Die Folge ist, daß Kinder gemessen an den Opportunitätskosten immer unerschwinglicher werden, so daß die Geburtenrate seit Jahrzehnten abnimmt.

Das demo-ökonomische Paradoxon läßt sich anscheinend mit dem Begriff der Opportunitätskosten recht gut verstehen, aber auch hier muß dann eine zusätzliche Regel herangezogen werden, die ein mindestens ebenso unerklärliches Paradoxon in sich birgt wie mit ihr beseitigt werden soll. Bei genauerer Betrachtung bietet der Begriff der Opportunitätskosten nur eine Scheinlösung, denn wenn sich die Menschen tatsächlich nach dem Opportunitätskostenprinzip verhielten, indem sie auf Kinder um so eher verzichteten, je höher das ohne Kinder erzielbare Einkommen ist, dann hieße dies, daß ein höheres Einkommen um seiner selbst willen angestrebt würde und nicht z.B. wegen des Nutzens, den die mit ihm erreichbaren Güter stiften. Wenn dies zuträfe, dann müßte erklärt werden, warum Menschen ihr Einkommen überhaupt zum Erwerb von Gütern ausgeben, anstatt so viel wie möglich davon zu sparen und einkommensteigernd anzulegen. Auch wenn viele Menschen nichts anderes im Sinn zu haben scheinen, als dem Geld nachzujagen und sich tatsächlich so verhalten, als ob „entgangener Gewinn schon Verlust" sei (Robert Spaemann), bleibt für die meisten das Einkommen doch in erster Linie ein Mittel zum Zweck des Gütererwerbs und ist nicht Selbstzweck. Aber auch bei jenen Menschen, für die die Gewinnmaximierung tatsächlich ein Selbstzweck ist – vorausgesetzt, daß es solche Menschen überhaupt gibt – ließe sich das demo-ökonomische Paradoxon mit dem Begriff der Opportunitätskosten nicht einfach auflösen, weil mit diesem Ansatz das Paradoxon nur durch ein noch absurderes Prinzip – nämlich die Gewinnerzielung um ihrer selbst willen – ersetzt würde.

Zu welchen Hilfskonstruktionen man auch greift – ein Rest von Paradoxie bleibt übrig, wenn man rational zu erklären versucht, warum sich Menschen um so weniger Kinder leisten, je mehr sie sich aus rein ökonomischer Sicht auf Grund des steigenden Realeinkommens eigentlich leisten könnten. Bei diesem Sachverhalt handelt es sich um einen Aspekt der geschichtlichen Realität, der sich gegen die üblichen theoretischen Erklärungsversuche der

Sozialwissenschaften sperrt, und der auch von der Geschichtswissenschaft noch wenig verstanden wird. Dabei war die Wirtschaftsgeschichte als Teil des Zivilisationsprozesses im 20. Jahrhundert in der Regel so paradox mit der Bevölkerungsgeschichte verbunden, daß ökonomische Prosperität mit einer Abnahme und nicht mit einer Zunahme der Geburtenrate einherging. Es ist nachweisbar, daß ähnliche Zusammenhänge auch in früheren abendländischen Kulturen wirksam gewesen sein müssen, insbesondere in der griechischen und römischen Antike, wie dies durch literarische Zeugnisse aus dieser Zeit belegt wird, so daß wir es hier vielleicht mit einem allgemeinen Charakteristikum geschichtlicher Entwicklungsverläufe zu tun haben.[14]

In der jüngsten Geschichte, insbesondere seit dem Zusammenbruch des Ostblocks, hat der westliche Zivilisationstyp mit seiner erfolgreichen Verbindung von Demokratie und wirtschaftlichem Liberalismus über die westlichen Industrieländer hinaus so stark an Überzeugungskraft gewonnen, daß der demographische Preis der ökonomischen Prosperität, der in den westlichen Industrieländern seit Jahrzehnten bezahlt wird – das sind neben der Schrumpfung der Bevölkerung vor allem die demographische Alterung der Gesellschaft und die hohen Einwanderungen mit ihren Integrationsproblemen –, allmählich aus dem Blick geriet, als ob es sich dabei um einen selbstverständlichen Vorgang handelte, der bei den Zeitzeugen auf Grund seiner Plausibilität gar nicht das Bedürfnis erweckte, verstanden und erklärt zu werden. In dem Maße, wie dieser Entwicklungstyp durch die ökonomische Globalisierung eine weltweite Verbreitung findet, wird das demo-ökonomische Paradoxon zu einer allgemeinen Begleiterscheinung auch der internationalen Bevölkerungsentwicklung, und zwar auch in den Schwellenländern und sogar in den armen Ländern der Dritten Welt. Der im vorangegangenen Kapitel dargestellte intensive Rückgang der Geburtenrate in den Entwicklungsländern ist dafür ein deutliches Indiz.

Das Wechselspiel der demographisch-ökonomischen Entwicklung wirkt sich allerdings in jedem Land auf Grund seiner besonderen, geschichtlichen Bedingungen in verschiedener Weise aus. In Deutschland spielte dabei die Einführung der modernen Sozialversicherung in den 90er Jahren des 19. Jahrhunderts eine entscheidende Rolle. Die Geburtenrate begann seit jener Epoche abzunehmen, in der durch die Bismarckschen Sozialreformen die Krankenversicherung der Arbeiter (1883), die Unfallversicherung (1884) und die Invaliditäts- und Altersversicherung (1889) als eine öffentlich-rechtlich organisierte Vorsorge auf genossenschaftlicher Grundlage eingeführt wurde. In den folgenden Jahrzehnten wurde das kollektive Sozialversicherungssystem ausgebaut und auf Angestellte, Handwerker und Landwirte ausgedehnt. Auch die versicherten Risiken wurden schrittweise erweitert, z.B. durch Einführung der Hinterbliebenenrenten (1911), durch die Erweiterung des Unfallschutzes und durch die Arbeitslosenversicherung (1927). Ein weiterer wichtiger Schritt war die sogenannte Dynamisierung der Renten durch ihre Kopplung an die wachsenden Einkommen nach dem Zweiten Weltkrieg.

Seit Einführung der modernen Sozialversicherung ging die Geburtenrate in Deutschland in dem Maße zurück, in dem persönliche Lebensrisiken wie Krankheit, Unfall oder Tod des Ehepartners, die vor Einführung der Sozialversicherung durch die Familie aufgefangen werden mußten, von der Gesellschaft der Versicherten getragen wurden. Das bedeutet natürlich nicht, daß die Einführung der kollektiven Sozialversicherung der einzige Grund für den Rückgang der Geburtenrate in Deutschland und in anderen Ländern Europas war, aber es ist ein wichtiges Element in einem Bündel von Ursachen.

Diese Interpretation läßt sich durch internationale Vergleiche stützen. In den Entwicklungsländern, in denen die Geburtenrate besonders hoch ist, gibt es keine Sozialversicherungssysteme, die denen in den Industrieländern auch nur entfernt vergleichbar wären. Dort müssen die existentiellen Lebensrisiken auch heute noch großenteils durch die Mitglieder der eigenen Familie aufgefangen werden. So lange eigene Kinder in den meist kleinbäuerlichen Familienbetrieben als Arbeitskräfte in der Landwirtschaft unentbehrlich bleiben, wird das internationale Gefälle der Geburtenraten den internationalen Versorgungsunterschieden zwischen den familienbasierten und den kollektiv organisierten sozialen Versorgungssystemen ähneln.

Abweichungen von dem nun schon seit mehr als hundert Jahren andauernden stetigen Abnahmetrend der Geburtenrate in Deutschland gab es in der ersten Hälfte des 20. Jahrhunderts nur durch drei historische Einschnitte: durch die Geburtenausfälle im Ersten

Weltkrieg, in der Weltwirtschaftskrise von 1932 und im Zweiten Weltkrieg. Auch nach der Wiedervereinigung gingen die Geburtenrate und die Geburtenzahl in den neuen Bundesländern ähnlich drastisch zurück wie bei diesen drei Ereignissen. Aber während die Rückgänge durch die beiden Weltkriege und die Weltwirtschaftskrise jeweils schon nach fünf Jahren wieder durch einen raschen Anstieg auf das vorige Niveau des langfristigen Trends der Geburtenrate ausgeglichen wurden, lag die Geburtenrate in den neuen Bundesländern fast ein Jahrzehnt nach der Wiedervereinigung noch immer um 23% unter dem ohnehin niedrigen Niveau in den alten: Die Zahl der Lebendgeborenen pro Frau betrug 1998 in den neuen Bundesländern 1,09, in den alten 1,41 und in Deutschland insgesamt 1,36.

Der Grund für den im Vergleich zu den früheren historischen Einschnitten wesentlich langsameren Wiederanstieg der Geburtenrate in den neuen Bundesländern nach 1990 liegt nicht in der längeren Dauer der verursachenden Krise. Diese Erklärung trifft nicht den entscheidenden Punkt, zumal der gesellschaftliche und wirtschaftliche Systemwechsel in den neuen Bundesländern für die große Mehrheit der Bevölkerung im Gegensatz zu den beiden Weltkriegen und zur Weltwirtschaftskrise keine Verschlechterung, sondern eine wesentliche Verbesserung der Lebensbedingungen bedeutete. Ein wichtiger Faktor für die nur langsame Angleichung der Geburtenrate an das Niveau in den alten Bundesländern sind nicht die Kostensteigerungen für Kinder im Sinne von Ausgaben, sondern der Anstieg der ökonomischen Opportunitätskosten der Kinder, die von einem parallelen Anstieg der biographischen Opportunitätskosten und Festlegungsrisiken begleitet wurden. Dabei ist der Begriff der biographischen Opportunitätskosten eine Verallgemeinerung des ökonomischen Ansatzes: Während es in der früheren DDR nicht viele Möglichkeiten gab, sein Leben außerhalb der durch die staatlichen Vorgaben gesetzten biographischen Ablaufschemata zu gestalten, hatten nach dem Fall der Mauer viele Frauen und Männer erstmals in ihrem Leben die Möglichkeit, zwischen neuen biographischen Alternativen zu wählen. Um sich insbesondere die beruflichen Optionen offen zu halten – was nur möglich ist, wenn die Menschen regional und sozial mobil bleiben –, wurden biographische Festlegungen durch Eheschließungen und Kindgeburten von vielen Menschen aufgeschoben oder ganz vermieden. Die Eheschließungsrate nahm daher in den neuen Bundesländern nach 1989 ähnlich stark ab wie die Geburtenrate.

Daß die Geburten- und Eheschließungsrate nach der Wiedervereinigung abnahm anstatt anzusteigen, darf also nicht einfach als Ausdruck von Zukunftsangst, Unsicherheit und negativen Zukunftserwartungen interpretiert werden, meist trifft sogar das Gegenteil zu: Um die neue Freiheit und die mit ihr verbundenen Optionen nicht wieder zu verlieren, wurden langfristige biographische Festlegungen durch Kinder aufgeschoben oder vermieden. Frauen, die einen Arbeitsplatz hatten, stellten Kinderwünsche zurück, um den Arbeitsplatz zu behalten, während Frauen ohne Arbeit auf Kinder verzichteten, um ihre Chancen für eine Erwerbstätigkeit zu erhöhen. Da aber auch nach dem drastischen Rückgang der Geburtenrate in der früheren DDR von 1,52 (1990) auf 1,09 (1998) die weitaus meisten Frauen – nämlich über zwei Drittel – erwerbstätig und nur weniger als ein Drittel arbeitslos waren, kann schon deshalb die Arbeitslosigkeit bei der großen Mehrheit der Bevölkerung nicht der Grund für den drastischen Rückgang der Geburtenrate gewesen sein, wie das oft behauptet wurde. Die umgekehrte Interpretation ist mindestens genauso plausibel: Gerade weil es bei den meisten Frauen und Männern durch die Wiedervereinigung wirtschaftlich deutlich nach oben ging, war es mit der Geburtenrate umgekehrt. Betrugen die ökonomischen Opportunitätskosten von Kindern in der früheren DDR pro Monat z.B. 800 Ost-Mark (= durchschnittliches Einkommen der Frauen), so stiegen sie nach der Wiedervereinigung auf 2000,– oder 3000,– DM. Selbst bei einem Umtauschkurs von 1:1 bedeutet das eine Erhöhung der ökonomischen Opportunitätskosten von Kindern um das Doppelte und mehr.

Es ist einfacher, bestimmte vorübergehende Abweichungen der Geburtenrate vom langfristigen Trend nach unten zu interpretieren als die wenigen Abweichungen vom Trend nach oben zu erklären. Einen deutlichen Sprung nach oben gab es in der früheren Bundesrepublik nach dem Zweiten Weltkrieg nur ein Mal: Die Geburtenrate stieg im sogenannten Nachkriegs-Babyboom von 1955 bis 1964 von 2,1 auf 2,5 Lebendgeborene pro Frau – aus heutiger Sicht ein ziemlich hoher Wert. In der früheren DDR verlief die Entwicklung ähnlich. In Deutschland hatte die Geburtenrate schon zwischen dem Ersten und dem Zweiten Weltkrieg meist unter 2 Kindern pro Frau gelegen, in der alten Bundesrepublik hatte sie sich nach 1975 auf dem Niveau von 1,3 bis 1,4 eingependelt. Was ist der Grund für die einmalige Abweichung nach oben in der Zeit des Nachkriegs-Babybooms von 1955 bis 1964?

In der Literatur wird diese Sonderbewegung mit der wirtschaftlichen Erholung in der Zeit des „Wirtschaftswunders" in Verbindung gebracht. Eine zur Konsumwelle parallele Geburtenwelle, in der die im Krieg aufgeschobenen Geburten ebenso wie der lange entbehrte Konsum nachgeholt wurden, ist eine so einleuchtende Erklärung, daß sich weitere Fragen zu erübrigen scheinen. Die Dinge sind jedoch komplizierter und interessanter.

Fragt man nach Gründen für die Änderungen des Fortpflanzungsverhaltens, so liegt es nahe, nicht nur die Besonderheiten der Periode zu betrachten, in der die Geburtenrate nach oben schnellte, sondern auch die vorausgegangene Epoche in die Betrachtung mit einzubeziehen, in der das generative Verhalten der betreffenden Frauenjahrgänge innerhalb ihres Erziehungs- und Entwicklungsprozesses geprägt wurde. Die Unterscheidung von Frauenjahrgängen nach ihren jeweiligen Sozialisationsperioden erfordert allerdings eine <u>Berechnung der Geburtenzahl pro Frau getrennt nach einzelnen Frauenjahrgängen</u> statt nur getrennt nach Kalenderjahren. In *Schaubild 6* sind die Ergebnisse der beiden Berechnungsarten in Form von zwei Kurven dargestellt. Die eine Kurve ordnet die Kinderzahl pro Frau dem Kalenderjahr zu, in dem die Kinder zur Welt kamen. Dieses Verfahren wird als Perioden- oder als Querschnittsanalyse bezeichnet (= periodenbezogene Geburtenrate, im Englischen „Total Fertility Rate"). Die andere Kurve ordnet die Kinderzahl pro Frau dem Jahrgang der Mutter zu, deren Geburtsjahr auf der oberen waagerechten Achse ablesbar ist. Dieses Verfahren wird als Kohorten- oder Längsschnittsanalyse bezeichnet (= jahrgangsbezogene Geburtenrate, im Englischen „Cohort Fertility Rate"). Die Markierungen der oberen Achse sind um das mittlere Gebäralter (heute rd. 30 Jahre) nach links verschoben, so daß das Geburtsjahr der Frauen (ungefähr) vertikal über dem Kalenderjahr liegt, in dem der betreffende Jahrgang die Kinder im Mittel zur Welt brachte.[15] Das mittlere Gebäralter differiert allerdings bei den einzelnen Jahrgängen, bei den meisten liegt es im Intervall von 25–30. Deshalb läßt sich der

Schaubild 6: Der langfristige Abnahmetrend der Geburtenrate im Deutschen Reich und in der Bundesrepublik Deutschland von 1890 bis 2000

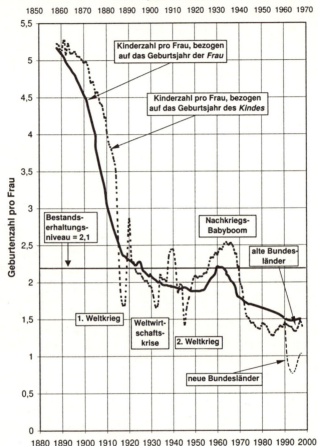

Erläuterungen und Quelle: Siehe Text.

Sachverhalt mit einer einheitlichen Verschiebung um 30 Jahre nicht genau wiedergeben. Eine exaktere Darstellung ist möglich, wenn die obere Achse in *Schaubild 6* nicht wie hier linear, sondern nicht linear unterteilt wird, was jedoch andere darstellerische Nachteile zur Folge hätte.

Schon seit der Mitte des 19. Jahrhunderts hatte die Geburtenrate der verschiedenen Frauenjahrgänge ständig abgenommen:[16]

Generation	1860	5,0 Kinder pro Frau
Generation	1874	4,0 Kinder pro Frau
Generation	1881	3,0 Kinder pro Frau
Generation	1904	2,0 Kinder pro Frau
Generation	1920	1,9 Kinder pro Frau (Zwischenminimum)
Generation	1932	2,2 Kinder pro Frau (Maximum im 20. Jh.)[17]
Generation	1965	1,5 Kinder pro Frau

Die Aufstellung zeigt den langfristigen Abnahmetrend der Geburtenhäufigkeit im 19. und 20. Jahrhundert: In Deutschland hatte seit dem Jahrgang von 1856 (5,2 Kinder) jeder Frauenjahrgang weniger Kinder als der jeweils vorangegangene. Beim Jahrgang 1904 wurde zum ersten Mal die Zahl von zwei Lebendgeborenen pro Frau erreicht und dann unterschritten, sie sank bis zum Jahrgang 1920 auf ein Zwischenminimum (1,9 Kinder). Darauf folgte der im 20. Jahrhundert einmalige, vorübergehende Anstieg, der mit den Jahrgängen 1926/28 (1,9–2,1 Kinder) begann und bis zum Jahrgang von 1932 (2,2 Kinder) anhielt. Danach setzte sich der trendmäßige Rückgang fort. Bis zum Jahrgang von 1941 (1,9 Kinder) lag die generationenbezogene Geburtenrate noch über den niedrigen Trendwerten der zwanzig Jahre früher geborenen Frauen der Jahrgänge 1920–25, erst bei den nach 1941 Geborenen darunter.

Die Analyse zeigt, daß der Anstieg der absoluten Geburtenzahlen nach dem Zweiten Weltkrieg in der Periode des Wirtschaftswunders – der sogenannte *„Nachkriegs-Babyboom"* – von jenen Geburtsjahrgängen getragen wurde, bei denen die Zahl der Lebendgeborenen pro Frau vom langfristigen Abnahmetrend nach oben abwich (Jahrgänge 1926 bis 1941): Addiert man zum Geburtsjahr der Frauengeneration 1926 das mittlere Gebäralter dieses Jahrgangs (= 29 Jahre) und zum Geburtsjahr der Generation 1941 das (niedrigere) mittlere Gebäralter dieses Jahrgangs

(= 25 Jahre), so erhält man 1955 und 1966 als Anfangs- und Endpunkte für die Hauptphase des sogenannten „Nachkriegs-Babybooms". In dieser Periode nahm die absolute Geburtenzahl in der früheren Bundesrepublik von 820 Tsd. (1955) auf 1050 Tsd. (1966) zu.

Die Generationen, die in der Zeit des „Wirtschaftswunders" mit ihrem generativen Verhalten die Geburtenwelle hervorbrachten, wurden also schon in der Vorkriegszeit sozialisiert. Ihr Verhalten wurde nicht in der Zeit des „Wirtschaftswunders", sondern durch die Erziehungsideale der Vorkriegszeit und die Wertvorstellungen ihrer Vorbilder und Eltern geprägt, die zum größten Teil schon vor dem Ersten Weltkrieg geboren wurden. Der sogenannte *Nachkriegs*-Babyboom beruht somit auf einem Typ des generativen Verhaltens, dessen Prägung *vor* dem Zweiten Weltkrieg lag. Auch nach dem Zweiten Weltkrieg wurde dieser Verhaltenstyp von Menschen beeinflußt, deren Persönlichkeitsentwicklung schon vor dem Zweiten Weltkrieg abgeschlossen war. Es ist daher problematisch, wenn der sogenannte „Nachkriegs-Babyboom" ursächlich in erster Linie mit den typischen Erscheinungsformen der Wirtschaftswunderzeit, insbesondere mit der sogenannten Konsumwelle, in Verbindung gebracht wird.

4. Wirtschaftliche Prosperität und demographischer Niedergang

Die Prägekraft der Leitbilder der Persönlichkeitsentwicklung, die aus der Zeit vor dem Zweiten Weltkrieg stammten, war nur von kurzer Dauer, wie der lediglich vorübergehende Anstieg der Geburtenrate im Nachkriegs-Babyboom der 60er Jahre zeigte. Auch in der Spätphase der Nachkriegszeit, deren Beginn mit der politischen Bewegung der 68er-Generation datiert werden kann, wirkten sich die neuen Leitbilder weniger stark auf das generative Verhalten aus, als es auf den ersten Blick scheint. Man würde die Ideen zur Selbstbestimmung und Selbstverwirklichung des Einzelnen, die Ziele der Emanzipation, insbesondere der Frauen, und die sogenannte antiautoritäre Grundhaltung in ihrem Einfluß auf die Prozesse der Familienbildung überschätzen, wenn man als Maß für die Wirkung dieser neuen Ideologien den Rückgang der Geburtenrate heranzöge. In der Nachkriegszeit hat zwar die stärkste Abnahme der Geburtenrate exakt in jenen Jahren begonnen, als die 68er-Generation, die die Gruppe von etwa fünf Geburtsjahrgängen von 1938 bis 1943 umfaßt, in dem für die Familienbildung wichtigen Alter von 25 bis 30 stand, aber obwohl sich der Rückgang der Geburtenzahl ab 1968 beschleunigte, so daß die Geburtenausfälle zeitlich zum größten Teil tatsächlich den Elternjahrgängen 1938–43 zuzurechnen sind, reichen diese auf den ersten Blick plausiblen Indizien für eine ursächliche Interpretation des Wandels des generativen Verhaltens nicht aus.

Bei einer genaueren Analyse des Geburtenrückgangs muß die Geburtenrate nach Ersten Kindern, Zweiten Kindern, Dritten Kindern und Vierten und weiteren Kindern aufgegliedert werden. Dann zeigt sich, daß der Wandel des generativen Verhaltens bei den Vierten Kindern (und den Kindern mit noch höherer sogenannter „Ordnungsnummer der Geburt") begann und sich anschließend stufenweise auf die Häufigkeit der Dritten, der Zweiten und zuletzt der Ersten Kinder ausbreitete. Die Hauptwirkungsperiode für die Abnahme der jährlichen Geburtenzahl, die alle Geburten von den Ersten bis zu den Vierten und weiteren Kindern enthält, war der Zeitraum 1966–72 (*Tabelle 1*).[18] Die Mitglieder der etwa fünf Geburtsjahrgänge innerhalb der 68er-Generation standen zur Mitte dieser Hauptwirkungsperiode, nämlich im Jahr 1968, zwar in dem für die Höhe der Geburtenzahl wichtigen Alter von 25 bis 30, aber da die Abnahme der Geburtenzahl in dieser Periode vor allem auf dem Wegfall der Vierten und Dritten Kinder beruhte, deren prozentualer Rückgang von einer Generation zur nächsten fünf bis zehn mal so groß war wie der prozentuale Rückgang der Zweiten und Ersten Kinder, hätten die Ideen der 68er-Generation – wenn sie wirklich die Ursache des Verhaltenswandels gewesen wären – vor allem bei jenen Bevölkerungsgruppen auf Zustimmung stoßen und dadurch das generative Verhalten ursächlich verändern müssen, die bereits Familien mit überdurchschnittlich vielen Kindern, nämlich mit drei oder mehr, gegründet hatten – eine wenig wahrscheinliche Schlußfolgerung. Denn dies würde bedeuten, daß sich ausgerechnet die kinderreichen Eltern an den Studenten der 68er-Generation orientiert hätten, die ja ihrerseits nicht bereits zwei oder drei Kinder hatten, was die Voraussetzung dafür gewesen wäre, daß bei ihnen der Wegfall der Dritten und Vierten Kinder als Vorbild für die anderen hätte dienen können. Im übrigen war das zahlenmäßige Gewicht der 68er-Generation ohnehin bei weitem zu gering, um den Rückgang der Geburtenzahl in der Größenordnung von über Hunderttausend selbst bewirkt haben zu können.

Tabelle 1: Aufgliederung des Wandels des Fortpflanzungsverhaltens nach Generationen und Hauptwirkungsperiode des Geburtenrückgangs

	Generationen mit besonders starker Abnahme der Geburtenrate	mittleres Gebäralter	Wirkungsperiode auf die Geburtenzahl
Vierte und weitere Kinder	1936–41	31,0 bis 30,5	1967–72
Dritte Kinder	1939–43	26,9 bis 26,6	1966–70
Zweite Kinder	1940–44	26,9 bis 26,6	1967–71
Erste Kinder	alle Generationen	rund 24	alle Jahre
Hauptwirkungsperiode = 1966–72			

Quelle: Siehe Text.

Könnte man daraus aber vielleicht doch den Schluß ziehen, daß der Geburtenrückgang zwar nicht von den 68ern und ihren Anhängern direkt verursacht, aber doch in gewissem Sinn von ihnen indirekt mit herbeigeführt wurde, indem sich die Lebensziele der großen Mehrheit der Bevölkerung unter dem Einfluß der Ideologie der 68er wandelten, auch wenn die 68er-Generation nur eine kleine Minderheit war und ihre Gesellschaftsentwürfe nicht mit den Lebensentwürfen der großen Mehrheit der Bevölkerung übereinstimmten?

Diese Überlegung ist zwar nicht von der Hand zu weisen, aber die Ursachen des Wandels des generativen Verhaltens liegen wahrscheinlich tiefer. Die 68er-Revolte war zweifellos ein zeitliches Parallelphänomen der demographischen Zeitenwende, jedoch nicht ihre Ursache. Auch der sogenannte Wertewandel – eine inflationär gebrauchte, fast inhaltsleere Worthülse – kommt als Ursache nicht in Betracht, denn Werte können „sich" nun einmal nicht wandeln. Vielmehr werden durch das generative Verhalten bestimmte, für das gesellschaftliche Leben wichtige Werte in der menschlichen Praxis beglaubigt, oder ihre Gültigkeit wird durch das Handeln nicht gedeckt und nicht bestätigt, aber die Bestätigung oder die Nichtbestätigung können die Werte nicht verändern oder ihren „Wandel" herbeiführen, ebenso wenig wie die Wahrheit beispielsweise des Satzes des Pythagoras durch menschliche Handlungen irgendwelcher Art beeinflußt oder geändert werden kann. Ohne diese begriffliche Präzisierung besteht die Gefahr, daß man sich mit Scheinerklärungen begnügt, die nichts mit der Wirklichkeit menschlichen Handelns zu tun haben.

Die Frage besteht also darin, warum bestimmte Werte in bestimmten Zeiten zur Geltung kommen und in anderen nicht. Unter welchen Lebensbedingungen die Menschen sich zu Persönlichkeiten entwickeln, die frei genug sind, den von ihnen anerkannten Werten durch ihr selbstbestimmtes Handeln zum Durchbruch zu verhelfen, ist eine ebenso politisch-praktische wie philosophische Frage. Versucht man sie von der praktischen Seite aus zu beantworten, indem man die Forschungsergebnisse international vergleichender Studien über den Zusammenhang zwischen der wirtschaftlichen und der demographischen Entwicklung eines Landes heranzieht, dann rückt der paradoxe, gegenläufige Zusammenhang zwischen der Höhe des Pro-Kopf-Einkommens bzw. des allgemeinen Entwicklungsstandes eines Landes und der Geburtenrate erneut ins Blickfeld. Was sind die tieferen Ursachen dieser Paradoxie?

Für alle entwickelten Gesellschaften ist kennzeichnend, daß sich – unabhängig von ihrer politischen Verfassung, ihrer wirtschaftlichen Organisation und ihrer kulturellen und geschichtlichen Tradition – die gesellschaftlichen Beziehungen zwischen den Menschen an einem bestimmten, durchgreifend wirksamen Handlungsprinzip ausrichten, das man als konkurrenzorientiertes Handlungsprinzip bezeichnen kann, und das nicht nur in der Wirtschaft, sondern auch in den meisten anderen Lebensbereichen die Orientierungen der Menschen entscheidend bestimmt. Es ist jenes Prinzip, das seit dem 19. Jahrhundert durch die gewaltigen Erfolge der biologischen Evolutionstheorie Darwins etwas vorschnell und überstürzt auch als Regulativ für die Entwicklung der gesellschaftliche Lebensbedingungen anerkannt wurde. Das Prinzip des „survival of the fittest" wurde seitdem so stark verinnerlicht, daß es als handlungsleitende Idee für die Praxis menschlichen Verhaltens kaum noch in Frage gestellt wird. Es bestehen zwar immer noch konkurrenzfreie Handlungsräume, beispielsweise unter den Mitgliedern kirchlicher und gemeinnütziger Gemeinschaften, aber diese Beispiele sind ebenso wie die persönlichen Beziehungen zwischen den Mitgliedern intakter Familien und zwischen Freunden eher als Ausnahmen von der allgemeinen Regel anzusehen.

Gesellschaften, in denen das konkurrenzorientierte Handlungsprinzip alle anderen Prinzipien in den Hintergrund drängt, indem die positive Seite des Konkurrenzprinzips – nämlich das Konkurrieren im Wettbewerb um eine optimale Kooperation bei der Verwirklichung gemeinsamer Ziele – nicht mehr als wesentlich betrachtet wird, nehmen es nicht nur hin, sondern sie fördern es, daß die Gesetze der Arbeitswelt die übrigen Lebensbereiche dominieren. Die Überordnung des Ziels der Maximierung des Wohlstands über alle anderen Zwecke, dem sich in unserer Demokratie alle politischen Parteien verpflichtet haben, bedeutet, daß das Ziel der maximalen Produktivitätssteigerung mit dem Mittel der permanenten Umstrukturierung der Volkswirtschaft innerhalb des marktwirtschaftlichen Ordnungsrahmens Vorrang hat, wobei die sich daraus ergebenden Folgen für die Entwicklung der Familien in Kauf genommen werden. Die sich aus der fortwährenden Umstrukturierung ergebende Dynamik wirkt sich auf den Arbeitsmärkten in ständigen Arbeitsplatzumbesetzungen aus. So wird z.B. in Deutschland pro Jahr jeder vierte Arbeitsplatz durch zwischenbetriebliche Arbeitsplatzwechsel neu besetzt. Bei der millionenfachen neuen Zuordnung von Arbeitskräften zu Arbeitsplätzen, die in der Hochkonjunktur stets besonders intensiv ist, verlangt das konkurrenzorientierte Handlungsprinzip, das auch mit dem rhetorisch angenehmeren Begriff als „Wettbewerbsprinzip" bezeichnet wird, von den Arbeitskräften biographische Anpassungsleistungen in Form von Tätigkeitswechseln, Ortswechseln und Berufswechseln, die oft nur erbracht werden können, wenn geplante Partnerbindungen, Eheschließungen und Kindgeburten aufgeschoben oder die entsprechenden Lebensziele gar nicht erst angestrebt werden. Die wirtschaftlichen Tugenden der Anpassungsfähigkeit, Flexibilität und Mobilität, auf denen unser wirtschaftlicher Wohlstand beruht, stehen den für die Gründung von Familien wichtigen Tugenden und den Zielen der biographischen Planungssicherheit und Voraussicht diametral entgegen, weil sie langfristige Bindung an Menschen erschweren und die Übernahme einer meist lebenslangen Verantwortung für den Lebenspartner und für Kinder oft ganz ausschließen.

Zur Sicherung des für die volkswirtschaftliche Produktivitätssteigerung unabdingbaren, permanenten Strukturwandels haben sich die Bundesrepublik Deutschland und nach ihrem Vorbild auch die übrigen Staaten der Europäischen Union eine Art zweite Verfassung gegeben – das Gesetz gegen Wettbewerbsbeschränkungen –, das die eigentliche Magna Charta der modernen Wirtschaftsgesellschaft bildet. Das Gesetz ist seiner Zielsetzung nach primär gegen Wettbewerbsbeschränkungen gerichtet und hat eine segensreiche Wirkung, aber wegen seiner Nebenwirkungen könnte es auch als eine Art Anti-Familiengesetz bezeichnet werden, gegen dessen destruktive Auswirkungen mit den gesetzgeberischen Maßnahmen der Familienpolitik nicht viel auszurichten ist: Mit dem Gesetz gegen Wettbewerbsbeschränkungen soll die Dynamik des wirtschaftlichen Strukturwandels gesichert werden, wobei die Menschen als Produktionsfaktoren fungieren, die flexibel auf die Anforderungen des Arbeitsmarktes reagieren und bei regionalen oder branchenmäßigen Arbeitsmarktungleichgewichten durch ihre berufliche und räumliche Mobilität den Ausgleich des Angebots und der Nachfrage nach Arbeitskräften sicherstellen sollen.

In ihrem Streben nach hoher Produktivität sind die Menschen an ihren Arbeitsplätzen als „Humankapital" der Konkurrenz mit ihren eigenen Schöpfungen, den Maschinen ausgesetzt, deren Produktivität sie mit ihrer Kreativität beständig steigern. Auf diese Weise steht der Mensch in einer Art Wettbewerb mit seinen ureigensten Fähigkeiten und gerät in einen Widerspruch zu sich selbst. Man kann den Typ unserer modernen Wirtschaftsgesellschaft nicht treffender charakterisieren als mit den Worten des früheren Bundeskanzlers Helmut Schmidt, der sich einmal in aller Offenheit als „Aufsichtsratsvorsitzender der Aktiengesellschaft Bundesrepublik Deutschland" bezeichnete – ohne dabei über die tiefe Wahrheit seiner Worte zu erschrecken.

Die Geburtenrate hat in der früheren Bundesrepublik seit Anfang der 70er Jahre des vorigen Jahrhunderts das für die Bestandserhaltung (ohne Einwanderungen) erforderliche Niveau von 2,1 Lebendgeborenen pro Frau permanent unterschritten. In den meisten anderen westlichen Industrieländern verlief die Entwicklung, zeitversetzt, ähnlich. Trotzdem zeigte sich bisher noch kein politisch wirksames Bedürfnis, den wohlstandsverbürgenden Mechanismus der Konkurrenzgesellschaften in Frage zu stellen. Die alten, liberalen Vorstellungen über die Voraussetzungen der ökonomischen Prosperität haben sich bisher nicht gewandelt, ganz im Gegenteil: Das Konkurrenz- und Wettbewerbsprinzip stieg im Zuge der Globalisierung der Wirtschaft in allen Gesellschaftssystemen zu einer weltweit anerkannten Leitidee auf.

Dabei hat sich inzwischen ein radikaler Wandel der bisherigen Entwicklungsverläufe vollzogen: Die Voraussetzung aller Entwicklungen – nämlich die kulturelle Basis der Gesellschaften, auf der sich die ökonomischen und gesellschaftlichen Veränderungen vollziehen – ist selbst starken Veränderungen unterworfen und zum Gegenstand von Entwicklung bzw. zum Objekt des Geschehens geworden. Was noch in den 60er und 70er Jahren des vorigen Jahrhunderts als Gipfel modernster wirtschaftspolitischer Errungenschaften galt – in der Bundesrepublik Deutschland gehörte dazu in erster Linie das „Wachstums- und Stabilitätsgesetz" –, scheint aus heutiger Sicht von einem naiv anmutenden, geradezu obsoleten Reformoptimismus geprägt. Mit dem Wachstums- und Stabilitätsgesetz sollte die Stabilität der ökonomischen Entwicklung gegen Konjunktur- und Wachstumskrisen gesichert und ein dauerhaftes, sogenanntes gleichgewichtiges Wirtschaftswachstum erreicht werden. Daß aber die demographischen Stabilitätsbedingungen der wirtschaftlichen Entwicklung einmal zu einem gravierenden Problem werden könnten, war damals offensichtlich noch unvorstellbar. Mit dem (immer noch gültigen) Wachstums- und Stabilitätsgesetz sollen alle wichtigen volkswirtschaftlichen Zielgrößen wie Vollbeschäftigung, Preisstabilität und außenwirtschaftliches Gleichgewicht in Einklang gebracht werden, aber die diesen Zielen vorgelagerte Voraussetzung einer nachhaltigen Bevölkerungsentwicklung wird in diesem Gesetz nicht einmal erwähnt. Beruhte dies auf Naivität oder auf politischer Kurzsichtigkeit? Man nahm wahrscheinlich an, daß sich die demographischen Stabilitätsbedingungen des wirtschaftlichen Erfolgs von selbst erfüllen.

Aus heutiger Sicht müßte das sogenannte „magische" Zieldreieck, bestehend aus Vollbeschäftigung, Preisstabilität und außenwirtschaftlichem Gleichgewicht, durch das Ziel der demographischen Nachhaltigkeit erweitert werden. Eine Diskussion über eine solche Erweiterung auf breitem politischem Fundament gibt es jedoch noch nicht einmal in Ansätzen. Die wirtschafts- und sozialpolitischen Debatten (Renten- und Gesundheitsreform) und die demographischen Reformdiskussionen (Familienpolitik, Staatsbürgerschaftsrecht, Einwanderungs- und Integrationspolitik) werden in der Regel in getrennt voneinander arbeitenden Sachverständigengremien und Kommissionen diskutiert, so als ob sich auch die wirtschaftliche und soziale Wirklichkeit in verschiedene ressortspezifische Welten aufteilen ließe.

Im Hinblick auf den realen Problemdruck ist die ressortspezifische Zerstückelung des Denkens, Planens und Handelns ein Anachronismus, dem etwas Vormodernes anhaftet. Die diesbezügliche Rückständigkeit birgt große Gefahren, denn die spezifischen Probleme der Industrieländer sind im Zuge der ökonomischen Globalisierung zu allgemeinen Entwicklungsproblemen der Welt geworden, die in allen Kontinenten und Kulturen auftreten. Wie in Kapitel 2 gezeigt, vollzieht sich parallel zur Globalisierung der volkswirtschaftlichen Standort- und der betriebswirtschaftlichen Produktionsbedingungen eine Globalisierung der demographischen Reproduktionsbedingungen in nahezu allen Populationen der Welt. Diese Entwicklung birgt besonders in den armen Ländern Gefahren, weil dort die Wirtschaftsstruktur mit der familienbegründeten Sozialstruktur so eng verflochten ist, daß die Auflösung der einen Sphäre nahezu zwangsläufig die Zerstörung der anderen nach sich zieht.

Durch den sich intensivierenden Welthandel werden die demographischen Reproduktionsbedingungen eines Landes, insbesondere die Altersstruktur, zu internationalen Wettbewerbsbedingungen: Die Höhe des von der Altersstruktur und von den Kosten der Sicherungssysteme eines Landes abhängigen Anteils der Lohnkosten an den Produktionskosten eines Standorts bestimmt einerseits als Kostenfaktor die internationalen Wettbewerbsbedingungen, andererseits als Faktor, der über die „Opportunitätskosten" der Kinder das Fortpflanzungsverhalten der Bevölkerung beeinflußt, deren demographische Reproduktionsbedingungen. Je besser ein soziales Sicherungssystem funktioniert, desto weniger sind die Menschen auf die Hilfe durch die eigene Familie angewiesen. Auf diese Weise stehen vor allem in den Industrieländern mit ihren hochentwickelten sozialen Sicherungssystemen die wirtschaftliche Entwicklung und die Bevölkerungsentwicklung in Wechselwirkung miteinander. Der Entwicklungsweg, den die heutigen Industrieländer bereits zurücklegten, ist der gleiche, den auch die heutigen Entwicklungsländer eingeschlagen haben oder anstreben. Die theoretisch immer noch möglichen Alternativen zu diesem Entwicklungstyp werden durch die zunehmende Intensität der ökonomischen Globalisierung immer stärker eingeschränkt.

Versucht man, die Bevölkerungsentwicklung der Industrieländer und das demographisch-ökonomische Paradoxon zu erklären, so greifen die entsprechenden soziologischen, ökonomischen oder biologischen Ansätze für sich genommen zu kurz. Sie können zwar wichtige Einzelaspekte der demographischen Phänomene erfassen, aber eine bloße Addition der einzelnen Erklärungsbeiträge ergibt naturgemäß keine schlüssige Gesamttheorie. Dennoch ist die Entwicklung einer übergreifenden Gesamttheorie das Ziel auch der dezidiert disziplinären Ansätze. Die klassische Wirtschafts- und Gesellschaftstheorie des 18. Jahrhunderts hat z.B. ihre übergreifenden Ziele stets betont und auch ihre bevölkerungstheoretischen Ansätze noch im Rahmen übergeordneter Sichtweisen entwickelt. Dies gilt vor allem für die englische Nationalökonomie bzw. für die „politische Ökonomie". Ihre Grundüberzeugungen wurden in einprägsamen Metaphern veranschaulicht, z.B. in der „Bienenfabel" Mandevilles und in der Metapher der „unsichtbaren Hand" bei Adam Smith. Beide vermitteln die gleiche Botschaft: Wirtschaftlicher Eigennutz ist gemeinwohlfördernd. Bei Mandeville heißt es: „Fraude, Luxury and Pride must live,/Whilst we the Benefits receive:... So Vice is beneficial found,/When its by Justice lopt and bound" (Mandeville 1714).

Ob diese Botschaft noch trägt, gerät immer mehr in Zweifel, weil die demographische Basis der ökonomisch prosperierenden Länder durch ihre niedrige Geburtenrate schwindet, und zwar als Folge dieser Prosperität, die sich eben dadurch selbst in Frage stellt. Die Voraussetzung der Bienenfabel Mandevilles ist die Existenz von Bienen und von Blumen und Blüten als deren Lebensgrundlage. In die gesellschaftliche Realität übersetzt heißt das: Die Existenz von Familien muß vorausgesetzt werden, damit das wirtschaftliche und soziale Leben überhaupt stattfinden und prosperieren kann. Wenn aber ökonomischer Wohlstand seine eigene Voraussetzung schwächt, ist weder die Metapher der Bienenfabel noch die Botschaft von Adam Smith bezüglich einer durch die „unsichtbare Hand" prästabilierten Harmonie in der Konkurrenz egoistischer Interessen realistisch. Der Egoismus hat zwar, wie Adam Smith zu Recht betont, zweifellos zahlreiche unintendierte gemeinwohlfördernde Nebenwirkungen, doch wird heute übersehen, daß seine Hauptwirkung gemeinwohlzerstörend ist.

Ähnliche Überlegungen gibt es überraschenderweise auch bei J. A. Schumpeter, dem entschiedensten Vertreter des wirtschaftlichen Liberalismus, und zwar schon aus den 40er Jahren des vorigen Jahrhunderts, also lange bevor sich die demographische Zeitenwende auch nur ankündigte. In seinem Spätwerk „Capitalism, Socialism and Democracy" vertritt Schumpeter die These, daß der Kapitalismus seine Energie aus „außerkapitalistischen" Quellen schöpft und daß der Prozeß der kapitalistischen Entwicklung seine eigenen Quellen zerstört: „As soon as men and women learn the utilitarian lesson and refuse to take for granted the traditional arrangements that their social environment makes for them, as soon as they acquire the habit of weighing the individual advantages and disadvantages of any prospective course of action – or, as we might also put it, as soon as they introduce into their private life a sort of inarticulate system of cost accounting – they cannot fail to become aware of the heavy personal sacrifices that family ties and especially parenthood entail under modern conditions and of the fact that at the same time, excepting the cases of farmers and peasants, children cease to be economic assets. These sacrifices do not consist only of the items that come within the reach of the measuring rod of money but comprise in addition an indefinite amount of loss of comfort, of freedom from care, and opportunity to enjoy alternatives of increasing attractiveness and variety ... The implication of this is not weakened but strengthened by the fact that the balance sheet is likely to be incomplete, perhaps even fundamentally wrong".[19]

Die vor mehr als einem halben Jahrhundert publizierten Thesen werden heute durch die Bevölkerungsentwicklung der Industrieländer, aber im Zuge der ökonomischen Globalisierung auch durch die Bevölkerungsentwicklung der armen Länder, immer klarer bestätigt. Noch wesentlich früher als Schumpeter hat F. List den Antagonismus von Demographie und Ökonomie herausgearbeitet, indem er auf die Tatsache abstellte, daß die Aufzucht von Menschen im Gegensatz zu der von Nutztieren nicht in die Berechnung der von einer Volkswirtschaft erzeugten Güter und Dienstleistungen eingeht und bis heute in der Volkseinkommensberechnung unberücksichtigt bleibt: „Wer Schweine erzieht, ist ... ein produktives, wer Menschen erzieht, ein unproduktives Mitglied der Gesellschaft ... ein Newton, ein Watt, ein Kepler sind nicht so produktiv als ein Esel, ein Pferd oder ein Pflugstier ...".[20]

Die Kritik von List ist berechtigt, aber sie suggeriert, daß die Lösung des Problems darin liegen könnte, daß man die Aufzucht von Kindern nur ebenso realistisch bewerten und im Volkseinkommen berücksichtigen müsse wie die Produktion ökonomischer Güter. Aber darin kann die Lösung nicht liegen. Denn die Würde des Menschen würde dann zu einem Wert reduziert, der sich aus ihm als einem Instrument für die Erreichung eines anderen – nämlich ökonomisch bewertbaren – Zweckes ableitet. Die ökonomische Aufwertung und die realistische Bewertung der Leistungen der Familien sind zwar eine notwendige Voraussetzung für die Lösung der demographisch bedingten gesellschaftlichen Probleme, aber ihre Erfüllung durch gerechtere familienpolitische Leistungen ist nicht hinreichend für die Lösung, weil die Menschen nicht nur aus ökonomischen, sondern zunehmend aus anderen Gründen wenig Kinder haben und zu einem immer größeren Prozentsatz lebenslang kinderlos bleiben.

5. Grenzen der Familienpolitik im Hinblick auf die Logik biographischer Entscheidungen

Das Ziel einer Familienpolitik kann darin bestehen, die Hindernisse aus dem Weg zu räumen, die der Verwirklichung schon vorhandener Wünsche nach Kindern entgegenstehen. Von völlig anderer Art ist eine Familienpolitik, die darauf gerichtet ist, den Wunsch nach einem Kind überhaupt erst entstehen zu lassen. Schließlich gibt es einen dritten Typ, der weder die Entstehung noch die Verwirklichung von Kinderwünschen anstrebt, sondern lediglich die Lage der bestehenden Familien durch sozialpolitische Maßnahmen zu verbessern sucht. Das Hauptkennzeichen familienpolitischer Diskussionen ist, daß diese drei Typen miteinander vermengt werden, so daß über die zur Erreichung der familienpolitischen Ziele geeigneten Mittel meist keine Einigung erzielt werden kann. Dabei kommt erschwerend hinzu, daß jede Art von Familienpolitik, die auf ökonomische Anreize setzt, insofern an Grenzen stößt, als ein großer und wahrscheinlich zunehmender Anteil der Menschen aus anderen als ökonomischen Gründen wenige oder gar keine Kinder hat.

Als Elemente einer modernisierten Familienpolitik werden immer wieder genannt: (1) Weitgehende außerhäusliche Betreuung der Kinder ab dem Säuglingsalter in Kinderkrippen, Kindergärten, Ganztagsschulen, Betrieben oder in privaten Haushalten durch Tagesmütter sowie praktische Erleichterungen wie familiengerechte Arbeitszeiten; (2) stärkere finanzielle Unterstützung durch den Staat (steuerliche Erleichterungen, Kindergeld, Erziehungsgeld u.ä.), einschließlich der Gewährung von Vorteilen wie die Anrechnung der Erziehungszeiten in der Rentenversicherung der Eltern und Staffelung der Beiträge zur Sozialversicherung nach der Kinderzahl; (3) Schaffung einer größeren gesellschaftlichen Anerkennung der von den Eltern erbrachten Erziehungsleistungen durch Aufklärung der Bevölkerung über die gesellschaftlichen und wirtschaftlichen Folgen des individuellen demographischen Verhaltens.

Die folgenden Überlegungen sollen dazu dienen, die Erfolgsaussichten einer Familienpolitik einzuschätzen, mit der ein Anstieg der durchschnittlichen Geburtenrate auf das bestandserhaltende

Niveau von zwei Kindern pro Frau angestrebt wird. Bei diesem Niveau wäre die Altersstruktur langfristig stabil und permanente Einwanderungen aus arbeitsmarktpolitischen Gründen wären nicht erforderlich. Die Sinnhaftigkeit der Ziele einer lediglich sozialpolitisch motivierten Familienpolitik soll hier nicht diskutiert werden, zumal sie sich von selbst verstehen und von der Verfassung ohnehin zwingend vorgeschrieben sind. Ein klarer Verfassungsverstoß ist vor allem der „systemspezifische Vorteil" der Kinderlosigkeit in der Pflegeversicherung (Urteil vom 3.4.2001).

Jeder Versuch, das Verhalten der Menschen durch Politik zu beeinflussen, muß bei einer Analyse der Verhaltensursachen beginnen. Das generative Verhalten ist stark persönlichkeitsbestimmt und in seinen Ursachen meist so individuell und differenziert, daß man von *dem* generativen Verhalten einer Bevölkerung gar nicht oder nur im abstraktesten Sinn sprechen kann. Lassen sich die generativen Verhaltensweisen der Menschen vielleicht trotzdem zu Verhaltenstypen gruppieren? Da jeder Mensch nach den Erkenntnissen der Humangenetik schon auf Grund seiner genetischen Beschaffenheit ein Individuum im strikten Sinne des Wortes ist, das sich in der Evolution nicht wiederholt, ist die Wahrscheinlichkeit, daß ein bestimmter Mensch als Person in der Geschichte des Universums ein zweites Mal auftritt, gleich Null. Es spricht deshalb alles dagegen, die beobachteten generativen Verhaltensweisen der Individuen künstlich zu Verhaltenstypen zusammenzufassen. Tut man es dennoch, erhält man Mittelwerte, die in der Regel in die Irre führen. So ist z.B. der als statistischer Mittelwert aus Männern und Frauen konstruierte Durchschnittsmensch ohne Geschlecht.

Gleichwohl findet man heute in den Sozialwissenschaften, abgesehen von der Psychologie, nur relativ wenige Studien über einzelne Persönlichkeiten und um so mehr über Gruppen von Individuen. Der Einzelne kommt als Gegenstand sozialwissenschaftlicher Forschung auch deshalb immer seltener vor, weil er als singuläres Studienobjekt nicht mit den Methoden der statistischen Analyse erforscht werden kann. Als Einzelwesen ist der Mensch insbesondere für die Analyse mit dem Computer nicht zu gebrauchen, er muß im Plural vorhanden sein, sonst sind die modernen Analysetechniken nicht anwendbar. Falls nicht weitere, möglichst zahlreiche Individuen verfügbar sind, mit denen ein bestimmtes Individuum verglichen werden kann, läßt sich keines der üblichen Software-Pakete anwenden, und die Sache ist dann für den heute vorherrschenden Typ sozialwissenschaftlicher Forschung schnell uninteressant.

Welche Schlüsse daraus zu ziehen sind, daß Menschen nun einmal Individuen sind und als solche auch in wissenschaftlichen Untersuchungen, die die Grundlage jeder rationalen Politik bilden sollten, zur Kenntnis genommen werden müssen, hat die Sozial- und Geisteswissenschaften schon im 19. Jahrhundert intensiv beschäftigt. Gleichwohl sind deren wegweisende Ergebnisse über das angemessene methodische Vorgehen heute meist unbekannt, sie kommen in den Lehrplänen sozialwissenschaftlicher Fakultäten häufig gar nicht mehr vor. „Die Welt selbst ist Individuum...", dieser Satz von Wilhelm Dilthey wird zwar auch heute noch als gültig angesehen, aber weil die Folgerungen daraus es nicht zulassen, die standardisierten Computer-Programme anzuwenden (Programme, die von selbst zwischen natur- und sozialwissenschaftlichen Fragestellungen keinen Unterschied machen können), bleibt diese Einsicht ohne Konsequenzen. Wie soll man z.B. die Aussage Diltheys mit einem Mausklick in der Forschungspraxis umsetzen: „Typisch ist, was in einem singulären Fall ein Allgemeines darstellt"?

Wie ist es überhaupt möglich, Allgemeines zu erkennen, wenn überall nur Singularitäten existieren? Die biographische Theorie des generativen Verhaltens, auf deren Ergebnissen die folgenden Überlegungen gründen, ist ein Versuch, mit dem sogenannten Individual-Ansatz in der Bevölkerungstheorie Ernst zu machen und das Allgemeine der singulären Fälle in den Blick zu nehmen. Zunächst sei mit folgendem einfachen Beispiel demonstriert, daß es zum Individual-Ansatz keine Alternative gibt. Nehmen wir an, daß sich das generative Verhalten danach unterscheidet, welcher Generation ein Mensch angehört und in welchem Alter er steht, so ergeben sich aus der Kombination von z.B. 10 Generationen mit je 10 Altersgruppen 100 Fallgruppen von Individuen mit innerhalb der Gruppen ähnlichen, und zwischen den Gruppen unterschiedlichen Verhaltensweisen. Berücksichtigt man zusätzlich zum Alter und zur Generation z.B. die Merkmale Beruf, Einkommen, regionaler Lebensraum, Merkmale der Herkunftsfamilie, Religionszugehörigkeit usw., und nimmt man an, daß jedes dieser Merkmale ebenfalls z.B. 10 Untergliederungen hat, so kommt man bei insgesamt 8 Merkmalen zu 100 Mio. Gruppen, also auf mehr, als Deutschland Einwohner hat. Bei 10 Merkmalen sind es 10 Mrd. Fallgruppen, so daß die 6 Mrd. Erdenbewohner nicht ausreichen würden, um jede Gruppe auch nur mit einem Individuum als Studienobjekt zu füllen.

Geht man noch einen Schritt weiter, indem man zusätzlich zwischen verschiedenen Lebenswegen unterscheidet, auf denen ein bestimmtes Individuum zu der ihm zugeordneten Gruppe im Verlauf seiner Biographie gelangt sein kann, dann erhalten wir eine im buchstäblichen Sinn des Wortes astronomisch große Zahl von Typen des generativen Verhaltens, für die es niemals genügend Menschen geben wird, um sie alle mit realen Individuen zu füllen. Die Größe des biographischen Möglichkeitsraums jedes Individuums rechtfertigt es, von seinem *biographischen Universum* zu sprechen, und zwar in Anspielung auf die Größe des kosmischen Raums, in dem die Erde ihre singuläre Bahn zieht, so wie die einzelnen Menschen in ihrem biographischen Universum eine Spur hinterlassen, die wir als Lebenslauf bezeichnen.

Was treibt ein bestimmtes Individuum an auf seiner Bahn durch seinen biographischen Kosmos, wie findet es seinen Weg durch die Leere? Wovon hängt es ab, ob die betreffende Person das menschliche Leben in seinem Lebenslauf an Nachkommen weitergibt? Was läßt sich über die Geschehnisse in der Innenwelt des Menschen sagen, die von anderen nur durch die Spur beobachtbar sind, die sein Lebenslauf in der Außenwelt hinterläßt? Daß zwischen einer Innenwelt und einer Außenwelt unterschieden werden muß – eine Schwierigkeit, die in der Astronomie bei der Beobachtung von physikalischen Erscheinungen keine Rolle spielt – kompliziert die Sache so, daß man zu Metaphern wie „Lebenslauf" greifen muß. Arthur Schopenhauer hat die Metapher des Lebenslaufs mit einer weiteren Metapher zu charakterisieren versucht, die man ihrerseits nur durch Bilder umschreiben kann usf.: „Demgemäß ist der Lebenslauf selbst, mit allem seinem vielgestalteten Treiben, nichts weiter, als das äußere Zifferblatt jenes innern, ursprünglichen Getriebes, oder der Spiegel, in welchem allein dem Intellekt eines Jeden die Beschaffenheit seines eigenen Willens, der sein Kern ist, offenbar werden kann".[21]

Das Getriebe des Lebenslaufs wird durch das menschliche Handeln in Gang gehalten. Wie läßt sich die immense Fülle an Handlungen und Ereignissen im Verlauf eines Lebens auf einen Begriff bringen, der bei der Erklärung des generativen Verhaltens weiterhilft? Handeln und Wählen gehören zusammen. Um das Typische der biographischen Wahlakte zu charakterisieren, könnte man den Lebenslauf in Analogie zum Vorgang des Lesens betrachten. Beim Lesen und beim Lebenslauf sind die handlungsbestimmenden Situationen auf ähnliche Weise hierarchisch ineinander gefügt: Beim Bücherlesen kann man immer nur darüber entscheiden, welches Buch man als nächstes liest, nicht darüber, welche Bücher man schon gelesen hat. Da aber die Wahl des nächsten nicht ganz unabhängig davon ist, welche Bücher man früher las, wählt man streng genommen allenfalls das erste wirklich frei, bei den folgenden ist es nicht mehr eine vollkommen freie Wahl. Welche Seite wir in einem Buch als nächste aufschlagen, hängt noch stärker von den Seiten ab, die wir davor gelesen haben, und eine noch strengere Abstufung gilt für die Abfolge beim Lesen der Sätze und für die einzelnen Wörter innerhalb eines Satzes.

Mit der Abfolge der handlungsbestimmenden Gedanken und Emotionen verhält es sich ähnlich. Die Gedanken sind frei, aber dieses Reich der Freiheit ist nicht vollkommen. Welcher Gedanke in der Kette der Assoziationen und welches Gefühl in der Abfolge der Emotionen jeweils auftritt, ist nicht in unser Belieben gestellt. Diese Beispiele stehen in der folgenden Weise in Analogie zum Lebenslauf: Wir wählen zwar stets zwischen Alternativen, wenn wir unseren Lebenslauf in einem bestimmten Stadium durch eine Entscheidung fortsetzen, aber in der betreffenden Entscheidungssituation können wir die Alternativen nicht mehr wählen, aus denen wir eine Auswahl treffen, ebenso wenig wie wir beim Lesen noch völlig frei sind, nachdem wir einmal damit begonnen haben. Daß es einfacher ist, ein Buch wegzulegen und mit einem neuen zu beginnen oder mehrere gleichzeitig zu lesen, als einen Lebenslauf neu zu beginnen oder mehrere gleichzeitig zu leben, macht die Analogie noch wichtiger, denn wenn die spätere Biographie vor allem von den ersten Eröffnungsentscheidungen im Lebenslauf abhängt, dann ist dies gerade für das generativen Verhalten wichtig, weil es von den zentralen Weichenstellungen am Beginn der Biographie besonders stark beeinflußt wird und gleichzeitig

Auswirkungen auf das ganze spätere Leben hat, das als Ganzes nur einmal gelebt werden kann.

Die Beispiele lassen sich verallgemeinern durch das Bild des Entscheidungsbaums, dessen Zweige aus der hierarchischen Folge vorangegangener Entscheidungen auseinander hervorgehen: So wie sich bei einem realen Baum neue Zweige nur aus schon vorhandenen Stämmen, Ästen und Zweigen entwickeln können, so können biographische Entscheidungen nur auf der Grundlage von Handlungsergebnissen aus früheren Entscheidungen getroffen werden. In dieser Analogie steckt ein weiterer wichtiger Aspekt: So wie ein Baum die Gesamtheit seiner Äste und Zweige ist, so gehört zum Leben des Menschen neben dem tatsächlichen Lebenslauf auch die Gesamtheit der nur vorgestellten, aber auch als bloße Vorstellungen gleichwohl handlungsrelevanten Lebenslaufalternativen, auch wenn die Vorstellungen falsch sind oder auf Illusionen beruhen. Das für biographische Entscheidungen Typische liegt nun darin, daß jede Entscheidung irreversible Folgen für alle späteren Entscheidungen hat, weil das Überwechseln von einem Zweig innerhalb des Möglichkeitsraums auf einen anderen wie jeder Umweg Nachteile mit sich bringt oder sogar ganz unmöglich ist.

Die seelische Bindung an einen Menschen und die biographische Festlegung durch die Übernahme der langfristigen Verpflichtungen aus der Elternschaft sind besonders wichtige Beispiele für Entscheidungen mit irreversiblen biographischen Konsequenzen. In unserer Gesellschaft gilt es als ideal, wenn die Bindung an einen Partner und die Festlegung für Kinder zusammenfallen, deshalb werden in Deutschland die weitaus meisten Kinder in Ehen geboren. Unsere Erziehungsziele und die Idealbilder der Persönlichkeitsentwicklung sind tendenziell bindungsorientiert und wirken bindungsfreundlich, dagegen ist die ökonomische Realität, insbesondere die Arbeitswelt, durch die Anforderungen des Arbeitsmarktes an die berufliche und räumliche Mobilität bindungsfeindlich. Der Widerspruch stellt der Persönlichkeitsentwicklung Hindernisse in den Weg, die die Fähigkeit und die Bereitschaft zu langfristigen Festlegungen im Lebenslauf stark verringern.

Die aus den Zwängen des Arbeitsmarktes entstehende Unsicherheit in der Biographie des Mannes hat die Bedeutung der Versorgungsehe als Kern des traditionellen weiblichen Lebenslaufs stark zurückgedrängt. Deshalb sind der Anstieg der Erwerbstätigkeit und der Bildungsbeteiligung bei den Frauen seit den 70er Jahren des vorigen Jahrhunderts vermutlich auch als eine Folge der biographischen Unsicherheit männlicher Biographien zu interpretieren, nicht nur als Erfolge der geschlechterbezogenen Emanzipationspolitik. Daß auch die weiblichen Biographien der gleichen, durch die Wirtschafts- und Arbeitsmarktdynamik bedingten Unsicherheit unterliegen, wirkt sich in einer zusätzlichen Verringerung der Bereitschaft bzw. der Fähigkeit zur Übernahme der Verantwortung aus der Elternschaft aus. Die Dynamik der ökonomischen Veränderungen wird in der offiziellen Rhetorik unserer Wirtschaftsgesellschaft als etwas Positives gepriesen, gleichzeitig wird aber die damit verbundene biographische Unsicherheit von den Menschen als ein zerstörerischer Zwang empfunden. Sie reagieren darauf rational, indem sie langfristige Festlegungen aufschieben und zunehmend ganz vermeiden.

Die abstrakten Überlegungen über die Struktur von Lebensläufen lassen sich mit den Daten einer differenzierten biographischen Untersuchung auf ihren Realitätsgehalt überprüfen. Der Begriff des biographischen Entscheidungsraums wird hier mit diesen Daten beispielhaft für die Frauengeneration 1950 in *Schaubild 7* dargestellt. In dem Schaubild ist die Verzweigungsstruktur der Lebensläufe aus einer Stichprobe von 361 deutschen Frauen dieses Jahrgangs graphisch dargestellt. Die ebenfalls untersuchten Lebensläufe von 353 Männern des gleichen Jahrgangs sind wesentlich einfacher strukturiert, auf sie soll hier nicht näher eingegangen werden.[22]

Für jeden der über 700 Lebensläufe liegen Tausende von statistischen Daten vor. Die Fülle der Informationen wird hier aus darstellerischen Gründen stark zusammengefaßt, indem die vielfältigen Phasen und Ereignisse der realen Lebensläufe in drei große Gruppen eingeteilt werden. Das Symbol L steht dabei für eine Phase im Lebenslauf, die durch eine Berufsausbildung charakterisiert ist. Das Symbol E bezeichnet eine Phase, die durch Erwerbstätigkeit dominiert wird und das Symbol F für eine Familienphase. Die Phasen L, E und F können in einem Lebenslauf naturgemäß mehrfach auftreten und sich zeitlich überlappen. Rund 40 bis 50% der Erwerbsphasen sind z.B. mit einer Familienphase gekoppelt, die übrigen kommen in reiner Form vor.

Das *Schaubild 7* zeigt, wie sich die 361 weiblichen Biographien auf die drei Gemeindetypen verteilen, in denen die 361 Frauen lebten, die zum Zeitpunkt der Befragung (1986) in intensiven Interviews mit speziell dafür geschulten Interviewern über ihren bisherigen Lebenslauf und ihre Zukunftspläne Auskunft gaben. Die Gemeinden stehen für drei Typen von räumlichen Lebenswelten. Der erste Typ sind die modernen Dienstleistungszentren. Für diesen Typ wurden die Landeshauptstädte Düsseldorf und Hannover ausgewählt. Der zweite Typ sind die großen Industriestädte mit alten Industriezweigen, repräsentiert durch die Städte Bochum und Gelsenkirchen. Der dritte Typ enthält kleine Gemeinden im ländlichen Raum, repräsentiert durch Gemeinden im Münsterland und in Ostfriesland.

Die Berücksichtigung unterschiedlicher Gemeindetypen ist wichtig, weil die Größe des biographischen Entscheidungsraums einer Person unter sonst gleichen Umständen entscheidend von der Art der räumlichen Lebenswelt abhängt. Wie wichtig die regionalen Faktoren sind, zeigt folgendes Forschungsergebnis: Die regionalen Unterschiede der Geburtenzahl pro Frau für eine gegebene Frauengeneration waren in Deutschland bis zum Zeitpunkt der Befragung wesentlich größer als die zeitlichen Unterschiede zwischen den Generationen in einer Region. Die Geburtenwahrscheinlichkeit für Dritte und weitere Kinder war z.B. in den ländlich geprägten Regionen Nordrhein-Westfalens in den 80er Jahren des vorigen Jahrhunderts um das Zwei- bis Dreifache höher als im Durchschnitt des Landes und um das Fünf- bis Sechsfache höher als in der Landeshauptstadt Düsseldorf.[23] – Erst ab den 90er Jahren begann sich das klare regionale Muster der Geburtenrate durch die starken Zuwanderungen aus dem Ausland zu verwischen.

Unter den 146 Lebensläufen der befragten Frauen in Düsseldorf und Hannover ist der Biographietyp mit der Phasenfolge LE (in *Schaubild 7* die Nr. 11) der häufigste Typ (35 Fälle). Bei diesem Typ folgt auf die Berufsausbildung (Phase L) unmittelbar die Erwerbstätigkeitsphase (E), ohne daß sich bis zum Alter von 36 Jahren, in dem die Befragung stattfand, eine Familienphase anschließt. Unter den 145 Lebensläufen in Bochum und Gelsenkirchen ist jedoch ein anderer Biographietyp am häufigsten, nämlich der Typ Nr. 16 mit der Abfolge LEF (38 von 145 Fällen), hier folgt auf die Erwerbstätigkeitsphase eine Familienphase (F). In den

Schaubild 7: Abfolge der Ausbildungsphasen (L), der Erwerbstätigkeitsphasen (E) und der Familienphasen (F) im Lebenslauf am Beispiel der Frauen des Geburtsjahrgangs 1950

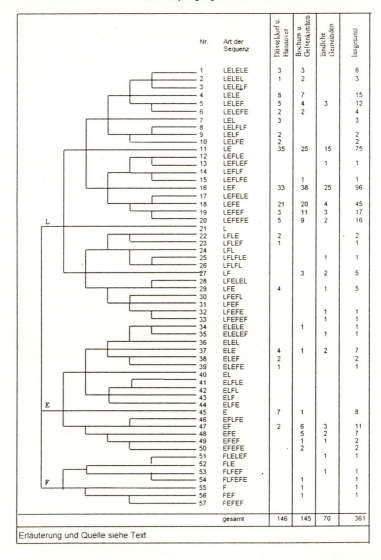

Nr.	Art der Sequenz	Düsseldorf u. Hannover	Bochum u. Gelsenkirchen	ländliche Gemeinden	Insgesamt
1	LELELE	3	3		6
2	LELEL	1	2		3
3	LELELF				
4	LELE	8	7		15
5	LELEF	5	4	3	12
6	LELEFE	2	2		4
7	LEL	3			3
8	LELFLF				
9	LELF	2			2
10	LELFE	2			2
11	LE	35	25	15	75
12	LEFLE				
13	LEFLEF			1	1
14	LEFLF				
15	LEFLFE		1		1
16	LEF	33	38	25	96
17	LEFELE				
18	LEFE	21	20	4	45
19	LEFEF	3	11	3	17
20	LEFEFE	5	9	2	16
21	L				
22	LFLE	2			2
23	LFLEF	1			1
24	LFL				
25	LFLFLE			1	1
26	LFLFL				
27	LF		3	2	5
28	LFELEL				
29	LFE	4		1	5
30	LFEFL				
31	LFEF				
32	LFEFE			1	1
33	LFEFEF			1	1
34	ELELE		1		1
35	ELELEF			1	1
36	ELEL				
37	ELE	4	1	2	7
38	ELEF	2			2
39	ELEFE	1			1
40	EL				
41	ELFLE				
42	ELFL				
43	ELF				
44	ELFE				
45	E	7	1		8
46	EFLFE				
47	EF	2	6	3	11
48	EFE		5	2	7
49	EFEF		1	1	2
50	EFEFE		2		2
51	FLELEF			1	1
52	FLE				
53	FLFEF			1	1
54	FLFEFE		1		1
55	F		1		1
56	FEF		1		1
57	FEFEF				
	gesamt	146	145	70	361

Erläuterung und Quelle siehe Text

ländlichen Gemeinden tritt dieser Typ mit einer noch größeren Häufigkeit auf (25 von 70 Fällen).

Als Ergebnis der Analyse läßt sich festhalten: Die weitaus größte Zahl der Lebensläufe beginnt bei den Frauen mit einer Berufsausbildungsphase (86%), bei 13% mit einer Erwerbstätigkeitsphase und nur bei 1 bis 2% mit einer Familienphase. Die Dominanz der Erwerbstätigkeitsphase ist bei der Generation von 1955 noch stärker ausgeprägt als bei der hier beispielhaft herausgegriffenen Generation von 1950. Das biographische Verzweigungsschema für den Jahrgang 1955 ist in der zitierten Untersuchung ebenfalls dargestellt.

Ein wichtiger Prüfstein für die These, daß die Häufigkeit von langfristigen Festlegungen im Lebenslauf in Form der Übernahme der Verantwortung aus der Elternschaft von Jahrgang zu Jahrgang abnimmt, ist die Höhe des Anteils der Frauen an einem Jahrgang, die biographische Festlegungen in Form von Kindern ganz vermeiden und zeitlebens kinderlos bleiben. Wenn die These stimmt, müßte die lebenslange Kinderlosigkeit von Jahrgang zu Jahrgang stark zugenommen haben, weil Kinder in einer dynamischen Wirtschaftsgesellschaft die Anpassungsfähigkeit an die Erfordernisse des Arbeitsmarktes am stärksten verringern. Wie die aus den Daten der Amtlichen Statistik abgeleiteten Zahlen belegen, stimmt die Schlußfolgerung mit der tatsächlichen Entwicklung überein (Zahlen für die frühere Bundesrepublik). Auch die aus anderen Untersuchungen stammenden Zahlen, die im *Schaubild 8* dargestellt sind, belegen diesen Sachverhalt:[24]

	Anteil der zeitlebens kinderlosen Frauen an einem Jahrgang[25]
Generation 1940	10,6%
Generation 1945	13,0%
Generation 1950	15,8%
Generation 1955	21,9%
Generation 1960	26,0%
Generation 1965	32,1%

Zwischen der Höhe der Geburtenrate, gemessen als Geburtenzahl pro Frau nach Abschluß des sogenannten gebärfähigen Alters (15–45), und dem Anteil der zeitlebens kinderlosen Frauen an einem Jahrgang, läßt sich ein klarer Zusammenhang feststellen: Je höher die Kinderlosigkeit, desto niedriger die Geburtenzahl pro Frau. Der Zusammenhang ist für verschiedene Frauenjahrgänge von 1940 bis 1965 in *Schaubild 9* dargestellt, wobei nach der Kinderzahl pro Frau bis zum Alter 32 (Kurve A) und bis zum Ende des gebärfähigen Alters von 45 unterschieden wurde (Kurve B). Beide Kurven weisen nach wie vor eine fallende Tendenz auf, deshalb spricht wenig dafür, daß die Geburtenrate in absehbarer Zeit wieder steigen wird, zumal die Tendenz zur lebenslangen Kinderlosigkeit immer noch von Jahrgang zu Jahrgang wächst. Dies ist auch nicht anders zu erwarten, weil sich die kausalen Ursachen für diese Entwicklung durch die eher noch intensiver gewordene wirtschaftliche Dynamik weiter verstärkt haben.

Der wachsende Trend zur lebenslangen Kinderlosigkeit wird zuweilen mit einem zunehmenden Hedonismus gleichgesetzt. Diese Interpretation ist nur zum Teil richtig, denn der Trend spiegelt auch die Rationalität der biographischen Entscheidungslogik wider: Der Übergang aus der Phase der Kinderlosigkeit zur Elternschaft ist irreversibel, er ist sowohl entwicklungspsychologisch als auch wirtschaftlich eine der wichtigsten langfristigen Festlegungen im Lebenslauf eines Menschen. Dieser Schritt bedeutet eine wesentlich folgenreichere Einschränkung des biographischen Universums der Lebenslaufalternativen als eine spätere, zusätzliche Einschränkung durch den Übergang vom Ersten zum Zweiten Kind, vom Zweiten zum Dritten und vom Dritten zum Vierten.

Mit dieser Überlegung stimmt folgender wichtige Befund überein: Wenn sich Frauen (und Männer) überhaupt für Kinder entscheiden, dann haben sie (seit der Generation von 1965) etwa doppelt so häufig *zwei* Kinder als eines. Dieser wichtige Tatbestand ist in der Öffentlichkeit kaum bekannt, weil der Mythos von der Ein-Kind-Familie als der angeblich typischen modernen Familienform den landläufigen Vorurteilen besser entspricht. Für den Jahrgang 1965 wurden z.B. folgende Zahlen berechnet:[26]

Frauenjahrgang 1965

Anteil ohne Kinder	32,1%
Anteil mit einem Kind	17,6%
Anteil mit zwei Kindern	31,2%
Anteil mit drei Kindern	11,1%
Anteil mit vier und mehr Kindern	8,1%

Schaubild 8: Anteil der zeitlebens kinderlosen Frauen bei den Geburtsjahrgängen 1935–1965 in den alten und neuen Bundesländern (in %)

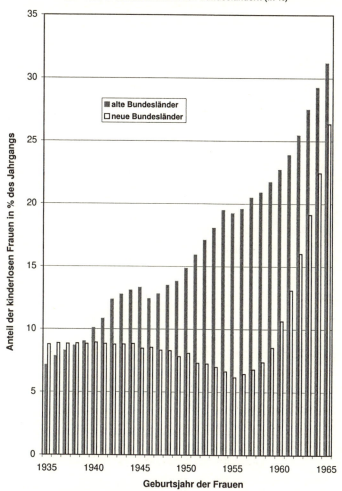

Quelle: Bundesinstitut für Bevölkerungsforschung beim statistischen Bundesamt (Hrsg.), Informationen, Nr. 2/99, S. 14.

Schaubild 9: Zusammenhang zwischen der Zahl der Lebendgeborenen pro Frau und dem Anteil der zeitlebens kinderlosen Frauen bei den Geburtsjahrgängen von 1940 bis 1965

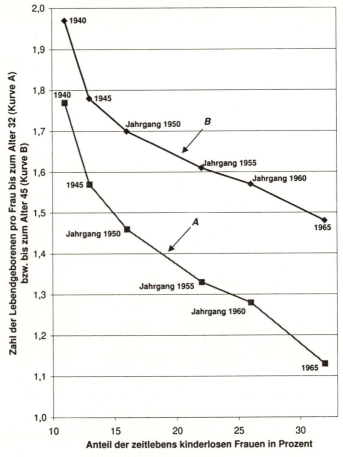

Quelle: H. Birg, IBS, Universität Bielefeld.
Daten: H. Birg, E.-J. Flöthmann, Entwicklung der Familienstrukturen und ihre Auswirkungen auf die Belastungs- bzw. Transferquote zwischen den Generationen, Bielefeld 1996.

Für weitere Jahrgänge zwischen 1940 und 1965 sind die Angaben in *Tabelle 2* zusammengestellt.

Tabelle 2: Familiengröße bei den Frauenjahrgängen 1940–65 in Deutschland bzw. lebenslange Kinderlosigkeit

	Von 1000 Frauen haben im Verlauf ihres Lebens ... Kinder					
Jahrgang	0	1	2	3	4 u. m.	Summe
1940	106,2	263,9	340,7	185,3	103,9	1000
1945	129,8	303,8	346,1	140,3	80,0	1000
1950	158,1	294,0	342,9	130,8	74,2	1000
1955	218,8	249,0	335,0	124,7	72,5	1000
1960	259,9	215,5	323,6	124,1	76,9	1000
1965	321,3	175,6	311,6	110,7	80,8	1000

	Von 1000 Frauen <u>mit Kindern</u> haben im Verlauf ihres Lebens 1, 2, 3 oder 4 u. m. Kinder				
Jahrgang	1	2	3	4 u. m.	Summe
1940	295,3	381,2	207,3	116,2	1000
1945	349,1	397,7	161,2	91,9	1000
1950	349,2	407,3	155,4	88,1	1000
1955	318,7	428,8	159,6	92,8	1000
1960	291,2	437,2	167,7	103,9	1000
1965	258,7	459,1	163,1	119,1	1000

In unserer Gesellschaft sind die beiden folgenreichsten unaufschiebbaren Entscheidungen, die junge Menschen am Beginn ihrer Biographie treffen müssen, die Festlegung für einen bestimmten Ausbildungsweg und die anschließende Berufswahl. Diese Entscheidungen fallen häufig zeitlich zusammen mit der Bindung an einen Partner und mit der damit verbundenen Entscheidung für bzw. gegen die Eheschließung und Familienbildung. Durch diese Eröffnungsentscheidungen am Beginn der Biographie polarisieren sich die Lebensläufe in zwei Gruppen mit und ohne Kinder. Innerhalb der Gruppe mit Kindern hat der Übergang zum zweiten Kind bei weitem nicht mehr so einschneidende Konsequenzen wie der erste Übergang zur Elternschaft.

Nach dieser Überlegung müßten auch die Wirkungen der Familienpolitik nach der Zahl der vorhandenen Kinder unterschiedlich sein: Die Wirkungen der familienpolitischen Maßnahmen auf die Wahrscheinlichkeit einer Geburt in einem bestimmten Alter müßten bei jeder Generation um so größer sein, je mehr Kinder bereits von einer Frau geboren wurden. Diese Überlegung wird durch die Daten bestätigt.

Am Beispiel des *Frauenjahrgangs 1955* sind die Familienzuwachswahrscheinlichkeiten für Erste bis Vierte Kinder in *Schaubild 10* dargestellt. Man erkennt zunächst den wichtigen Sachverhalt, daß für Frauen mit drei Kindern die Wahrscheinlichkeit für die Geburt eines vierten Kindes ab dem Alter 32 *höher* ist als die Wahrscheinlichkeit für die Geburt eines ersten Kindes bei kinderlosen Frauen, eines zweiten Kindes bei Frauen mit einem Kind und eines dritten Kindes bei Frauen mit zwei Kindern. In diesem Schaubild ist außerdem zu erkennen, daß im Alter 30, 31 und 32, d.h. in den Jahren 1985, 1986 und 1987, die Kurven für den Übergang vom zweiten zum dritten Kind und für den Übergang vom dritten zum vierten Kind einen vorübergehenden, vom Abnahmetrend abweichenden Sprung nach oben aufweisen, der sich als Wirkung der 1985 diskutierten und dann 1986 eingeführten familienpolitischen Maßnahmen interpretieren läßt (Erziehungsgeld und Anrechnung der Erziehungszeiten der Frauen in der Rentenversicherung). Ein analoger Wirkungsnachweis läßt sich am Beispiel des *Jahrgangs 1960* führen, bei dem die Kurven im Alter 25 bzw. 26 entsprechende Abweichungen nach oben zeigen (*Schaubild 11*).[27]

Reichen diese Befunde und Indizien über die Wirkung der familienpolitischen Maßnahmen aus, um auf der Grundlage der durch die Urteile des Bundesverfassungsgerichts vom 19.1.1999 und 3.4.2001 erzwungenen familien- bzw. sozialpolitischen Maßnahmen eine Erhöhung der Geburtenrate zu prognostizieren? Um diese Frage zu beantworten, muß zuvor geschätzt werden, wie groß die quantitative Wirkung der familienpolitischen Maßnahmen auf die Kinderzahl pro Frau bisher war. Aus *Schaubild 10* ist ablesbar, daß sich die Wahrscheinlichkeit für die Geburt Dritter Kinder nur marginal erhöhte, der Zuwachs betrug nur etwa $1/40$. Bei den Vierten Kindern war die Erhöhung größer, sie betrug etwa $1/7$. Beim Jahrgang 1955 beträgt z.B. die Wahrscheinlichkeit für die Geburt eines Dritten Kindes – über alle Alter summiert – 0,197 und für die Wahrscheinlichkeit eines Vierten (und weiteren) Kindes 0,104. Überträgt man die Erhöhung um $1/7$ bzw. $1/40$ auf diese Wahrscheinlichkeiten, dann steigt der Wert 0,197 auf 0,202 und

Schaubild 10: Wahrscheinlichkeit für die Geburt eines Ersten, Zweiten, Dritten bzw. Vierten und weiteren Kindes für den Geburtsjahrgang 1955

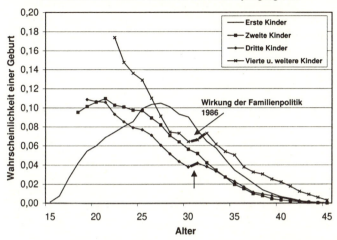

Schaubild 11: Wahrscheinlichkeit für die Geburt eines Ersten, Zweiten, Dritten bzw. Vierten und weiteren Kindes für den Geburtsjahrgang 1960

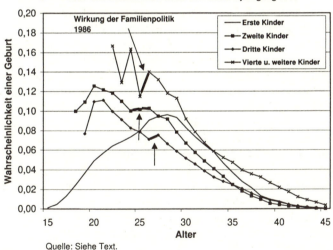

Quelle: Siehe Text.

der Wert 0,104 auf 0,119. Diese Rechnung liegt auf der sicheren Seite, denn die Wirkung der familienpolitischen Maßnahmen auf die Geburtenwahrscheinlichkeiten war auf bestimmte Altersjahre beschränkt, nämlich auf die Altersjahre ab 30 (Generation 1955) bzw. auf die Altersjahre ab 26 (Generation 1960), während die um ¹/₇ bzw. ¹/₄₀ erhöhten Werte (0,197 bzw. 0,104) alle Alter umfassen. Trotz dieser großzügigen Abschätzung steigt die Kinderzahl der Generation 1955 durch die Erhöhung um ¹/₇ bzw. ¹/₄₀ nur von 1,61 auf 1,63 Lebendgeborene pro Frau, also nur um gut ein Prozent.

Gegen die Erwartung stark und nachhaltig steigender Geburtenraten durch eine Änderung der Familienpolitik spricht außerdem, daß die Wirkung der Maßnahmen als dauerhaft vorausgesetzt werden müßte. Wie die *Schaubilder 10* und *11* zeigen, hält die Wirkung aber nur wenige Jahre an, danach gehen die Kurven wieder in den altersbedingten Abnahmetrend über. Neue familienpolitische Maßnahmen werden von der Bevölkerung nach aller Erfahrung schon nach wenigen Jahren als etwas Selbstverständliches empfunden, ihre Wirkung erwies sich in allen Ländern, für die derartige Untersuchungen vorliegen, stets nur von kurzer Dauer. In der früheren DDR, die in den 70er Jahren eine Reihe von geburtenfördernden Maßnahmen einführte, stieg die Geburtenzahl pro Frau z. B. zunächst sprunghaft an, um aber schon vor der Wiedervereinigung wieder auf das alte Niveau zu sinken (*Schaubild 12*). Ähnliche Erfahrungen wurden auch in anderen Ländern des früheren Ostblocks[28] und in den westeuropäischen Ländern gemacht.[29]

Faßt man die Befunde zusammen, so ergibt sich folgendes Fazit: Der Hauptgrund für die niedrige Geburtenzahl pro Frau ist der hohe Anteil von rd. einem Drittel zeitlebens kinderlos bleibender Frauen bei den jüngeren Jahrgängen ab 1965. Innerhalb der Gruppe der Frauen mit Kindern hat die Geburtenrate jedoch den idealen Wert von rd. 2 Kinder pro Frau. Die Polarisierung der Bevölkerung nach den beiden Gruppen mit und ohne Kinder ist in Deutschland besonders hoch. Dies ist der entscheidende Grund, warum die Geburtenrate hier deutlich niedriger ist als in Frankreich (1,7 Geburten je Frau), wo die lebenslange Kinderlosigkeit wesentlich geringer ist. Der Trend zur lebenslangen Kinderlosigkeit wird sich mit großer Wahrscheinlichkeit fortsetzen. Der Anteil der Frauen an einem Jahrgang, die zeitlebens ein Kind haben, wird weiter abnehmen, der Anteil der Frauen mit zwei

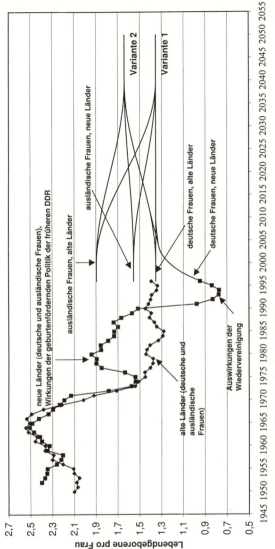

Schaubild 12: Bisherige und prognostizierte Entwicklung der Geburtenzahl pro Frau in den alten und neuen Bundesländern

Quelle: Birg/Flöthmann, IBS, Universität Bielefeld, 1999.
Quelle der Daten bis 1996: Statistisches Bundesamt, danach eigene Annahmen - siehe Text.

Kindern relativ stabil bleiben und der Anteil der Frauen mit drei Kindern wird stagnieren. Dagegen wird sich der Anteil der Frauen mit vier und mehr Kindern – bedingt durch die große Zahl von Zugewanderten mit höherer Geburtenrate – leicht erhöhen.[30]

Durch die Dynamik ihrer Volkswirtschaften haben die westlichen Industrieländer in der zweiten Hälfte des 20. Jahrhunderts eine beispiellose Steigerung des Wohlstands erfahren. Parallel dazu hat sich das biographische Universum der Individuen als Sinnbild für die Größe der biographischen Entscheidungsfreiheit stark erweitert. Die Expansion des biographischen Entscheidungsraums beruhte sowohl auf der Zunahme der Entscheidungsfreiheit durch das Auftreten neuer biographischer Alternativen und Optionen als auch auf dem Wegfall von handlungsbegrenzenden Normen und Tabus. An die Stelle der kulturellen und sozialen Überbestimmtheit der Biographien früherer Zeiten trat die Unterbestimmtheit moderner Lebensläufe. Der biographische Freiheitszuwachs bedeutete zugleich eine starke Erhöhung des Risikos langfristiger biographischer Festlegungen. Ob und gegebenenfalls wie viele Kinder jemand hat, bestimmt sich in modernen Gesellschaften nicht aus biologischen Kausalitäten und ebenso wenig durch verbindliche gesellschaftliche Verhaltensmuster, sondern durch die Rationalität und Logik biographischer Entwicklungsverläufe und deren Festlegungsrisiken im Hinblick auf die Anforderungen des Arbeitsmarktes.

Der Lebenslauf ist in der modernen Gesellschaft zum Projekt des Einzelnen geworden, dessen Erfolg und Mißerfolg dem Individuum und nicht der Gesellschaft oder der Herkunftsfamilie zugerechnet wird. Die hohen Anforderungen an die Flexibilität und Mobilität der Individuen in modernen Wirtschaftsgesellschaften stehen der Übernahme einer langfristigen Verantwortung für den Lebenspartner und für Kinder diametral entgegen. Der wirtschaftliche Erfolg unserer Gesellschaft wird in zunehmendem Maß durch die Instabilität der Familien, den Rückgang der Geburtenrate und die damit verbundene demographische Alterung der Gesellschaft erkauft. Die Alterung hat so gravierende Rückwirkungen auf die Funktionsfähigkeit der sozialen Sicherungssysteme und die von ihr abhängige internationale Wettbewerbsfähigkeit der Wirtschaft, daß die bisher gewohnte ökonomische Prosperität durch die demographische Entwicklung langfristig gefährdet erscheint.

6. Zweck, Verfahren und Genauigkeit demographischer Vorausberechnungen

Die Bevölkerungsschrumpfung in Deutschland und Europa ist Realität. Anders als bei nur möglichen, lediglich vorgestellten Entwicklungsverläufen sollte es bei realen Fakten, die eine gesellschaftliche Bedeutung haben, nicht in das Belieben des Betrachters gestellt sein, ob man sich dafür interessiert oder die Entwicklung einfach ignoriert. Keinen Standpunkt zu beziehen und bestenfalls eine Meinung zu haben, die meist folgenlos bleibt, weil niemand wegen einer bloßen Meinung beim Wort genommen wird, ist jedoch die häufigste Haltung gegenüber demographischen Tatbeständen. Das ist z.T. verständlich, denn um ein fundiertes Urteil über die demographische Entwicklung zu gewinnen, muß eine Vielzahl von Informationen verarbeitet werden, wobei das Risiko eines Fehlurteils groß ist. Niemand ist dazu in der Lage, wirklich alle Auswirkungen der demographischen Entwicklung zu überblicken und ihre Ursachen ganz zu erfassen. Die Komplexität des zu bewertenden Sachverhalts übersteigt die Bewertungskompetenz jedes Menschen, auch die Fachwissenschaftler auf dem Gebiet der Demographie bilden hier keine Ausnahme. Dabei wird die Urteilsbildung unnötig erschwert, wenn Zweifel bestehen, ob der in Frage stehende Sachverhalt überhaupt richtig erfaßt wurde. Deshalb liegt einer der wichtigsten Zwecke demographischer Vorausberechnungen darin, möglichst treffsichere Aussagen über die zukünftige Entwicklung zu gewinnen.

Viele Menschen reagieren auf die Schwierigkeiten bei der Urteilsbildung über demographische Vorausberechnungen und die mit den entsprechenden Belastungen verbundenen Zumutungen mit einer Art Vorwärtsverteidigung. So wird z.B. die drohende Abnahme der Bevölkerungszahl in Deutschland ohne Einwanderungen von 82 Mio. auf 40 Mio. oder weniger im Verlauf des 21. Jahrhunderts mit dem Hinweis auf die damit verbundene Entlastung der Umwelt häufig als eine positive Entwicklung begrüßt. Hinter diesem scheinbar klaren Standpunkt verbirgt sich aber meist nur der Versuch, jeder wertenden Stellungnahme auszuweichen. Dies läßt sich daran erkennen, daß selbst eine extreme Schrumpfung auf eine Bevölkerungszahl von 10 Mio. oder noch weniger immer noch als eine unproblematische Entwicklung betrachtet wird, wobei zur Untermauerung dieses Standpunkts auf die Bevölkerungszahlen Deutschlands und anderer europäischer Länder im Mittelalter hingewiesen wird, die damals in einer ähnlichen Größenordnung lagen.

Urteile und Werturteile über die demographische Entwicklung abzugeben ist eine Handlung, die Ähnlichkeit mit der Arbeit des Sisyphus hat: Mit der Bewertungsarbeit kann man nicht zu einem Ende kommen, denn jedes neue Faktum ist potentiell geeignet, das Ergebnis der Bewertung wieder in Frage zu stellen. Auch die Einbeziehung ökologischer Aspekte führt nicht zu absoluten, für alle Zeiten gültigen Wertmaßstäben. Dies läßt sich an Hand des Beispiels einer extremen Bevölkerungsschrumpfung mit ihren Auswirkungen auf das Klima demonstrieren. Die mit der Bevölkerungszahl zunehmende Belastung der Erdatmosphäre durch Treibhausgase bedeutet nämlich nicht, daß eine Bevölkerungsabnahme für das Klima in jedem Fall von Vorteil ist. Entscheidend ist vielmehr, welche Populationen der Welt wachsen oder schrumpfen. Da die Pro-Kopf-Belastung der Erdatmosphäre mit dem Treibhausgas Kohlendioxid in den Industrieländern etwa zehnmal so hoch ist wie in den Entwicklungsländern, wäre eine Bevölkerungsabnahme von 100 Mio. z.B. in Indien ökologisch dasselbe wie eine Bevölkerungsschrumpfung von 10 Mio. z.B. in Deutschland. Auch wenn man die ökologischen Wertmaßstäbe verabsolutiert und behauptet, daß eine Bevölkerungszahl von Null für die Natur in jedem Fall das beste wäre, ist das keine Lösung, denn auch für die Natur kann das Optimum nicht darin liegen, daß die Zahl der Menschen minimiert wird, weil der Mensch ebenso ein Teil der Natur ist wie die Tiere, die Pflanzen und die unbelebte Umwelt.

Im Jahr 2000 lebten auf der Erde rd. 6,1 Mrd. Menschen. Es ist zwar eine Binsenweisheit, daß 6,1 Mrd. entweder als eine große oder als eine kleine Zahl erscheinen, je nach dem Standpunkt, von dem aus man diese Zahl beurteilt, aber gerade die quantitativen Ergebnisse der Demographie lassen oft in Vergessenheit geraten, daß es keine Zahlen und Fakten gibt, die ihre Bewertung verschlüsselt in sich tragen. Aus diesem Grund wird sich der Traum vieler Methodiker nie verwirklichen lassen, „die Zahlen zum sprechen zu bringen", damit sie uns etwas über die Bewertung mitteilen, die nur wir ihnen zumessen können. Auch die raffiniertesten Analyseverfahren und die leistungsfähigsten Computer werden uns diese Aufgabe niemals abnehmen können. Was uns gefällt oder mißfällt, müssen wir uns schon selbst fragen und selbst herausfinden.

Wenn demographische Fakten ihre Bewertung nicht schon in sich tragen, dann gilt dies erst recht für die nur mögliche oder wahrscheinliche demographische Entwicklung in der Zukunft. Dies liegt jedoch nicht daran, daß die Zukunft etwas Geheimnisvolles oder Mystisches ist. Die Beschreibung der möglichen Zukunft in Form einer demographischen Prognose unterscheidet sich von der Beschreibung der tatsächlichen Entwicklung in der Vergangenheit eigentlich nur in einem relativ unwesentlichen Punkt: Jede Prognose besteht aus zwei Gruppen von Aussagen – den Aussagen, die die Annahmen der Prognose enthalten, und den Aussagen über die Entwicklung in der Zukunft, die durch logische Operationen in der Form einer großen Zahl von Rechenschritten aus den Annahmen lediglich abgeleitet werden, wobei dieses Ableiten der unwesentlichste Teil des Prognostizierens ist, der von Computern erledigt wird, die ihre Aufgabe als Maschinen vollkommen mechanisch erfüllen. Um eine hohe Treffsicherheit zu erreichen, muß bei der Festlegung der Annahmen über die Verhaltensweisen der Menschen in der Zukunft, z.B. über das Fortpflanzungsverhalten, immer die Entwicklung in der Vergangenheit berücksichtigt werden. Insofern entsteht der substantielle Gehalt jeder Prognose stets aus einer Analyse der tatsächlichen Entwicklung in der Vergangenheit. Die Prognoseaussagen beschreiben zwar etwas prinzipiell Unbekanntes in der Zukunft und scheinen sich daher von den Aussagen über die Vergangenheit grundlegend zu unterscheiden, aber dieser Unterschied ist weniger gravierend, als es den Anschein hat, weil die Prognoseaussagen, soweit sie inhaltlich bedeutsam sind, zur Gänze aus den substantiellen Prämissen abgeleitet werden, die ihrerseits stets auf Erkenntnissen über die faktische Entwicklung in der Vergangenheit beruhen. Wenn die zugrunde gelegten Annahmen zutreffen oder nahe an der Realität liegen, treffen auch die Prognosen exakt oder mit großer Genauigkeit ein. Die Qualität einer Prognose ist daher stets identisch mit der Qualität ihrer Annahmen.

Ein Urteil über die künftige demographische Entwicklung sollte deshalb ein Urteil über die Annahmen einschließen, auf denen die Prognose beruht. Das Urteil über die Annahmen kann positiv sein, wenn man die Wahrscheinlichkeit, mit der sie zutreffen, als hoch einschätzt, und gleichzeitig kann die Bewertung der prognostizierten demographischen Entwicklung selbst, die sich aus den Annahmen ergibt, wegen ihrer Folgen für die Wirtschaft und Gesellschaft negativ ausfallen. Die Größe der Differenz zwischen den beiden Bewertungen zeigt an, wie umfangreich das Aufgabenspektrum der Politik ist, wenn die vorausberechnete, negativ beurteilte Entwicklung vermieden werden soll. Dabei müssen die Folgen der demographischen Entwicklung nach verschiedenen Auswirkungsbereichen differenziert werden, denn mit jeder Entwicklung sind in der Regel sowohl positive als auch negative Erscheinungen verbunden.

Beschränkt man sich auf die schon heute offen zutage liegenden, rein quantitativen Auswirkungen auf Wirtschaft und Gesellschaft, so sind folgende Konsequenzen nicht mehr zu übersehen:

1.) Die *Bevölkerungsschrumpfung und Alterung* der einheimischen Bevölkerung ist in Deutschland seit Anfang der 70er Jahre des vorigen Jahrhunderts im Gange. Sie beschleunigt sich durch das wachsende Geburtendefizit und läßt sich auch bei optimistischen Annahmen über einen möglichen Wiederanstieg der Geburtenrate auf Jahrzehnte nicht mehr stoppen, wobei der Rückgang in den neuen Bundesländern besonders gravierend ist.

2.) Auf dem *Arbeitsmarkt* geht die Zahl der jüngeren Arbeitskräfte stark zurück. Z.Zt. nimmt die Zahl der 20- bis 40jährigen um 500 Tsd. pro Jahr ab, während die Zahl der 40 bis unter 60jährigen zunächst noch bis 2010 wächst, bevor dann auch sie kontinuierlich schrumpft. Die Abnahme der Erwerbspersonenzahl kann nur noch für wenige Jahre mit einem Abbau der Arbeitslosigkeit oder mit einer Annäherung der Frauenerwerbsquote an das Niveau der Männer aufgefangen werden. Ab 2010 sind auch diese noch theoretisch vorhandenen Reserven erschöpft. Danach wäre der Rückgang nur noch durch exorbitant hohe Einwanderungen zu stoppen, die jedoch mehr Probleme mit sich bringen als lösen würden.

3.) Auf dem *Gütermarkt* ergibt sich aus der demographischen Alterung und aus der abnehmenden Zahl der Konsumenten eine starke Veränderung der Nachfragestruktur und eine Reduzierung des Wachstums der Gesamtnachfrage, durch die das Wirtschaftswachstum gedämpft wird.

4.) Das *System der sozialen Sicherung* (Renten-, gesetzliche Kranken- und Pflegeversicherung) wurde ursprünglich für eine junge Bevölkerung konzipiert. Das gesamte System muß reformiert und an die auf dem Kopf stehende Alterspyramide angepaßt werden.

5.) Das *Gesellschaftssystem* polarisiert sich zunehmend in eine nicht zugewanderte, deutsche Population und in eine Population mit Migrationshintergrund. Die nicht zugewanderte deutsche Mehrheitsgesellschaft verliert in den großen Städten bei den Jüngeren ihre absolute Mehrheit und wird zu einer Minderheit unter anderen Minoritäten. Deutschland entwickelt sich dadurch zu einer Multiminoritätengesellschaft, statt eine multikulturelle Gesellschaft hervorzubringen, bei der das Minoritätenproblem eine andere Bedeutung hätte.

Die Bevölkerungsschrumpfung ist in Deutschland und Europa untrennbar mit einer demographischen Alterung gekoppelt. Deshalb ist es nicht möglich, die entlastenden Wirkungen der Bevölkerungsschrumpfung, die sich beispielsweise auf dem Gebiet des Verkehrs und in einigen Teilbereichen der Umwelt zeigen, zu begrüßen, ohne auch die negativen Auswirkungen der demographischen Alterung zu akzeptieren. Auf dem Arbeitsmarkt hat die demographische Schrumpfung z.B. eine entlastende Wirkung bei der Arbeitslosenquote, aber dieser positive Effekt muß mit einer Schwächung des Wirtschaftswachstums bezahlt werden, die die Gesellschaft teuer zu stehen kommt, und die darüber hinaus indirekt auch die Arbeitsmarktbilanz beeinträchtigt, weil ein schwächeres Wachstum das Angebot an Arbeitsplätzen verringert.

Ein weiteres Beispiel für gegenläufige Auswirkungen ist der Wohnungsmarkt. Hier hat die demographische Entwicklung eine dreifache Wirkung. Erstens schwächt sich die Nachfrage nach Wohnraum wegen der Dämpfung des Wirtschaftswachstums und der Kaufkraft ab. Zweitens geht langfristig mit der schrumpfenden Bevölkerung die für die Nachfrage nach Wohnraum wichtige Zahl der Mehrpersonenhaushalte zurück. In Deutschland wird zwar vor allem die Zahl der Einpersonenhaushalte wegen der schon seit Jahrzehnten im Gange befindlichen Verkleinerung der durchschnittlichen Haushaltsgröße noch vorübergehend wachsen.

Der Prozeß der Bevölkerungsschrumpfung intensiviert sich jedoch immer stärker, so daß nach 2020 schließlich die Gesamtzahl der Haushalte permanent abnimmt. In den neuen Bundesländern setzt der Rückgang wegen der dort schon seit 1989 stark schrumpfenden Bevölkerung wesentlich früher ein, wahrscheinlich schon zwischen 2005 und 2010. Drittens ändert sich demographisch bedingt das Konsumverhalten, das Sparverhalten und das Anspruchsniveau in bezug auf die qualitative und quantitative Versorgung mit Wohnraum.

Für die Berechnung der Auswirkungen auf die wirtschaftliche Entwicklung, den Arbeits- und Wohnungsmarkt, die Umwelt und andere Bereiche sind demographische Vorausberechnungen unerläßlich. Diese Berechnungen sind die Grundlage für wissenschaftliche Prognosen, die stets die Form von Wenn-Dann-Sätzen haben. Sie unterscheiden sich von den als Vorhersagen und Prophetien bezeichneten nichtwissenschaftlichen Aussagen über die Zukunft dadurch, daß die Bedingungen und Annahmen explizit angegeben werden, von denen ihr Eintreffen abhängt. Eine nichtwissenschaftliche Aussage über die Zukunft stellt lediglich fest, was der Fall sein wird, ohne daß es möglich ist, zu beurteilen, auf Grund welcher Annahmen die Aussage zustande kam und wie verläßlich sie ist.

Alle Bevölkerungsvorausberechnungen enthalten Annahmen über die künftige Entwicklung der Geburtenrate (gemessen an der Zahl der Lebendgeborenen pro Frau), der Sterberate (abgestimmt mit den Annahmen über die Entwicklung der Lebenserwartung) und der Migrationsrate (Ein- und Auswanderungen bzw. Wanderungssaldo als Differenz zwischen beiden). Werden mehrere unterschiedliche Annahmen formuliert, um das Intervall der künftigen Entwicklung abzustecken, indem z. B. alternativ eine hohe, eine mittlere und eine niedrige Geburtenrate zugrunde gelegt wird, spricht man von „Bevölkerungsprojektionen". Als „Bevölkerungsprognose" wird eine Vorausberechnung bezeichnet, bei der aus der Vielzahl möglicher Annahmen diejenige ausgewählt wird, der man den höchsten Grad an Wahrscheinlichkeit beimißt. Von einer bloßen „Modellrechnung" spricht man, wenn die Annahmen beliebig gesetzt werden, ohne sie nach ihrer Wahrscheinlichkeit zu bewerten. Ein Beispiel solcher Modellrechnungen sind die sogenannten „probabilistischen Bevölkerungsvorausberechnungen", bei denen die Auswahl der Annahmen für die Geburten-, Sterbe- und Migrationsrate gleichsam blind vorgenommen wird, indem mittels des Computers eine Zufallsstichprobe aus einem vorgegebenen Intervall für die Geburtenrate, die Sterberate und die Migrationsrate gezogen wird. Aus Tausenden solcher mit Zufallsstichproben gezogener Annahmen und den daraus abgeleiteten Bevölkerungsvorausberechnungen läßt sich das Gesamtergebnis anschließend z.B. als Durchschnitt ermitteln. Die entsprechenden Ergebnisse sind jedoch für die Politik weniger relevant und dienen meist nur analytischen Zwecken.

Bevölkerungsprognosen und -projektionen haben sich in den letzten Jahrzehnten als erstaunlich genau erwiesen. Im Jahr 1958 veröffentlichte z.B. die Bevölkerungsabteilung der Vereinten Nationen eine Bevölkerungsprojektion für die Weltbevölkerung bis zum Jahr 2000. Das Ergebnis war 6267 Mio. Zum Vergleich: Im Jahr 1950 betrug die Weltbevölkerung 2521 Mio. Die Differenz zwischen der vor mehr als vier Jahrzehnten vorausberechneten und der tatsächlichen Zahl für 2000 (6,1 Mrd.) beträgt 3,5%. Der eigentliche Prognosefehler ist aber noch niedriger, denn in den 80er und 90er Jahren hat die Bevölkerungsabteilung der UN die Bevölkerungszahlen für die Entwicklungsländer ohne zuverlässige demographische Statistiken für die Vergangenheit zurück bis 1950 mehrmals revidiert. Dabei wurden die Geburtenraten in vielen Entwicklungsländern nach unten gesetzt. Wäre die 1958 veröffentlichte UN-Projektion schon auf der Grundlage der später nach unten revidierten Datenbasis erarbeitet worden, läge die Prognose noch näher an der tatsächlichen Zahl, die Differenz dürfte dann 2% oder weniger betragen.[31]

Auch für einzelne Länder erwiesen sich die demographischen Vorausberechnungen als relativ zuverlässig. Für die frühere Bundesrepublik beträgt z.B. die Differenz zwischen dem auf der Basis der Volkszählung von 1970 für das Jahr 1985 vorausberechneten Ergebnis und der tatsächlichen Zahl 1,2%.[32] Dabei ist zu beachten, daß die Berechnungen für einzelne Länder wie Deutschland wegen der hohen Migrationsströme größeren Fehlerrisiken unterliegen als eine Weltbevölkerungsprognose, bei der sich die Fehler bei den Migrationsprognosen für die einzelnen Länder kompensieren.

Die im Vergleich zu Wirtschaftsprognosen hohe Treffsicherheit demographischer Vorausberechnungen beruht nicht auf irgendwelchen besonderen Fähigkeiten der Demographen, mit denen sie sich z.B. von Wirtschaftswissenschaftlern unterscheiden, zumal die meisten Demographen ohnehin spezialisierte Wirtschaftswissenschaftler sind, sondern auf der hohen Trägheit der Bevölkerungsentwicklung, die wiederum dadurch zu erklären ist, daß die beiden wichtigsten demographischen Prozesse – der die Geburtenzahl bestimmende Fortpflanzungsprozeß und der die Zahl der Sterbefälle bestimmende Mortalitätsprozeß – in entscheidender Weise von der gut vorausberechenbaren Altersstruktur abhängen. Dieser Punkt ist für das Verständnis nahezu aller mit dem Thema Demographie verbundenen Aspekte von so grundlegender Bedeutung, daß hier näher darauf eingegangen werden soll.

Technisch betrachtet hängt die Geburtenzahl in einem bestimmten Land in einem bestimmten Kalenderjahr von zwei Faktoren ab, erstens davon, wie viele Frauen auf die einzelnen Altersjahre innerhalb des sogenannten gebärfähigen Alters von 15 bis 45 entfallen, und zweitens von der Zahl der Lebendgeborenen, die von jeweils 1000 Frauen in den 31 einzelnen Altersklassen innerhalb des sogenannten gebärfähigen Alters von 15 bis 45 im Verlauf eines Jahres zur Welt gebracht werden. In Deutschland (alte Bundesländer) betrug die Zahl der Lebendgeborenen auf 1000 Frauen z.B. im Jahr 1998 bei den 17jährigen Frauen 7, bei den 22jährigen 55, und bei den 30jährigen erreichte die Zahl ein Maximum von 101, um nach dem Gipfel entsprechend einer Glockenkurve wieder abzunehmen, z.B. auf 55 bei den 35jährigen, auf 13 bei den 40jährigen und auf 1,5 bei den 44jährigen.[33] Die Geburtenzahl des Jahres 1998 ist identisch mit der Summe dieser sogenannten „altersspezifischen Geburtenziffern", die vor der Summierung mit der Zahl der Frauen in den jeweiligen Altersklassen multipliziert werden müssen.

Dieser Rechenvorgang ist einer der zentralen Bausteine jeder Bevölkerungsvorausberechnung. Er besteht aus folgenden Teilschritten: Die Verteilung der weiblichen Bevölkerung auf die Altersklassen 15, 16, ..., 45 am Anfang des ersten Prognosejahres ist aus der Bevölkerungsstatistik bekannt. Überträgt man die ebenfalls bekannten altersspezifischen Geburtenziffern auf das erste Prognosejahr, dann läßt sich daraus die Geburtenzahl für das erste Jahr berechnen. Für das zweite Jahr wiederholt sich der Rechenvorgang, wobei z.B. die Zahl der 15jährigen am Beginn des Jahres aus der Zahl der 14jährigen ein Jahr zuvor usw. ermittelt wird, indem die Sterbefälle in den einzelnen Altersjahren berücksichtigt sowie eventuelle Auswanderer des entsprechenden Alters subtrahiert und Einwanderer addiert werden. Die sich aus den Sterbefällen ergebende Änderung der Zahl der potentiellen Mütter läßt sich auf diese Weise ziemlich zuverlässig vorausberechnen, denn in dem für die Geburtenzahl wichtigen Altersintervall von 15 bis 45 ist die Wahrscheinlichkeit zu sterben sehr niedrig. In Deutschland (alte Bundesländer) betrug die Zahl der Gestorbenen auf 1000 Frauen z.B. nach der jüngsten Sterbetafel für 1996–98 bei den 17jährigen Frauen 0,26, bei den 22jährigen 0,31, bei den 30jährigen 0,41 und bei den 44jährigen 1,63. Von 1000 geborenen Mädchen sterben nur 24, bevor sie das Ende des gebärfähigen Alters von 45 erreicht haben.

Die mit dem Begriff „altersspezifische Sterbeziffern" bezeichneten Zahlen, die hier beispielhaft für die Frauen im Alter 17, 22 usw. angegeben sind, nehmen bei Neugeborenen zunächst bis zum Alter 12 ab, anschließend steigen sie mit dem Alter kontinuierlich an. Bei den 60jährigen Frauen beträgt die altersspezifische Sterbeziffer z.B. 5,99, bei den 70jährigen 16,36, bei den 80jährigen 53,25 und bei den 85jährigen 98,66.[34] Bei den Männern liegen die altersspezifischen Sterbeziffern in allen Altersklassen stets über denen der Frauen, so daß die Lebenserwartung eines Neugeborenen bei den Männern um rd. 5 bis 6 Jahre niedriger ist als bei den Frauen. Die Gesamtzahl der Sterbefälle in einem Kalenderjahr ist nun gleich der Summe der altersspezifischen Sterbeziffern, die – getrennt für Männer und Frauen – zuvor mit der Zahl der Personen in den einzelnen Altersklassen multipliziert werden.

Bei der Prognose der Bevölkerungsentwicklung hat die Altersstruktur ein sehr hohes Gewicht, und zwar sowohl bei der Berechnung der Geburtenzahl als auch bei der Berechnung der Zahl der Sterbefälle. Wenn z.B. die Altersklassen um 30 stark besetzt sind, ist die Geburtenzahl naturgemäß hoch, weil die altersspezifischen Geburtenziffern um 30 die höchsten Werte haben. Dagegen ist die Zahl der Sterbefälle um so größer, je mehr Menschen auf die oberen Altersklassen mit hohen Sterbeziffern entfallen. Da sich die Altersstruktur nur äußerst langsam und in gut vorausberechenbarer Weise ändert, entspringt für die Bevölkerungsprognose daraus der Vorteil, daß eventuelle Fehler, die bei der Vorausberechnung der altersspezifischen Geburten- und Sterbeziffern entstehen, bei der Ermittlung des Prognoseergebnisses weniger ins Gewicht fallen als die Altersstruktur, deren Wirkung auf das Ergebnis stark dominiert. Im übrigen gibt es auch für die Vorausberechnung der verhaltensabhängigen, altersspezifischen Geburten- und Sterbeziffern ein breites Arsenal von Ansätzen und Methoden, mit denen sich die entsprechenden Fehler in Grenzen halten lassen.

In dem besonderen Fall, daß das Fortpflanzungsverhalten und die Lebenserwartung gleichbleiben und Wanderungen keine Rolle spielen, sind die altersspezifischen Geburten- und Sterbeziffern konstant. Dann würde eine eventuelle Änderung der Zahl der Geburten und Sterbefälle in der Zukunft ausschließlich von der sich ändernden Altersstruktur abhängen, deren Wandel jedoch bei konstanten altersspezifischen Geburten- und Sterbeziffern genau vorausberechnet werden kann. Der Fehler bei der Prognose der Zahl der Geburten und Sterbefälle wäre in diesem Fall gleich Null.

Wenn das Fortpflanzungsverhalten und die Lebenserwartung nicht konstant sind, ändern sich die altersspezifischen Geburten- und Sterbeziffern. Die Veränderungen in der Vergangenheit lassen sich analysieren, um aus dem Ausmaß und der Richtung der Trends Schlüsse über den wahrscheinlichen Verlauf in der Zukunft zu ziehen. Die altersspezifischen Geburtenziffern werden hierfür sowohl einzeln als auch in ihrer Summe über die Zeit verfolgt. Die Summe der altersspezifischen Geburtenziffern in einem bestimmten Kalenderjahr ist gleich der Summe der Lebendgeborenen, die auf eine Gruppe von 1000 Frauen entfällt, die das Altersintervall von 15 bis 45 – in der Vorstellung – in einem einzigen Jahr durchlaufen. Bildet man diese Summe für ein bestimmtes Kalenderjahr, so ist der Durchlauf durch das Intervall von 15 bis 45 in einem einzigen Jahr natürlich nicht für 1000 Frauen des gleichen Geburtsjahrgangs möglich, sondern nur für eine gedachte Gruppe von 1000 Frauen, deren Zugehörigkeit zu einem Jahrgang sich beim Durchlaufen des Intervalls ändert. Da die so gebildete Summe der altersspezifischen Geburtenziffern aus einem Querschnitt von 31 verschiedenen Jahrgängen besteht, wird diese Art von Summenbildung in der Demographie als „Querschnittsanalyse" bezeichnet. Die Summe gibt also die Zahl der Lebendgeborenen auf 1000 Frauen einer fiktiven Frauengruppe an, die aus 31 verschiedenen Jahrgängen mit jeweils eigenem, meist unterschiedlichem Fortpflanzungsverhalten besteht. Zur Bezeichnung der Summe wird im Deutschen der Begriff „Zusammengefaßte Geburtenziffer", im Englischen „Total Fertility Rate (TFR)" verwendet.

Anschaulicher, inhaltlich befriedigender und leichter interpretierbar ist es, die altersspezifischen Geburtenziffern für den gleichen Geburtsjahrgang, der das Altersintervall von 15 bis 45 nicht in einem, sondern über 31 Kalenderjahre hinweg durchläuft, aufzusummieren. Für diese Art der Summenbildung wird in der Demographie der Ausdruck „Längsschnitt- oder Kohortenanalyse" verwendet, die Summe selbst wird als „jahrgangs- oder kohortenspezifische Geburtenrate" bezeichnet, im Englischen als „Cohort Fertility Rate (CFR)".

Sowohl mit der Querschnitts- als auch mit der Längsschnittsanalyse lassen sich wichtige Aspekte des Fortpflanzungsverhaltens untersuchen, um auf dieser Basis die Ursachen der Verhaltensänderungen im Licht von Fortpflanzungstheorien aufzuspüren. Beide Meßziffern sind für Deutschland in *Schaubild 6* (Kapitel 3) dargestellt. Ändert sich in diesem Schaubild die Kurve für die Zahl der Lebendgeborenen pro Frau bzw. für die Total Fertility Rate, ist das ein sicheres Zeichen dafür, daß dies nicht auf einer Änderung der Altersstruktur der weiblichen Bevölkerung beruht, sondern auf einer Änderung des Fortpflanzungsverhaltens, denn sowohl die nach der Querschnittsanalyse ermittelte Zahl der Lebendgeborenen pro Frau als auch die nach der Längsschnittsanalyse ermittelte sind von Änderungen der Altersstruktur unabhängig, weil für alle Altersklassen von 15 bis 45 die gleiche Besetzungszahl von je 1000 Frauen vorausgesetzt wird.

Eine Prognose des Fortpflanzungsverhaltens gründet sich stets auf Annahmen über die Wirkungsweise der Ursachen des Fortpflanzungsverhaltens in der Zukunft. Wirken die für die Vergangenheit festgestellten Faktoren auch in der Zukunft weiter, ist nicht mit einer Trendwende des Verlaufs der Geburtenrate zu rechnen, was sich auf die Treffsicherheit einer Bevölkerungsprognose stets günstig auswirkt. In Deutschland und in den meisten anderen Industrieländern haben die Änderungen des Fortpflanzungsverhaltens in den 70er Jahren des vorigen Jahrhunderts ein bis zwei Jahrzehnte später zur Herausbildung eines neuen Typs des generativen Verhaltens geführt, wobei die Zahl der Lebendgeborenen pro Frau in Deutschland seit einem Vierteljahrhundert im Intervall zwischen 1,2 und 1,4 liegt.

Um die Ursachen möglicher Änderungen in der Zukunft zu analysieren, müssen die Zahl der Lebendgeborenen pro Frau und die einzelnen altersspezifischen Geburtenziffern, aus denen sich diese Zahl zusammensetzt, nach der Häufigkeit von Ersten, Zweiten, Dritten und weiteren Kindern untergliedert werden. Die entsprechenden Analysen für Deutschland im vorangegangenen Kapitel zeigen, daß der Anteil der zeitlebens kinderlosen Frauen bei den nach 1965 geborenen Frauenjahrgängen bereits ein Drittel beträgt und weiter zunimmt, während der Anteil der Frauen mit einem Kind abnimmt und der Anteil mit zwei bzw. mit drei Kindern relativ stabil bleibt. Nur der Anteil mit vier und mehr Kindern erhöht sich infolge der hohen Einwanderungen geringfügig, weil insbesondere die aus der Türkei zugewanderte Population häufig vier und mehr Kinder hat.

Die Untergliederung der altersspezifischen Geburtenziffern nach Ersten, Zweiten, Dritten usw. Kindern ist der Ausgangspunkt für zusätzliche Differenzierungen nach dem regionalen Lebensraum, der Bildung und dem Beruf, der Zahl der Kinder in der Herkunftsfamilie und nach weiteren sozio-ökonomischen Merkmalen. Die Kombination dieser Merkmale führt rasch zu so vielen Fallgruppen, daß es pro Fallgruppe oft nur noch ein oder gar kein Individuum gibt, so daß einzelne Lebensläufe analysiert werden müssen, wie dies im vorangegangenen Kapitel dargestellt wurde.

Auch die Berechnung der Lebenserwartung baut entweder auf den vom Alter und Geschlecht abhängigen Sterbeziffern für die rd. 100 gleichzeitig lebenden Jahrgänge für ein bestimmtes Kalenderjahr auf (= Querschnittsanalyse) oder auf den Sterbeziffern für einen bestimmten Geburtsjahrgang, der rd. 100 Kalenderjahre durchläuft (= Längsschnitt- oder Kohortenanalyse). Beide Methoden haben ihre besonderen Vor- und Nachteile. Die am häufigsten angewandte Methode, auf der auch die Lebenserwartungsberechnung des Statistischen Bundesamtes beruht, ist die Querschnittsanalyse. Sie ist jedoch inhaltlich unbefriedigend, weil die von ihr für ein bestimmtes Kalenderjahr ermittelte Lebenserwartung eine

Art Querschnitt aus den unterschiedlichen Lebenserwartungen aller rd. 100 gleichzeitig lebenden Geburtsjahrgänge darstellt. Für die jüngeren unter diesen 100 Jahrgängen ist die Lebenserwartung in der Regel höher als der Durchschnitt, für die älteren niedriger. Befriedigender ist die Längsschnitt- oder Kohortenanalyse, mit der die Lebenserwartung für jeden Jahrgang gesondert ermittelt wird. Sie hat jedoch den Nachteil, daß ihre Ergebnisse vorwiegend für die Beschreibung eines bis zu hundert Jahre zurückliegenden Zeitraums und weniger für die Analyse aktueller Daten geeignet sind.

Einen neuen Ansatz, der die Vorteile beider Verfahren kombiniert, hat der Verfasser für die demographischen Projektionsrechnungen im Rahmen der Rentenreform 2000 im Auftrag des Gesamtverbands der deutschen Versicherungswirtschaft entwickelt. Mit diesem Ansatz läßt sich insbesondere der wichtige Sachverhalt berücksichtigen, daß die fernere Lebenserwartung der Menschen, die bereits ein hohes Alter von 70, 80 oder 90 erreicht haben, in den letzten Jahrzehnten etwa dreimal so stark zugenommen hat und mehr zunimmt als die Lebenserwartung eines Neugeborenen.[35] Die demographische Alterung der Gesellschaft wird sich dadurch in den nächsten Jahrzehnten weiter intensivieren.

Bei Bevölkerungsvorausberechnungen für entwickelte Länder wie Deutschland kommen zu den Berechnungen für die Geburten und Sterbefälle weitere Analysen zur Ermittlung der Ein- und Auswanderungen hinzu. Dabei birgt die Prognose der Ein- und Auswanderungen naturgemäß wesentlich größere Fehlerrisiken als die der Geburten und Sterbefälle. Die Wanderungen werden meist in der Form von Annahmen vorgegeben, die sich auf die Analyse der Entwicklung in der Vergangenheit stützen. Darüber hinaus gibt es Versuche, die wesentlichen Ursachen der Wanderungen herauszuarbeiten und bei der Prognose explizit mit zu berücksichtigen, wobei meist die internationalen Unterschiede des Pro-Kopf-Einkommens als Erklärungsfaktoren herangezogen werden.[36] Lohndifferenzen sind jedoch nur eine Ursache unter vielen anderen, die z.B. bei Flüchtlingen und Asylbewerbern nicht den Ausschlag geben, weil sie von existenzbedrohenden Ereignissen wie Bürgerkriege oder durch chaotische Lebensbedingungen und allgemeine Perspektivlosigkeit in den Hintergrund gedrängt werden.

Da die Ein- und Auswanderungen einen Einfluß auf die Geburten und Sterbefälle haben, pflanzen sich eventuelle Fehler bei der Wanderungsprognose auf alle übrigen Teile der Bevölkerungsvorausschätzung fort. In Deutschland beträgt die Zahl der Ein- und Auswanderungen z.Zt. pro Jahr rd. eine Dreiviertelmillion, die Geburtenzahl liegt in der gleichen Größenordnung, entsprechend stark wirken sich Fehler bei der Wanderungsprognose auf das Ergebnis einer Bevölkerungsprognose aus. Vergleicht man die in der Vergangenheit durchgeführten Bevölkerungsprognosen für Deutschland mit der tatsächlichen Entwicklung, erweisen sich die Fehler trotz der Unsicherheiten der Migration als relativ niedrig. Deshalb ist es möglich, auch für die kommenden Jahrzehnte ziemlich realistisch abzuschätzen, in welchem Intervall die Bevölkerungsentwicklung wahrscheinlich verlaufen wird.

7. Bevölkerungsvorausberechnungen für Deutschland im 21. Jahrhundert

7.1. Die Eigendynamik der demographischen Schrumpfung und Alterung

Die hohe Genauigkeit der schon erläuterten UN-Weltbevölkerungsprojektionen aus den 50er Jahren für das Jahr 2000 zeigt, daß auch bei langfristigen Vorausberechnungen relativ zuverlässige Ergebnisse möglich sind. Je weiter der Projektionshorizont in die Zukunft reicht, desto mehr interessieren jedoch die alternativen Entwicklungsmöglichkeiten statt der punktgenauen Zahlen. Diese Interessenverschiebung ist sinnvoll, zumal für eine genaue Bevölkerungsprognose auch eine Prognose der politischen Aktivitäten zur Steuerung des Bevölkerungsprozesses erforderlich wäre, was außerordentlich problematisch ist. Deshalb werden hier keine punktgenauen Prognosen, sondern alternative Vorausberechnungen der möglichen Entwicklungspfade für Deutschland im 21. Jahrhundert dargestellt. Die tatsächliche Entwicklung dürfte mit hoher Wahrscheinlichkeit innerhalb des Korridors zwischen der oberen und unteren Variante der Vorausberechnungen liegen, und zwar auch dann, wenn man berücksichtigt, daß eine <u>Bevölkerungsprognose eigentlich dazu dient, politische Reaktionen und Maßnahmen herbeizuführen, um drohende Fehlentwicklungen zu verhindern.</u>

Die hier referierten Forschungsergebnisse stammen aus drei Untersuchungen, die das Thema unter verschiedenen Fragestellungen analysieren: (1) Welcher Korridor der Bevölkerungsentwicklung ergibt sich, wenn von einer konstanten bzw. von einer zu alternativen Zeitpunkten zunehmenden Geburtenrate ausgegangen wird?[37] (2) Welche demographische Planungsgrundlage sollte für die Rentenreform und die Reform der Kranken- und Pflegeversicherung zugrunde gelegt werden?[38] (3) Welchen Einfluß haben unterschiedliche Geburten- und Sterberaten sowie unterschiedliche Einwanderungen auf die demographische Alterung und auf die Bevölkerungsschrumpfung?[39]

Die Zahl der Geburten und Sterbefälle sowie die Differenz aus beiden – der Geburtenüberschuß bzw. das Geburtendefizit –

hängt unter sonst gleichen Bedingungen entscheidend vom Umfang der Ein- und Auswanderungen ab. Die im folgenden dargestellten Auswirkungen eines denkbaren, wenn auch wenig wahrscheinlichen Wiederanstiegs der Geburtenrate wurden deshalb für zwei Varianten mit und ohne Wanderungen vorausberechnet. Jede der beiden Varianten besteht aus je 6 Untervarianten. Mit den Untervarianten soll gezeigt werden, wie sich die Bevölkerung entwickeln würde, wenn man – ähnlich wie die UN in ihren bereits dargestellten Bevölkerungsprojektionen für die entwickelten Länder mit niedriger Geburtenrate, darunter auch für Deutschland – von einem hypothetischen Wiederanstieg der Kinderzahl pro Frau ausgeht.[40] Aber anders als in den Berechnungen der UN wird hier der Zeitpunkt des Anstiegs der Geburtenrate variiert, beginnend entweder mit dem Jahr 2000 oder einem späteren Beginn in den Jahren 2010, 2020, usf. bis 2050, woraus sich 6 Varianten ergeben. Dabei soll die Kinderzahl pro Frau jeweils innerhalb von 15 Jahren von 1,25 (1995) auf 1,50 zunehmen und dann konstant bleiben. Mit den Ergebnissen der Untervariante Nr. 6, bei der die Geburtenrate wie schon in den vergangenen drei Jahrzehnten annahmegemäß zunächst weiter konstant bleibt, so daß der Anstieg erst im Jahr 2050 beginnt, läßt sich die Frage beantworten, wie stark die Bevölkerungszahl bis zur Mitte des Jahrhunderts ohne den von den UN schon ab 1995 unterstellten Anstieg der Geburtenrate – für den es keine Anzeichen gibt – abnehmen würde.

Das zentrale Ergebnis ist: Ohne Wanderungen würde die Bevölkerungszahl Deutschlands von 1998 bis 2050 von 82,1 Mio. auf 50,7 Mio. und bis 2100 auf 24,3 Mio. zurückgehen. Selbst bei einem unterstellten jährlichen Wanderungssaldo (= Überschuß der Einwanderungen über die Auswanderungen) von 250 Tsd. jüngeren Menschen pro Jahr ergäbe sich bis 2050 ein Rückgang auf 66,1 Mio. und bis 2100 auf 50,0 Mio. Der dabei angenommene jährliche Wanderungssaldo von 250 Tsd. ist im Vergleich zum Durchschnitt des Wanderungssaldos in den letzten Jahrzehnten (= 170 Tsd.) relativ hoch (*Schaubild 13*).

Wie soll man diese Ergebnisse einordnen und bewerten? Sind sie ernst zu nehmen oder handelt es sich um bloße Rechnereien? Um die Öffentlichkeit zu beruhigen, wird oft auf die allgemeine Unsicherheit von Aussagen über die Zukunft hingewiesen, wobei

Schaubild 13: Bevölkerungsentwicklung Deutschlands im 21. Jahrhundert ohne bzw. mit Wanderungen – für einen angenommenen Anstieg der Geburtenzahl pro Frau von 1,25 auf 1,50 innerhalb von 15 Jahren

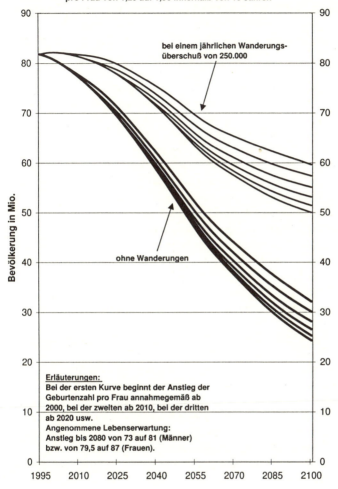

Quelle: Siehe Text.

zur Illustration die schlechte Trefferquote von Wetterprognosen herangezogen wird. Aber gerade am Beispiel der Wetterprognosen läßt sich eine Besonderheit der demographischen Vorausberechnungen demonstrieren, die für das Verständnis der hier dargestellten Ergebnisse wichtig ist: Über den Wechsel der Jahreszeit, der z. B. eine Änderung der Temperatur nach sich zieht, kann viele Monate im voraus eine Aussage getroffen werden, deren Wahrscheinlichkeit größer ist als die einer Aussage über die Temperatur in der nächsten Woche. Die Regel, daß eine Aussage um so unsicherer ist, je weiter sie in die Zukunft reicht, stimmt zwar im Allgemeinen, aber in der Klimatologie und in der Demographie hat die Regel wichtige Ausnahmen. Sie beruhen auf dem Phänomen der demographischen Trägheit bzw. auf der sogenannten Eigendynamik des Bevölkerungswachstums und der Bevölkerungsschrumpfung: Eine Abnahme der absoluten Geburtenzahl, die auf einer Änderung des Fortpflanzungsverhaltens beruht und nicht auf einer Änderung der Zahl der Frauen in der für die Geburtenzahl wichtigen Altersgruppe von 15 bis 45, hat eine Generation später unausweichlich eine weitere Abnahme der Geburtenzahl zur Folge usf., auch wenn das Fortpflanzungsverhalten nach der anfänglichen Änderung dauernd konstant bleibt. Die auslösende Ursache am Anfang ist eine reine Verhaltensänderung, die sich anschließenden Abwärtsbewegungen der absoluten Geburtenzahl in Form von Wellentälern, die im Abstand von einer Generation aufeinanderfolgen, beruhen nicht mehr auf erneuten Änderungen des Fortpflanzungsverhaltens, sondern darauf, daß die auf Grund der anfänglichen Verhaltensänderung Nichtgeborenen keine Nachkommen haben. Die Auswirkungen der verringerten Kinderzahl bzw. der abnehmenden Zahl der späteren, potentiellen Eltern auf die Geburtenzahl in der nächsten und den folgenden Generationen tritt mit ähnlicher Sicherheit ein wie eine Aussage über den Wechsel der Jahreszeiten in der Zukunft, also praktisch mit 100%. Es verwundert deshalb nicht, daß demographische Prognosen relativ zuverlässig sind, selbst wenn sie weit in die Zukunft reichen.

7.2. Die demographische Entwicklung der deutschen und der zugewanderten Bevölkerung in den alten und neuen Bundesländern

Für die Rentenreform 2000 haben mein Mitarbeiter E.-J. Flöthmann und ich am Institut für Bevölkerungsforschung und Sozialpolitik der Universität Bielefeld im Auftrag des Gesamtverbands der Deutschen Versicherungswirtschaft eine große Zahl von demographischen Vorausberechnungen unter alternativen Annahmen für die Geburtenrate, den Einwanderungsüberschuß und die Entwicklung der Lebenserwartung durchgeführt.[41] Im folgenden werden die Ergebnisse der mittleren Variante zusammengefaßt.

Die Berechnungen wurden für die alten und neuen Bundesländer sowie für die deutsche und die zugewanderte Bevölkerung (einschließlich ihrer Nachkommen) getrennt durchgeführt, weil die Geburtenrate und die Lebenserwartung bei den verschiedenen Bevölkerungsgruppen unterschiedlich ist. Zur Gruppe der Zugewanderten wurden alle Einwohner gezählt, die am Beginn des Vorausschätzungszeitraums (1.1.1998) eine ausländische Staatsangehörigkeit hatten. Alle Einwohner mit deutscher Staatsangehörigkeit wurden zur Gruppe der Deutschen zusammengefaßt, und zwar unabhängig davon, ob sie im In- oder Ausland geboren wurden. Daraus ergaben sich folgende vier Teilpopulationen: (I) Deutsche/alte Bundesländer, (II) Deutsche/neue Bundesländer, (III) Zugewanderte/alte Bundesländer und (IV) Zugewanderte/neue Bundesländer. Die Untergliederung nach vier Bevölkerungsgruppen fehlt bisher in den amtlichen Bevölkerungsvorausberechnungen des Statistischen Bundesamtes, sie wurde hier erstmals vorgenommen. Die vom Statistischen Bundesamt zuletzt in seiner sogenannten „9. koordinierten Bevölkerungsvorausberechnung" vom Juli 2000 veröffentlichten Prognoseergebnisse bis 2050 stimmen jedoch mit den hier dargestellten von 1999 in der Summe aller Bevölkerungsgruppen weitgehend überein.[42]

Die Eigenschaft, zugewandert zu sein oder in einer Familie mit Migrationshintergrund geboren zu werden, ist nicht nur für das demographisch relevante, sondern auch für das ökonomische und das Bildungsverhalten wichtiger als die formale Staatsangehörigkeit, die ab dem 1.1.2000 durch ein neues Gesetz geregelt wird.

Nach dem neuen Recht ist für den Erwerb der deutschen Staatsangehörigkeit bei hier geborenen Kindern ausländischer Eltern nicht mehr allein das Abstammungsprinzip, sondern zusätzlich das Territorialprinzip maßgeblich. Nach dem Abstammungsprinzip ist die Staatsangehörigkeit des Kindes die der Eltern, nach dem Territorialprinzip die des Geburtslandes. Dies ist dann der Fall, wenn sich die Eltern legal in Deutschland aufhalten und andere rechtliche Voraussetzungen erfüllt sind. Das Statistische Bundesamt und das Innenministerium legten der „9. koordinierten Bevölkerungsvorausberechnung" die Annahme zugrunde, daß ab 1.1.2000 jährlich 60% der in Deutschland geborenen Kinder von Ausländern automatisch die deutsche Staatsangehörigkeit zusätzlich zur Staatsangehörigkeit ihrer Eltern erwerben, ohne hierfür einen Antrag stellen zu müssen. Diese Kinder mit automatisch erworbener deutscher Staatsangehörigkeit müssen sich nach dem neuen Recht allerdings bis zum 18. Lebensjahr (spätestens bis zum Alter 23) für die deutsche Staatsangehörigkeit oder für die ihrer Eltern entscheiden. Rd. 20% der Personen, die die deutsche Staatsangehörigkeit nach dem neuen „Territorialprinzip" automatisch durch ihre Geburt in Deutschland erworben haben, werden sie nach den Annahmen des Innenministeriums bis zum Alter 18 bzw. 23 wieder abgeben.[43] Es ist für die folgenden Überlegungen unwesentlich, ob diese Annahme zutrifft, deshalb soll sie hier nicht weiter kommentiert werden.

Der von Änderungen des Staatsangehörigkeitsrechts unabhängige Anteil der Zugewanderten und ihrer Nachkommen an der Bevölkerung ist ein wesentlich aussagekräftigerer sozialer Indikator als der sogenannte „Ausländeranteil", der sich mit jeder neuen Änderung des Staatsangehörigkeitsrechts automatisch mit ändert. Dies zeigt sich vor allem bei den schon dargestellten drastischen Unterschieden im Bildungsverhalten: Von den 20- bis 25jährigen Deutschen besuchten z.B. 1998 17,3% eine Hochschule, von den gleichaltrigen Ausländern nur 3,2%, ohne daß sich bisher eine merkliche Tendenz zur Angleichung des Bildungsverhaltens zeigt.[44] Unterschiede zwischen Deutschen und Zugewanderten bestehen auch bei der Geburtenrate (1,3 Lebendgeborene pro Frau bei den Deutschen, 1,9 bei den Ausländern) und bei der Sterberate. Die Sterberate der zugewanderten Kinder und Jugendlichen ist höher als bei den Deutschen, die Sterblichkeit ab dem Alter 15 jedoch niedriger. Die daraus abgeleitete Lebenserwartung ist bei den Zugewanderten um rd. 5 Jahre höher als bei der deutschen Bevölkerung. Dies wird in der internationalen Literatur auf den sogenannten „Selektionseffekt" bzw. auf den „healthy worker effect" der räumlichen Mobilität zurückgeführt: Bei Menschen mit schlechter gesundheitlicher Konstitution oder bei Kranken ist die Wanderungsbereitschaft naturgemäß geringer als im Durchschnitt der Bevölkerung. Für Berlin wurde sogar ein Unterschied der Lebenserwartung von rd. 10 Jahren festgestellt, wobei allerdings ein gewisser Teil des Unterschieds auf Mängel der statistischen Daten entfallen dürfte. Der substantielle Unterschied beträgt schätzungsweise auch hier wie im Durchschnitt des Bundesgebiets rd. 5 Jahre.[45] Sowohl die Lebenserwartung als auch die Geburtenrate unterscheiden sich bei den Deutschen und bei den Zugewanderten zusätzlich nach alten und neuen Bundesländern.

Bei den Vorausberechnungen wurden für jede der vier Teilpopulationen unterschiedliche Annahmen zur Entwicklung der Geburtenrate, der Lebenserwartung und der Migration in der Zukunft formuliert. Die Vielzahl der Annahmen läßt sich wie folgt zusammenfassen:[46] (1) Die Zahl der Lebendgeborenen pro Frau variiert im Zeitablauf, sie beträgt bei den Deutschen im Mittel 1,25, bei den Zugewanderten und ihren Nachkommen sinkt sie allmählich von 1,90 auf 1,64 (*Schaubild 12*, S. 81). (2) Bei der deutschen Bevölkerung in den alten Bundesländern steigt die Lebenserwartung eines Neugeborenen kontinuierlich von 74,0 auf 80,9 (Männer) bzw. von 80,8 auf 86,9 (Frauen), wobei die Lebenserwartung der Zugewanderten wegen des günstigen Selektionseffekts der Migration zunächst um rd. 5 Jahre höher liegt als bei den Deutschen, sich aber allmählich angleicht. Die noch um rd. zwei Jahre niedrigere Lebenserwartung in den neuen Bundesländern erhöht sich auf das Niveau der alten Bundesländer. (3) Der Einwanderungsüberschuß jüngerer Menschen beträgt wie in den vergangenen Jahrzehnten im Mittel 170 Tsd. pro Jahr.

Bei den Berechnungen wurden die <u>Auswirkungen der demographischen Veränderungen auf die ökonomische Entwicklung</u> sowie deren Rückwirkungen auf die Geburtenrate und auf die Migration berücksichtigt. Die mittlere Variante führte zu folgenden Ergebnissen.[47]

(a) Die Entwicklung der Bevölkerungszahl der vier Teilpopulationen

Die Bevölkerung, die am Beginn des Vorausschätzungszeitraums (1.1.1998) die deutsche Staatsangehörigkeit hatte, nimmt unter den dargestellten Annahmen von 1998 bis 2030 von 74,6 Mio. auf 62,2 Mio., bis 2050 auf 49,0 Mio. und bis 2100 auf 21,2 Mio. ab. Der Rückgang ist in den neuen Bundesländern prozentual stärker als in den alten (bis 2050 –36,7% versus –33,7%). Die Zahl der Einwohner mit ausländischer Staatsangehörigkeit bzw. die Zahl der Zugewanderten und ihrer Nachkommen wächst – ohne Berücksichtigung von Wechseln der Staatsangehörigkeit nach dem 1.1.1998 – von 1998 bis 2030 von 7,4 Mio. auf 15,2 Mio., bis 2050 auf 19,0 Mio. und bis 2100 auf 24,9 Mio. (*Tabelle 3*). Der weitaus größte Teil der zugewanderten Bevölkerung entfällt auf die alten Bundesländer (im Jahr 2030 sind dies z.B. 92,8%).

Der Anteil der zugewanderten und ihrer Nachkommen an der Gesamtbevölkerung steigt von 1998 bis 2030 von 9,0% auf 19,6%, bis 2050 auf 28,0% und bis 2080 auf 43,1%.

Tabelle 3: Bevölkerungsentwicklung der vier Teilpopulationen von 1998 bis 2100 (in Mio.)

	1998	2030	2050	2080	2100
Deutsche/alte Bundesländer	59,6	49,9	39,5	24,9	17,7
Deutsche/neue Bundesländer	15,0	12,4	9,5	5,2	3,5
Zugewanderte/alte Bundesländer	7,1	14,1	17,4	20,7	22,3
Zugewanderte/neue Bundesländer	0,3	1,1	1,6	2,2	2,6
Deutschland insgesamt	*82,1*	*77,5*	*68,0*	*53,1*	*46,1*

(b) Veränderung der Altersgruppen

Die Zahl der Jugendlichen (Altersgruppe unter 20 Jahre) nimmt von 1998 bis 2050 kontinuierlich von 17,7 Mio. auf 9,7 Mio. ab. Die Gruppe der unter 40jährigen ist 1998 noch deutlich größer als die der über 60jährigen (42,3 Mio. versus 17,9 Mio.). Bis 2050 kehrt sich das Verhältnis um: Die Gruppe der über 60jährigen ist wesentlich größer als die der unter 40jährigen (27,8 Mio. versus 23,1 Mio.). Die Zahl der 80jährigen und Älteren wächst am stärksten, sie nimmt bis zur Jahrhundertmitte von 3,0 Mio. auf 10,0 Mio. zu (*Tabellen 4* und *5* sowie *Schaubilder 14–16*):

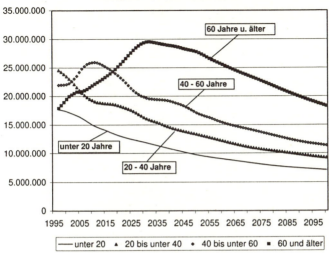

Schaubild 14 a: Vorausgeschätzte Zahl der Gesamtbevölkerung in Deutschland nach Altersklassen

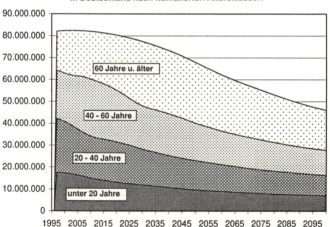

Schaubild 14 b: Vorausgeschätzte Zahl der Gesamtbevölkerung in Deutschland nach kumulierten Altersklassen

Quelle: Siehe Text.

Schaubild 15: Altersaufbau der deutschen und zugewanderten Bevölkerung in Deutschland 1997 und 2025

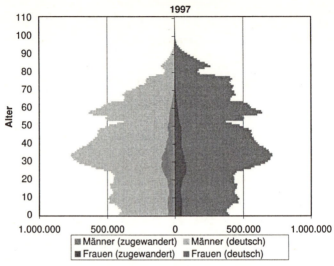

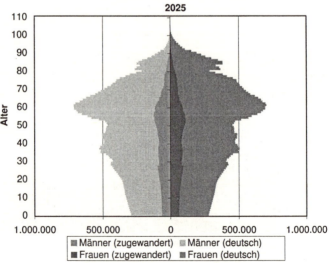

Quelle: Siehe Text.

Schaubild 16: Altersaufbau der deutschen und zugewanderten Bevölkerung in Deutschland 2050 und 2100

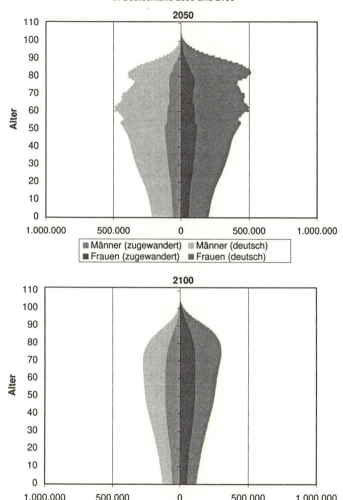

Quelle: Siehe Text.

Tabelle 4: Bevölkerungszahl nach Altersgruppen
von 1998 bis 2100 (in Mio.)

Alter	1998	2030	2050	2080	2100
unter 20	17,7	12,0	9,7	7,8	7,1
20 bis unter 40	24,6	16,3	13,4	10,4	9,2
40 bis unter 60	21,9	19,9	17,1	13,1	11,4
60 und älter	17,9	29,4	27,8	21,7	18,3
80 und älter	3,0	6,6	10,0	7,6	6,3
Gesamtbevölkerung	*82,1*	*77,5*	*68,0*	*53,1*	*46,1*

Tabelle 5: Prozentuale Anteile der Altersgruppen von 1998 bis 2100

Alter	1998	2030	2050	2080	2100
unter 20	21,6	15,5	14,3	14,6	15,4
20 bis unter 40	30,0	21,0	19,7	19,6	9,9
40 bis unter 60	26,7	25,7	25,2	24,7	24,7
60 und älter	21,8	37,9	40,9	40,9	39,7
80 und älter	3,7	8,5	14,7	14,3	13,7
Gesamtbevölkerung	*100,0*	*100,0*	*100,0*	*100,0*	*100,0*

Der Anteil der unter 20jährigen nimmt bis 2050 von 21,6% auf 14,3% ab, gleichzeitig steigt der Anteil der über 60jährigen von 21,8% auf 40,9%. Besonders stark ist die Zunahme des Anteils der Betagten und Hochbetagten (80 und älter) von 3,7% auf 14,7%. Ab dem Jahr 2050 ist der Anteil der über 80jährigen etwa gleich groß wie der Anteil der unter 20jährigen.

7.3. Der Einfluß unterschiedlicher Geburtenraten, Lebenserwartungen und Einwanderungen auf die demographische Alterung und die Bevölkerungsschrumpfung

Die folgenden Ergebnisse zeigen, wie die demographische Alterung und die Bevölkerungsschrumpfung von den zentralen Annahmen der Vorausberechnungen abhängen. Die Berechnungen beruhen auf je drei unterschiedlichen Annahmen zur künftigen Entwicklung der Geburtenzahl pro Frau und der Lebenserwartungszunahme sowie auf vier unterschiedlichen Annahmen zur Einwanderung. Die Kombination der Annahmen ergibt 36 Varianten der Bevölkerungsvorausberechnungen (*Tabelle 6*).

Die Begründung der Annahmen für die Geburtenrate stützt sich auf die in den vorangegangenen Kapiteln erörterten Ursachen und Bedingungen des Fortpflanzungsverhaltens. Da diese Faktoren weiter wirksam sein werden, hat die Annahme, daß die Geburtenrate in der Zukunft etwa das gleiche Niveau haben wird wie in den vergangenen Jahrzehnten (1,4 Lebendgeborene pro Frau), eine ziemlich hohe Wahrscheinlichkeit. Diese Annahmen-Variante wird im folgenden als Projektionsvariante mit „niedriger Fertilität" bezeichnet (*Tabelle 6*). In einer zweiten Annahmevariante wird eine Zunahme der Geburtenrate auf 1,6 Lebendgeborene pro Frau unterstellt, weil sich z.B. durch den steigenden Anteil der zugewanderten Bevölkerung, deren Fertilität höher ist als die der Deutschen, oder durch eine neue Familienpolitik der Durchschnitt für die Gesamtbevölkerung erhöhen könnte. Die dritte Annahme unterstellt einen wesentlich stärkeren Anstieg auf das langfristig bestandserhaltende Niveau von 2,1 Lebendgeborenen pro Frau. Die Wahrscheinlichkeit dieser Annahme ist jedoch sehr niedrig, sie dient rein analytischen, nicht prognostischen Zwecken. Alle Annahmen wurden für die alten und neuen Bundesländer unterschiedlich formuliert. Die unterschiedlichen Verläufe sind in *Schaubild 17* dargestellt.

Tabelle 6: Systematische Übersicht über die 36 Varianten der Vorausberechnungen und deren Annahmen

Wanderungssaldo[1]	Lebenserwartung Männer/Frauen	niedrige Geburtenrate[2] (1,4)	mittlere Geburtenrate[2] (1,6)	hohe Geburtenrate[2] (2,1)
Null (0)	niedrig (81/87)	1	13	25
	mittel (84/90)	2	14	26
	hoch (87/93)	3	15	27
Niedrig (150 Tsd.)	niedrig (81/87)	4	16	28
	mittel (84/90)	5	17	29
	hoch (87/93)	6	18	30
Mittel (225 Tsd.)	niedrig (81/87)	7	19	31
	mittel (84/90)	8	20	32
	hoch (87/93)	9	21	33
Hoch (300 Tsd.)	niedrig (81/87)	10	22	34
	mittel (84/90)	11	23	35
	hoch (87/93)	12	24	36

1 Jährlicher Überschuß der Einwanderungen über die Auswanderungen (= Wanderungssaldo) in Klammern
2 Zahl der Lebendgeborenen pro Frau in Klammern

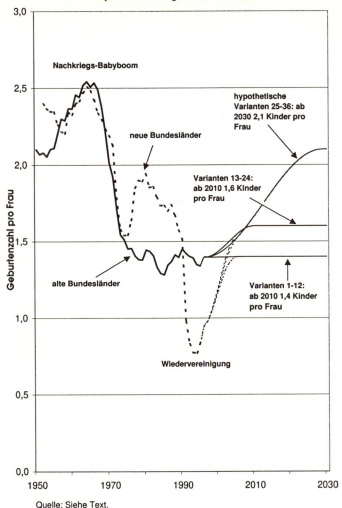

Schaubild 17: Entwicklung der Geburtenzahl pro Frau in den alten und neuen Bundesländern von 1950 bis 1996 und alternative Annahmen für Projektionsrechnungen im 21. Jahrhundert

Quelle: Siehe Text.

Die Annahmen zur Entwicklung der Sterblichkeit bzw. zum Anstieg der Lebenserwartung beruhen auf Verfahren, die es ermöglichen, den von Jahrgang zu Jahrgang unterschiedlichen Anstieg der Lebenserwartung genauer als bisher zu analysieren und bei Vorausberechnungen zu berücksichtigen (siehe die in Anmerkung 35 a–d angegebene Literatur). Die Analyse der Mortalität im 20. Jahrhundert zeigt, daß die Sterbewahrscheinlichkeiten im höheren Alter in den letzten Jahrzehnten prozentual stärker abnehmen als die im mittleren und jüngeren Alter. Aus diesem Grund nahm der Prozentanteil der Personen an einem Jahrgang, der z.B. 90 Jahre und älter wurde, bisher stärker zu als der Prozentanteil, der 80 Jahre und älter wurde, und dieser wiederum stärker als der Anteil, der 70 Jahre und älter wurde (*Schaubild 18*). Die Ergebnisse der Analyse lassen sich zu den folgenden drei Annahmen zusammenfassen: Die Lebenserwartung der Männer betrug im Zeitraum 1996/98 in Deutschland insgesamt 74,0 Jahre, die der Frauen 80,3. Sie wächst bis 2080 nach der unteren Annahme auf 81 bzw. 87, nach der mittleren auf 84 bzw. 90 und nach der oberen auf 87 bzw. 93.[48] Dabei wurde unterstellt, daß sich die Zunahme bis 2080 allmählich vollzieht und stetig abschwächt (*Schaubild 19*). Nach 2080 wurde die Lebenserwartung konstant gehalten – eine Annahme, die von Demographen in der Zukunft sicher anders gesetzt wird, die aber für die Zwecke der vorliegenden Analyse genügt. Nach der neuesten Sterbetafel des Statistischen Bundesamtes für den Zeitraum 1996–98 betrug die Lebenserwartung der Männer in den alten Bundesländern 74,4 und die der Frauen 80,5. In den neuen Ländern waren es 72,4 (Männer) bzw. 79,5 (Frauen). Es wurde angenommen, daß sich die Unterschiede in naher Zukunft angleichen.[49]

Die Annahmen zur Entwicklung des Einwanderungsüberschusses beruhen auf einer getrennten Analyse der Zu- und Fortzüge nach jeweils 100 Altersjahren und Geschlecht in den vergangenen Jahrzehnten. Bei der Untergliederung des Wanderungssaldos nach Alter und Geschlecht für die Zukunft wurde berücksichtigt, daß die Zugezogenen in der Regel jünger sind als die Fortgezogenen. Die absolute Höhe des jährlichen Wanderungssaldos wurde entsprechend den Trends in der Vergangenheit mit 150 Tsd. (untere Variante), 225 Tsd. (mittlere Variante) bzw. 300 Tsd. (obere Variante) festgelegt. Die Wahrscheinlichkeit der Null-Variante ist

Schaubild 18: Anteil der bis zum Alter 70, 75, 80, 85 und 90 Jahre Überlebenden nach den Sterbetafeln von 1871/81 bis 1994/96 mit Projektionen bis 2080

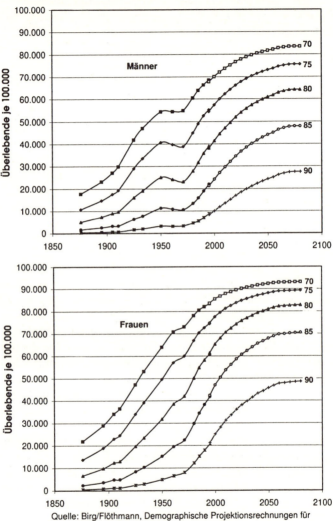

Quelle: Birg/Flöthmann, Demographische Projektionsrechnungen für die Rentenreform 2000, Bielefeld 2000.

Schaubild 19: Entwicklung der Lebenserwartung bei der Geburt in Deutschland von 1871/81 bis 1993/95 und alternative Annahmen für die Zukunft

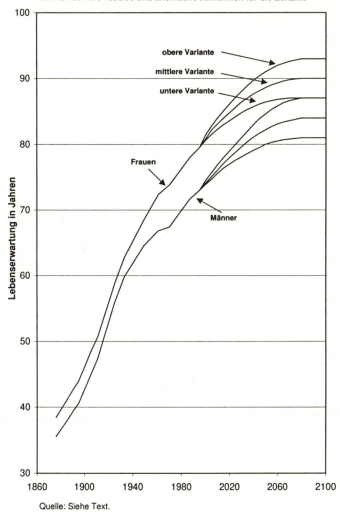

Quelle: Siehe Text.

sehr gering, sie dient ebenso wie die obere Variante der Geburtenrate nicht prognostischen, sondern analytischen Zwecken.

Hauptergebnisse

Das markanteste Ergebnis der demographischen Vorausberechnungen ist die folgende gegenläufige Entwicklung: Die Zahl der Sterbefälle nimmt zu, die Zahl der Geburten ab. Dadurch erhöht sich das Geburtendefizit bis 2050 selbst bei einem jährlichen Einwanderungsüberschuß von z.B. 150 Tsd. von z. Zt. rd. 100 Tsd. auf 661 Tsd. (Variante 6 der Simulationsrechnungen, s. *Schaubild 20*). Diese Entwicklung spiegelt den starken Einfluß der Altersstruktur wider, die bereits eine Eigendynamik der Bevölkerungsschrumpfung in Gang gesetzt hat, die bis zum Jahr 2060 selbst dann dauernde Geburtendefizite zur Folge hätte, wenn sich die Zahl der Lebendgeborenen pro Frau bis 2020 auf 2,1 erhöhen und gleichzeitig pro Jahr 150 Tsd. Personen netto nach Deutschland ziehen würden. Unter diesen eher unrealistischen Voraussetzungen in bezug auf die Geburtenrate würde die Bevölkerungszahl trotzdem bis 2050 auf 73,5 Mio. und bis 2100 auf 69,5 Mio. abnehmen. Bliebe dagegen die Geburtenzahl pro Frau auf dem jetzigen Niveau konstant (1,4), so würde das Geburtendefizit bei 150 Tsd. Nettozuwanderungen auf 680 Tsd. im Jahr 2060 zunehmen und auch noch bis zum Ende des Jahrhunderts über 500 Tsd. liegen. Die Bevölkerungszahl würde dann bis 2050 auf 70,7 Mio. und bis 2100 auf 49,4 Mio. schrumpfen.

Die demographische Alterung läuft ab wie ein Uhrwerk, ihre zentralen Konsequenzen sind die Bevölkerungsschrumpfung und die Internationalisierung der Bevölkerungsentwicklung Deutschlands durch Einwanderungen sowie die daraus folgenden Integrationsprobleme. Die demographische Alterung kann durch politische Maßnahmen nicht mehr abgewendet werden. Sie läßt sich zusätzlich zu den Zahlen in den *Tabellen 4* und *5* mit den folgenden Indikatoren quantitativ beschreiben:

1. Der *Anteil der unter 20 jährigen* betrug 1998 21,6%; er nimmt – je nach den Annahmen zur Geburtenrate und zu den Einwanderungen – auf Werte zwischen 15% und 18% ab. Die Abnahme ist um so stärker, je niedriger die Geburtenzahl pro Frau ist.

Schaubild 20: Entwicklung der Geburten- und Sterbefälle in Deutschland von 1949 bis 1997 und Projektionsrechnung von 1998 bis 2100

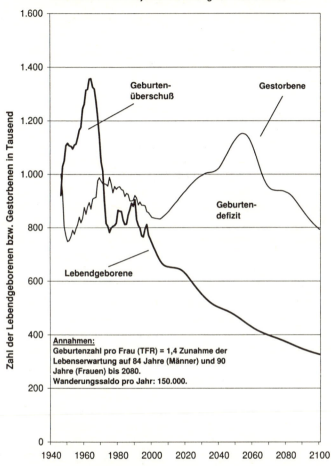

Quelle: Birg, H./Flöthmann, E.-J./Frein, T. u. Ströker, K: „Simulationsrechnungen der Bevölkerungsentwicklung in den alten und neuen Bundesländern im 21. Jahrhundert", Materialien des Instituts für Bevölkerungsforschung und Sozialpolitik, Bd. 45. Universität Bielefeld, Bielefeld 1998, Var. 5, S. 47.

Bei einem hohen Wanderungssaldo ist die Abnahme annähernd so groß wie bei einem niedrigen Wanderungssaldo. Auch die Variation der Lebenserwartung hat nur einen geringen Einfluß.

2. Der *Anteil der 60jährigen und älteren Bevölkerung* betrug 1998 21,8%, er nimmt – je nach der Höhe der Geburtenrate – tendenziell auf Werte zwischen 35% und 42% zu. Bei niedriger Geburtenzahl pro Frau ist die Zunahme bis 2050 am größten (41,5%). Bei einem hohen Einwanderungsüberschuß junger Menschen beträgt der Anteil 36,5%, bei einem niedrigen 42,3%. Bei niedriger Lebenserwartung ergibt sich ein Anteil von 36,8%, bei hoher ein Anteil von 40,4%. Für die Lebenserwartungssteigerung und für den Wanderungssaldo ist der Effekt annähernd gleich stark.

3. Jeder zweite Einwohner Deutschlands war 1998 älter als 38 Jahre (= Medianalter). Das *Medianalter* nimmt bis 2050 auf Werte zwischen 45 (bei einer extrem hohen, unwahrscheinlichen Geburtenzahl pro Frau von 2,1) und 53 (bei einer Geburtenzahl pro Frau von 1,4) zu. Eine höhere Geburtenrate vermindert die Zunahme des Medianalters um bis zu 8 Jahre, ein höherer Wanderungssaldo dämpft die Zunahme des Medianalters um bis zu 6 Jahre, und der Anstieg der Lebenserwartung verstärkt die Zunahme um rd. zwei Jahre.

4. Der *Altenquotient* (= Zahl der 60jährigen und Älteren auf 100 Personen im Alter von 20 bis 60) hatte 1998 einen Wert von 38,6, er nimmt bis 2050 auf Werte zwischen 80 und 96 zu. Je höher der Wanderungssaldo ist, desto stärker wird die Zunahme des Altenquotienten gedämpft, aber keineswegs verhindert. Der Altenquotient steigt bis 2050 bei einem Wanderungssaldo von Null auf 98, aber auch bei einem hohen Wanderungssaldo von z.B. 300 Tsd. auf einen Wert von 80. Bei einer niedrigen Lebenserwartung ergibt sich eine Steigerung auf 81, bei einer hohen auf 94 (jeweils für einen Wanderungssaldo von 150 Tsd.). Bei einer niedrigen Geburtenrate erhöht sich der Altenquotient auf 96, bei einer hohen auf 80 (jeweils für eine mittlere Lebenserwartung und einen Wanderungssaldo von 150 Tsd.).[50]

5. Die *Zahl der Hochbetagten* (Alter 80 und mehr) betrug in der Summe beider Geschlechter 1998 3,0 Mio., sie nimmt auf eine Zahl zwischen 9,9 und 13,1 Mio. zu. Den stärksten Einfluß hat die Zunahme der Lebenserwartung: Bei niedriger Lebenser-

wartung steigt die Zahl auf 9,9, bei hoher auf 13,1 Mio. Bei Variationen des Wanderungssaldos differiert der Anstieg nur geringfügig, es ergibt sich fast durchweg eine Zahl von 11,1 Mio.

6. Der Altenquotient läßt sich durch die Verwendung der Altersschwellen 15/65 bzw. 20/70 Jahre statt 20/60 auf alternative Weise definieren. In allen Fällen erhält man die gleichen Veränderungstrends: Der Altenquotient wird sich mindestens verdoppeln, wahrscheinlich nahezu verdreifachen, und zwar unabhängig von der gewählten Definition. Wollte man den variabel definierten Altenquotienten konstant halten, müßte die obere Altersschwelle schrittweise auf 73 angehoben werden. Besonders groß ist die prozentuale Zunahme des Altenquotienten für die Altersschwellen 20/70, dann erhält man statt einer Verdopplung nahezu eine Verdreifachung (*Schaubild 21*).

Aus den Berechnungen ergibt sich folgende Erkenntnis: Mit Einwanderungen in einer für die Gesellschaft akzeptablen, integrierbaren Größenordnung läßt sich weder die demographische Alterung noch die Bevölkerungsschrumpfung verhindern. Wenn man z.B. den Anstieg des Altenquotienten durch die Einwanderung Jüngerer ganz verhindern wollte, müßte Deutschland bis 2050 netto 188 Mio. Einwanderer aufnehmen. Die Zahl ist deshalb so groß, weil jüngere Einwanderer den Altenquotienten nur kurzfristig verringern, aber langfristig erhöhen, wenn sie selbst zur Gruppe der 60jährigen und Älteren gehören.[51]

Fazit: Der einzige, allerdings nur langfristig erfolgversprechende Weg zurück zu einer weniger gravierenden Alterung ist eine Zunahme der Geburtenrate auf rd. 2,1 Lebendgeborene pro Frau. Die zusätzlich geborenen Kinder müßten jedoch erst ihrerseits mehr Kinder zur Welt bringen, damit sich die Altersstruktur allmählich ändert, so daß es bis zum Jahr 2080 dauern würde, bis das Geburtendefizit wieder verschwände (ohne Wanderungen). Bis dahin würde sich die Bevölkerungsschrumpfung jedoch auch bei einem z.B. bis 2025 erreichten Anstieg der Geburtenrate auf 2,1 Geburten pro Frau fortsetzen, und die Bevölkerungszahl würde z.B. auf 66,5 Mio. im Jahr 2080 abnehmen. Auch die demographische Alterung würde sich noch intensivieren. Der Altenquotient betrüge dann z.B. im Jahr 2080 63,0 (zu den Annahmen dieser Variante siehe *Tabelle 6*, Variante 25).

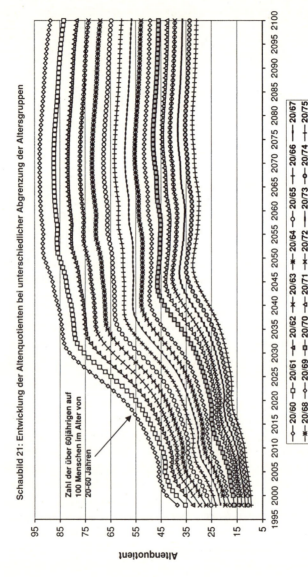

8. Bevölkerungsvorausberechnungen für Europa und die südlichen Anrainerstaaten des Mittelmeers

Ausgangspunkt der folgenden Betrachtung ist der Tatbestand der weltweiten Abnahme der Geburtenrate in den Industrie- und Entwicklungsländern in der zweiten Hälfte des 20. Jahrhunderts. Die Zahl der Lebendgeborenen pro Frau nahm im Weltdurchschnitt von 1950–55 bis 1995–2000 von 5,0 auf 2,8 ab. In den Entwicklungsländern war der Rückgang prozentual etwa ebenso stark wie in den Industrieländern: Abnahme von 6,2 auf 3,1 (Entwicklungsländer) bzw. von 2,8 auf 1,6 (Industrieländer). In Westeuropa sank die Geburtenzahl pro Frau von 2,4 auf 1,5.

In Deutschland (alte und neue Bundesländer zusammen) erhöhte sich die Zahl der Lebendgeborenen pro Frau im sogenannten „Nachkriegs-Babyboom" zunächst von 1950–55 bis 1960–65 von 2,16 auf 2,49, anschließend ging sie bis 1995–2000 auf 1,30 zurück. Für Europa insgesamt mit seinen 729 Mio. Einwohnern im Jahr 2000 lauten die Zahlen 2,57 (1950–55), 2,56 (1960–65) und 1,42 (1995–2000).[52]

In Europa folgte auf den generellen Abnahmetrend der Geburtenzahl pro Frau eine Schrumpfung der absoluten Geburtenzahlen. Die Schrumpfung beruhte vor allem auf einem Wandel des Fortpflanzungsverhaltens, nicht auf einer Änderung der für die absolute Geburtenzahl ebenfalls wichtigen Zahl der Frauen im gebärfähigen Alter. Die Gründe des Verhaltenswandels sind vielfältig, sie umfassen ein breites Spektrum von Faktoren, darunter der sogenannte Wertewandel und die „sexuelle Befreiung", die Emanzipation der Frau und die mit dem schon erläuterten „demo-ökonomischen Paradoxon" (Kapitel 3) zusammenhängenden ökonomischen Faktoren („Opportunitätskosten von Kindern"), wobei die im 20. Jahrhundert immer stärker perfektionierte Absicherung gegen die elementaren Lebensrisiken durch die moderne Sozialversicherung, die schließlich eigene Kinder als eine Art familiengegründete Sozialversicherung entbehrlich macht, eine entscheidende Rolle spielte.

Diese Faktoren bieten zwar streng genommen nur eine Beschreibung und noch keine Erklärung für die Änderung des Fortpflanzungsverhaltens, weil sie voneinander abhängen und ihrerseits erklärungsbedürftig sind. Aber wie auch immer aus ihnen eine schlüssige Theorie des Fortpflanzungsverhaltens gebildet wird, so lassen sich die schon eingetretenen Auswirkungen des Verhaltenswandels auf die abnehmende Zahl der nachwachsenden potentiellen Eltern und damit auf die künftige Geburtenzahl ziemlich genau vorausberechnen.[53]

Selbst dann, wenn man bei den Vorausberechnungen die Annahme zugrunde legt, daß die Zahl der Lebendgeborenen pro Frau in den nächsten Jahrzehnten – aus welchen Gründen auch immer – wieder zunimmt, so wie dies in den Berechnungen der UN von 1999 vorausgesetzt wird, ist eine Abnahme der absoluten Geburtenzahl in der Zukunft wegen des schon im letzten Viertel des 20. Jahrhunderts eingetretenen Rückgangs der absoluten Geburtenzahl und damit der Zahl der künftigen potentiellen Eltern unvermeidlich – es sei denn, daß man millionenfache Einwanderungen aus außereuropäischen Ländern unterstellt, mit denen sich rechnerisch natürlich jedes Geburtendefizit in den Industrieländern ausgleichen läßt. So würde z.B. der Geburtenüberschuß eines einzigen Jahres eines einzigen Landes wie Indien – rd. 16 Mio. – genügen, um die Summe aller Geburtendefizite in Deutschland in sämtlichen Jahren von 1995 bis 2035 auszugleichen.

Die Bevölkerungsabteilung der UN unterstellt, daß sich die Zahl der Lebendgeborenen pro Frau in Europa zwischen 1995–2000 und 2040–50 wieder erhöht, und zwar von 1,42 auf 1,77. Selbst wenn diese eher unwahrscheinliche Annahme zuträfe, und selbst wenn gleichzeitig Einwanderungen aus außereuropäischen Ländern in einem ähnlichen Umfang wie in der Vergangenheit stattfänden, würde die Bevölkerungszahl Europas nach den Berechnungen der UN abnehmen und stark altern, und zwar von 729 Mio. (2000) auf 628 Mio. (2050). Auch für Deutschland wird von den UN (ohne Angabe von Gründen) ein Wiederanstieg der Kinderzahl pro Frau zwischen 1995–2000 und 2040–50 von 1,30 auf 1,64 unterstellt (Zahlen der UN von 1999, Anm. 7a). Trotz dieser Annahme würde die Bevölkerungszahl auch bei gleichzeitigen Einwanderungsüberschüssen von z.B. 210 Tsd. pro Jahr kontinuierlich abnehmen, und zwar von 81,7 Mio. (1995) auf z.B. 73,3 Mio. (2050).

Führt man diese Berechnungen unter den gleichen Annahmen für einen Wiederanstieg der Geburtenrate, aber ohne Berücksichtigung von Ein- und Auswanderungen durch, ist der Bevölkerungsrückgang intensiver: Die Bevölkerungszahl Europas schrumpft dann von 1995 bis 2050 von 727,9 Mio. auf 600,5 Mio., die der EU von 371,9 auf 310,8 und die Deutschlands von 81,7 auf 58,8 Mio. (*Tabelle 7*).

Die Faktoren, die bisher die Veränderung des Fortpflanzungsverhaltens bewirkten, werden sich in der Zukunft nicht außer Kraft setzen lassen, deshalb spricht nichts dafür, daß ihre Wirkung erlischt und die Kinderzahl pro Frau wieder zunimmt, wie es die UN unterstellen. Die Berechnungen der UN haben deshalb einen stark hypothetischen Charakter. Sie werden in der Fachwelt als Ausdruck des Bemühens betrachtet, die Annahmen so zu setzen, daß die „political correctness" nicht verletzt wird. Der französische Demograph Claude Chesnais kommentierte diese Berechnungen auf einem Symposion der UN so: „The results of population projections – or, more precisely, the basic assumptions incorporated in them – are deeply rooted in the spirit of times and are usually more reliable if made by free thinkers than by official bodies. Individual experts are not constrained by ‚political correctness'."[54]

Tabelle 7: Bevölkerungsvorausberechnungen der UN für europäische Länder ohne Wanderungen – für einen hypothetischen Wiederanstieg der Kinderzahl pro Frau (in Mio.)

	1995	*2050*
Frankreich (1,71 → 1,86)	58,0	59,4
Deutschland (1,25 → 1,64)	81,7	58,8
Italien (1,20 → 1,66)	57,3	40,7
Japan (1,43 → 1,75)	123,5	104,9
Südkorea (1,65 → 1,75)	44,9	51,8
Russische Förderation (1,35 → 1,70)	148,1	114,2
England (1,72 → 1,90)	58,3	55,6
USA (1,99 → 1,90)	267,0	290,6
Europa insgesamt (1,42 → 1,77)	*727,9*	*600,5*
EU insgesamt (1,44 → 1,80)	*371,9*	*310,8*

Erläuterung: Der angenommene Anstieg der Kinderzahl pro Frau ist in Klammern angegeben.
Quelle: Zusammenstellung des Verfassers nach Ergebnissen aus: UN (Ed.), Replacement Migration, New York 2000.

Bevölkerungsvorausberechnungen für die Länder der EU einschließlich Wanderungen sowohl zwischen den Ländern als auch gegenüber Ländern außerhalb der EU wurden auch von anderen Forschungsinstituten durchgeführt.[55] Ferner liegen Modellrechnungen mit einem weiteren Prognosehorizont bis 2050 für die Länder des Europarats vor.[56] Wegen der großen Spannweite ihrer Annahmen können diese Berechnungen jedoch nicht als Bevölkerungsprognosen, ja nicht einmal als Bevölkerungsprojektionen bezeichnet werden, sondern es sind typische Modellrechnungen, deren Ergebnisse in einem so breiten Intervall liegen, daß sie einen gänzlich unverbindlichen Charakter haben. Hinzu kommt, daß der Vorausschätzungszeitraum meist nur bis 2020 reicht.

Im Unterschied zu diesen Studien erstrecken sich die von Th. Frein am Institut für Bevölkerungsforschung und Sozialpolitik der Universität Bielefeld durchgeführten, hier erstmals veröffentlichten Vorausberechnungen für die 15 Länder der EU bis zum Ende des 21. Jahrhunderts. Das von meinem früheren Mitarbeiter angewandte Projektionsmodell ist das einzige, in dem die Wanderungsströme zwischen den 15 Ländern der EU nicht durch mehr oder weniger willkürlich gesetzte Annahmen vorgegeben, sondern in Abhängigkeit von der Bevölkerungszahl der Herkunfts- und Zielländer, der Altersstruktur und der Entfernung zwischen den Ländern vorausberechnet werden. Dabei ergeben sich aus der Kombination der verschiedenen Annahmen über die Entwicklung der Geburtenrate, der Sterberate und der Migration für jedes der 15 Länder 89 Varianten der Bevölkerungsprojektion, deren Einzelergebnisse in drei umfangreichen Bänden dokumentiert sind.[57] Diese Berechnungen wurden von Th. Frein im Jahr 2000 auf der Basis der neuesten Daten aktualisiert. Die folgenden Zahlen stammen aus diesen Berechnungen.

Für den internationalen Vergleich ist vor allem jene Variante aufschlußreich, bei der die Wanderungen mit Ländern außerhalb der EU – hypothetisch – gleich Null gesetzt und nur die Wanderungen zwischen den EU-Ländern berücksichtigt wurden. Ohne Ein- und Auswanderungen gegenüber Ländern außerhalb der EU würde die Bevölkerungszahl der EU von 1998 bis 2050 von 375 Mio. auf 296 Mio. und bis zum Ende des Jahrhunderts auf 184 Mio. zurückgehen. Die Berechnungen beruhen auf der Annahme, daß die Geburtenzahl pro Frau auf dem heutigen Niveau konstant bleibt bzw. sich leicht erhöht und daß die Lebenserwartung langfristig um etwa 4 bis 6 Jahre zunimmt. In Deutschland ergibt sich unter diesen Annahmen ein Rückgang von 1998 bis 2050 von 82 Mio. auf 62 Mio. und in Frankreich wegen der dort höheren Geburtenrate von 59 Mio. auf 56 Mio. Da die Geburtenzahl pro Frau in Italien und Spanien besonders niedrig ist (1,2), wäre der Rückgang dort intensiver: In Italien ergibt sich bis 2050 eine Abnahme von 58 Mio. auf 37 Mio., in Spanien von 39 Mio. auf 28 Mio. (*Tabelle 8* und *Schaubild 22*). Für die EU insgesamt und für ihre fünf größten Länder (Deutschland, Frankreich, Italien, England und Spanien) sind die Ergebnisse für den fiktiven Fall ohne Wanderungen in Form von Bevölkerungspyramiden in den *Schaubildern 23–29* dargestellt.

In unmittelbarer Nachbarschaft zur EU ist die demographische Entwicklung weiter auf Wachstum programmiert. Selbst unter der Annahme, daß in den 9 ans Mittelmeer grenzenden Ländern von Marokko über Algerien, Tunesien und Ägypten bis zur Türkei die Geburtenrate schon bis 2010 auf zwei Lebendgeborene pro Frau abnimmt, wächst die Bevölkerungszahl wegen der jungen Altersstruktur bis in die zweite Hälfte des 21. Jahrhunderts weiter. Von 2000 bis 2050 nimmt sie nach den 1999 veröffentlichten Berechnungen der UN in diesen 9 Ländern von rd. 236 Mio. auf 394 Mio. zu (*Tabelle 8* und *Schaubild 22*).

Durch das starke Bevölkerungswachstum in den südlichen Anrainerstaaten des Mittelmeers steigt der Einwanderungsdruck in die Länder der EU allein schon demographisch bedingt stark an. Hinzu kommt die magnetische Anziehungskraft des hohen Lebensstandards in Europa, der in Verbindung mit Rechtssicherheit, geordneten Lebensbedingungen, vergleichsweise geringer Kriminalität und einer das Existenzminimum garantierenden staatlichen Sozialhilfe eine um so größere Wirkung entfaltet, je perspektivloser die Entwicklung in den Herkunftsländern der potentiellen Einwanderer ist.

Wie sich die Einwanderungen in die Länder der EU tatsächlich entwickeln werden, hängt auch von der ökonomischen Entwicklung in Osteuropa sowie von der Entwicklung der Lebensbedingungen in den Entwicklungsländern, insbesondere in Afrika und Asien, ab. Da sich diese Rahmenbedingungen nur grob abschätzen, aber nicht quantitativ prognostizieren lassen, sind die Einwanderungen über die Außengrenzen der EU im Gegensatz zu den Wanderungen zwischen den 15 EU-Ländern, die sich in einem relativ engen Intervall bewegen und der Größenordnung nach von geringerer Bedeutung sind, die große Unbekannte bei jeder Bevölkerungsvorausschätzung für die Länder der EU.

Tabelle 8: Bevölkerungsvorausberechnungen für die Länder der EU-15, die Türkei und die übrigen südlichen Anrainerstaaten des Mittelmeers von 1998–2100

	1998	2025	2050	2080	2100
			in Mio.		
EU-Mitgliedsländer (*)					
Deutschland	82,1	76,4	61,7	42,1	32,0
Frankreich	59,0	60,4	55,8	48,4	43,6
Italien	57,6	50,0	37,2	22,5	15,7
England	59,2	59,0	53,5	45,4	40,2
Spanien	39,4	36,2	28,2	17,0	11,9
EU-15 insgesamt	*375,3*	*354,3*	*296,4*	*222,8*	*183,8*
Südliche Anrainerstaaten des Mittelmeeres (#)					
Marokko	28,4	38,7	45,4		
Algerien	31,5	46,6	57,7		
Tunesien	9,6	12,8	15,0		
Libyen	5,6	8,6	11,0		
Ägypten	68,5	95,6	114,8		
Israel	6,2	8,3	9,4		
Libanon	3,3	4,4	5,2		
Syrien	16,1	26,3	34,5		
Türkei	66,6	87,9	100,7		
Summe	*235,7*	*329,2*	*393,8*		

(*) Für Mitgliedsländer der EU (15) ohne Wanderungen.
(#) Für die südlichen Anrainerstaaten des Mittelmeeres mit Wanderungen.

Quelle: Siehe Text.

Von den jährlich 750 Tsd. bis 1 Mio. Zuwanderungen nach Deutschland bei gleichzeitig rd. 650 Tsd. Abwanderungen entfällt nur der geringere Teil – rd. 15–20% – auf die Länder der EU. Etwa ebenso viele Zuwanderer wie aus der EU kommen aus asiatischen Herkunftsländern (*Tabelle 9*). Der Wanderungssaldo Deutschlands gegenüber den Ländern der EU ist sehr niedrig, 1997 war er sogar negativ (–18 Tsd.). Die größten positiven Wanderungssalden hatte Deutschland im Jahr 1997 mit dem Gebiet der ehemaligen Sowjetunion (174 Tsd.), gefolgt von der Türkei (10 Tsd.) und Afrika (10 Tsd.), während der Wanderungssaldo sowohl mit den nord- und südamerikanischen Kontinenten als Ganzes (zusammen – 6 Tsd.) als auch mit den USA (–10 Tsd.) und Kanada (–1 Tsd.) sowie mit der Gruppe der Mitgliedsländer des Europarats (–9 Tsd.) negativ war.[58]

Bevölkerungsprojektionen für Deutschland müssen stets vor dem Hintergrund alternativer Szenarien für die Osterweiterung Europas und für die *außer*europäische Migration interpretiert werden. Dabei spielt die Art der bisher noch umstrittenen Einwanderungspolitik eine zentrale Rolle. Vorschläge für eine Einwanderungspolitik für Deutschland wurden sowohl von der Zuwanderungskommission der Regierung Schröder als auch von der Opposition unterbreitet, parallele Bemühungen gibt es auch auf der Ebene der EU. Trotz der Unsicherheit über die konkrete Ausgestaltung der künftigen Einwanderungspolitik können die Einwanderungsannahmen in Bevölkerungsprojektionen nicht beliebig gesetzt werden, denn jede Politik wird sich an der – nicht unbegrenzten – Integrationsfähigkeit des betreffenden Landes orientieren müssen.

Selbst bei moderaten Einwanderungsüberschüssen von z. B. 210 Tsd. pro Jahr (mittlere UN-Annahme) würde der Anteil der nach 1995 Zugewanderten einschließlich ihrer Nachkommen und einschließlich der schon heute in Deutschland lebenden Ausländer nach den Berechnungen der UN von 1995 bis 2050 auf rd. 30% zunehmen.[59] Bei den unter 40jährigen ist der Prozentanteil wegen des hohen Anteils der Geburten aus Familien mit zugewanderten Eltern höher, er steigt von 1998 bis 2050 nach eigenen Berechnungen in Deutschland insgesamt von 12% auf 36%, in den alten Bundesländern von 14,2% auf 38,8%. Dies ist das Ergebnis für die „mittlere" Variante des Einwanderungssaldos in Höhe von 170 Tsd. pro Jahr.[60] Bei der oberen Variante des Einwanderungssaldos sind die Zahlen entsprechend größer. Da sich die Grenzen der Aufnahme- und Integrationsfähigkeit wahrscheinlich schon bei der mittleren Variante bemerkbar machen werden, haben die Projektionsrechnungen mit einer höheren Zahl an Einwanderungen vor allem den Sinn, das Intervall für die wahrscheinliche Entwicklung nach oben abzugrenzen.

Schaubild 22: Bevölkerungsveränderungen im 21. Jahrhundert in Ländern der EU (15), der Türkei und in den südlichen Anrainerstaaten des Mittelmeeres

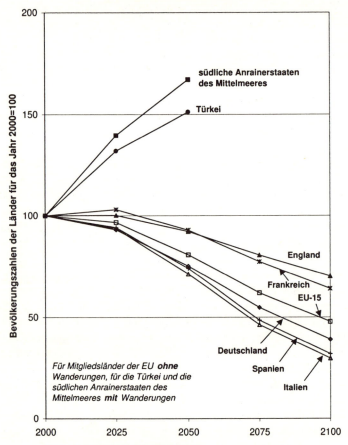

Quelle: H. Birg, IBS, Universität Bielefeld.
Daten: Für Deutschland: H. Birg u. E.-J. Flöthmann, Demographische Projektionsrechnungen für die Rentenreform 2000, Var. 1; für die übrigen EU-Mitgliedsländer: Th. Frein, Unveröffentlichte Projektionsrechnungen; für die Türkei und die südlichen Anrainerstaaten des Mittelmeeres: UN (Ed.), World Population Prospects, 1998 Revision, New York 1999 (mittlere Projektionsvariante).

Schaubild 23: Altersstruktur der EU-15 2000, 2025, 2050, 2075 und 2100
(Annahme für die Geburtenzahl pro Frau: Anstieg von 1,47 auf 1,56)

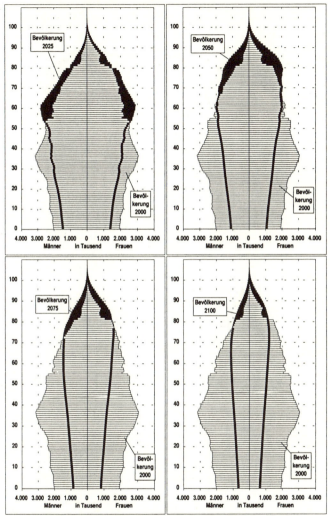

Quelle: Th. Frein, unveröffentlichte Projektionsrechnungen 2000 ohne Wanderungen.

Schaubild 24: Altersstruktur der Bevölkerung Deutschlands 1998, 2025, 2050, 2075 und 2100 (Annahme für die Geburtenzahl pro Frau: Anstieg von 1,36 auf 1,40)

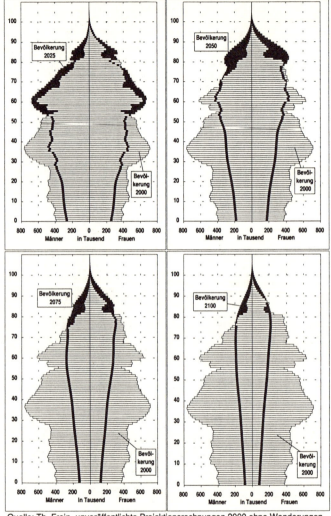

Quelle: Th. Frein, unveröffentlichte Projektionsrechnungen 2000 ohne Wanderungen.

Schaubild 25: Altersstruktur der Bevölkerung Frankreichs 2000, 2025, 2050, 2075 und 2100 (Annahme für die Geburtenzahl pro Frau: konstant 1,75)

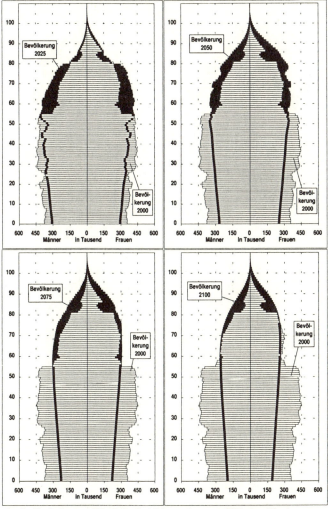

Quelle: Th. Frein, unveröffentlichte Projektionsrechnungen 2000 ohne Wanderungen.

Schaubild 26: Altersstruktur der Bevölkerung Großbritanniens 2000, 2025, 2050, 2075 und 2100 (Annahme für die Geburtenzahl pro Frau: konstant 1,72)

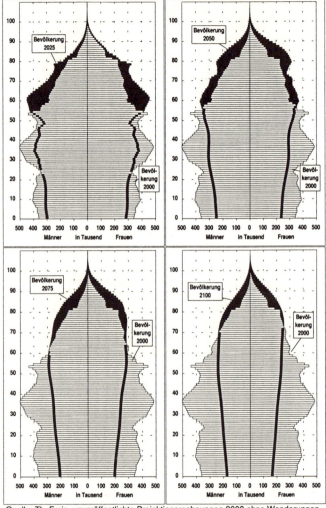

Quelle: Th. Frein, unveröffentlichte Projektionsrechnungen 2000 ohne Wanderungen.

**Schaubild 27: Altersstruktur der Bevölkerung Italiens
2000, 2025, 2050, 2075 und 2100 (Annahme für die Geburtenzahl pro Frau:
konstant 1,18)**

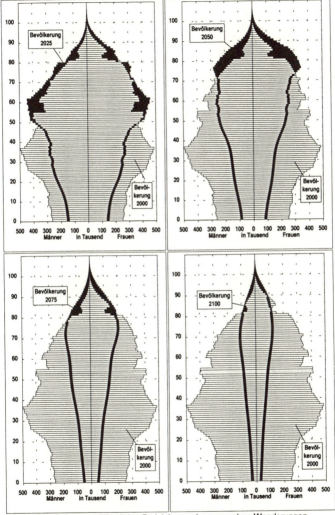

Quelle: Th. Frein, unveröffentlichte Projektionsrechnungen ohne Wanderungen.

Schaubild 28: Altersstruktur der Bevölkerung Spaniens 1998, 2025, 2050, 2075 und 2100 (Annahme für die Geburtenzahl pro Frau: konstant 1,18)

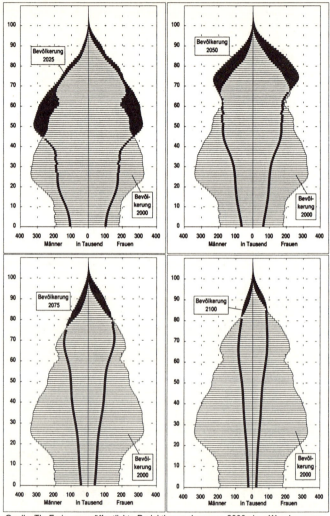

Quelle: Th. Frein, unveröffentlichte Projektionsrechnungen 2000 ohne Wanderungen.

**Schaubild 29: Altersstruktur der Bevölkerung Schwedens
2000, 2025, 2050, 2075 und 2100 (Annahme für die Geburtenzahl pro Frau:
konstant 1,50)**

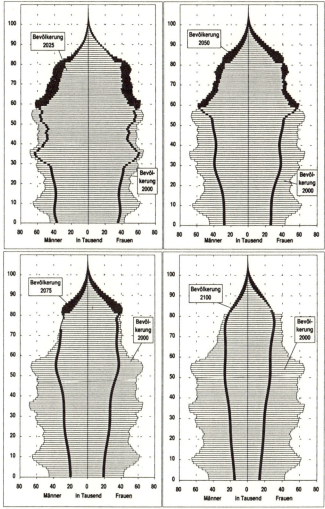

Quelle: Th. Frein, unveröffentlichte Projektionsrechnungen 2000 ohne Wanderungen.

Die Trends der Bevölkerungsschrumpfung, der demographischen Alterung der Gesellschaft und der Migration und Integration bilden die Hauptthemen der demographischen Entwicklung Deutschlands und Europas im 21. Jahrhundert. Diese Probleme sind in Deutschland, Italien und Spanien im Vergleich zu den anderen Ländern der EU am drängendsten. Dabei sollte in der Öffentlichkeit beachtet werden, daß die demographische Alterung durch die Einwanderung Jüngerer nicht verhindert, sondern nur gemildert werden kann, denn der Anstieg des Durchschnittsalters des Bevölkerungsbestandes beruht zu einem wesentlichen Teil auf der Abnahme der nachwachsenden jüngeren Jahrgänge, die in erster Linie durch die niedrige Geburtenrate, also nicht durch die steigende Lebenserwartung verursacht wird.

Da die Geburtenraten weltweit abgenommen haben und in vielen Ländern weiter sinken, ist die demographische Alterung ein globales Phänomen, sie betrifft nicht nur die Industrieländer, sondern auch die Entwicklungsländer. Der Altenquotient (hier alternativ berechnet als Zahl der über 65 jährigen auf 100 Menschen im Alter zwischen 15 und 64) steigt z. B. bis 2050 sowohl in den Industrieländern als auch in den Entwicklungsländern um den Faktor zwei bis drei (*Schaubild 30*).

Fazit: Ohne einen Ausgleich des steigenden Geburtendefizits durch Einwanderungsüberschüsse würde die Bevölkerungszahl in Deutschland z. B. bis 2080 um 49% abnehmen, in Spanien um 57% und in Italien um 61% (*Tabelle 8*). Der Altenquotient (nach der hier vorwiegend gebrauchten Definition mit den Altersschwellen 20/60) würde in Deutschland jedoch auch bei hohen Einwanderungen z. B. schon bis 2050 von 39,8 auf 90,7, in Italien von 41,6 auf 103,8 und in Spanien von 38,2 auf 105,6 steigen. In den nordeuropäischen Ländern und in der EU insgesamt verläuft die Entwicklung wegen der höheren Geburtenrate in moderaterer Form. In Frankreich steigt der Altenquotient von 37,9 auf 69,7, in England von 37,6 auf 69,3, in Schweden von 41,2 auf 78,7 und in der EU insgesamt von 38,6 auf 82,8.

Tabelle 9: Wanderungen zwischen Deutschland sowie europäischen und außereuropäischen Ländern

	Zuzüge (in 1000)		Fortzüge (in 1000)		Wanderungssaldo (in 1000)	
	1994	1997	1994	1997	1994	1997
Europäisches Ausland	756	554	553	569	203	-15
EU-Staaten	185	180	171	198	14	-18
Türkei	65	57	47	47	18	10
ehemaliges Jugoslawien	155	54	116	153	39	-100
Polen	88	86	70	79	18	7
übriges Europa	263	177	148	91	115	86
Außereuropäisches Ausland	309	270	153	158	155	112
Afrika	38	37	38	27	0	10
Amerika	44	47	47	53	-3	-6
Asien (einschl. ehem. UDSSR)	224	183	64	73	160	110
Australien u. Ozeanien	3	3	4	4	-1	-1
Unbekanntes Ausland	5	7	35	15	-29	-8
Insgesamt	1083	841	768	747	315	94

Quelle: Siehe Text.

Schaubild 30: Entwicklung des Altenquotienten (=Zahl der 65-jährigen und Älteren auf 100 Menschen im Alter von 15 bis 64) von 1950–1955 bis 1995–2000 und Projektionsrechnungen bis 2050

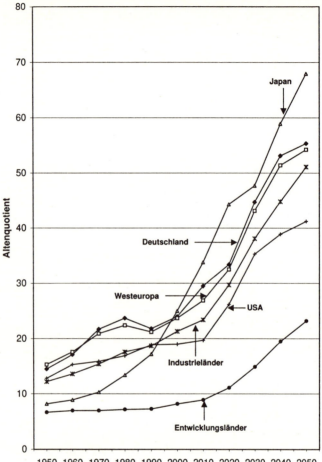

Quelle: H. Birg, IBS, Universität Bielefeld.
Daten: UN (Ed.), World Population Prospects, 1998 Revision, New York 1999.

9. Veränderungen der Zahl und Größe der privaten Haushalte und des Bedarfs an Wohnraum – regionale und sozialräumliche Aspekte

Eine der sichtbarsten Auswirkungen des demographischen Wandels ist die Veränderung der Zahl und Größe der privaten Haushalte und des Wohnungsbedarfs. Die Vorboten dieser Entwicklung sind bereits an den zunehmenden Wohnungsleerständen und den vielerorts sinkenden Immobilienpreisen erkennbar. Im folgenden werden die Zahl und Größenstruktur der privaten Haushalte aus den Ergebnissen der Bevölkerungsvorausberechnungen abgeleitet und die sich daraus ergebenden Schlußfolgerungen für die Entwicklung des Wohnungsbedarfs in Deutschland dargestellt.[61] Dabei erweist sich die oft vernachlässigte regionale und die sozialräumliche Dimension der demographischen Entwicklung als ein besonders wichtiges Problem.

Der Bedarf an Wohnraum ändert sich im Lebensverlauf in Abhängigkeit vom Alter und von der jeweiligen Phase im Familienbildungsprozeß, wobei insbesondere der Familienstand (ledig, verheiratet, verwitwet, geschieden) mit dem betreffenden Haushaltstyp (Ein- oder Mehrpersonenhaushalt) und dem sich daraus ergebenden Bedarf an Wohnraum zusammenhängt. Umgekehrt werden jedoch das Eheschließungsverhalten und die Geburtenrate zum Teil auch von der Verfügbarkeit an geeignetem Wohnraum beeinflußt. Ein Prognosemodell für die Vorausschätzung des Wohnungsbedarfs müßte daher idealerweise aus mehreren miteinander gekoppelten Teilmodellen bestehen, vor allem aus einem Bevölkerungs-, einem Familien- und einem Haushaltsmodell. Mit einem solchen Idealmodell müßten alle wesentlichen Beziehungen zwischen den zentralen Größen quantitativ beschrieben und prognostiziert werden. Die verschiedenen Teilmodelle müßten außerdem mit einem Wirtschaftsmodell gekoppelt werden, das die Einkommensentwicklung abbildet, um daraus auch die kaufkräftige Nachfrage nach Wohnraum zu bestimmen.

Ein derartiges Gesamtmodell läßt sich zwar in der Form eines Systems aus Gleichungen entwerfen, mit denen die Beziehungen zwischen den interessierenden Größen beschrieben werden, denn das dafür erforderliche theoretische Wissen ist größtenteils verfügbar, aber das genügt nicht. Die Anwendung eines solchen Modells scheiterte in der Praxis bisher nicht nur daran, daß die empirischen Daten für die Füllung des Gleichungssystems fehlen, sondern die Art des Gleichungssystems selbst änderte sich in den vergangenen Jahrzehnten auf Grund des Wandels der demographischen, sozialen und ökonomischen Verhaltensweisen so rasch, daß die Datenerhebung und Modellbildung stets um einige Jahre hinter der tatsächlichen Entwicklung zurückblieb, wobei sich der Abstand zwischen Modell und Realität tendenziell vergrößerte. So krankt z.B. das z.Zt. anspruchsvollste Modell zur Bevölkerungs- und Haushaltsprognose, das vom Rostocker Max-Planck-Institut für demografische Forschung entworfen wurde,[62] und das vom Bundesinstitut für Bevölkerungsforschung mit Daten gefüllt werden soll, u.a. daran, daß das Bevölkerungsmodell keine Ein- und Auswanderungen enthält und daß die Unterschiede zwischen den Deutschen und den Zugewanderten in bezug auf die Geburtenrate, das Eheschließungsverhalten, die Haushaltsgröße und sämtliche anderen relevanten Verhaltensweisen nicht berücksichtigt werden.[63] Es läßt sich z.Zt. noch nicht absehen, ob und gegebenenfalls wann das Modell in der Zukunft einmal in einer anwendungsreifen Form vorliegen wird. Bis dahin werden Haushaltsprognosen wie bisher mit Methoden durchgeführt, die zwar weniger differenziert sind, aber für die Praxis dennoch brauchbare Ergebnisse liefern.

Die privaten Haushalte und der Wohnungsbedarf werden stark von der Bevölkerungszahl und der Altersstruktur beeinflußt. Der Einfluß der Altersstruktur beruht auf den mit dem Alter stark variierenden Lebensformen im Lebenszyklus. In der Altersgruppe unter 20 leben z.B. mehr als zwei Drittel der Kinder und Jugendlichen im Haushalt ihrer Eltern. Ein Rückgang der Geburtenzahl bewirkt daher unmittelbar einen Rückgang des Anteils der Haushalte mit drei und mehr Personen. In der Altersgruppe 20 bis 30 sinkt der Anteil der unverheiratet bei ihren Eltern lebenden Kinder durch den Auszug aus dem Elternhaus auf ein Viertel, im höheren Alter auf ein Zehntel.

Die Größe der Altersgruppe 20 bis 40 ist entscheidend für die Zahl der verheiratet zusammenlebenden Menschen. Die Besetzungsstärke hängt von der Geburtenrate in der vorangegangenen Generation ab, außerdem von der Eheschließungs- und Scheidungsrate. Die Geburten-, Eheschließungs- und Scheidungsraten beeinflussen wiederum gemeinsam die Zahl der Alleinlebenden. Die entsprechenden Zusammenhänge sind bei Männern und Frauen unterschiedlich, so steigt z.B. der Anteil der Alleinlebenden mit dem Alter bei den Frauen wesentlich stärker an als bei den Männern, wobei die bei den Frauen um rd. 6 Jahre höhere Lebenserwartung eine bedeutsame Rolle spielt.[64]

Das Haushaltsbildungs- und Auflösungsverhalten ist ein komplexes Phänomen, bei dem sozialdemographische und ökonomische Verhaltensweisen eng zusammenwirken. Die wichtigsten demographischen Faktoren sind: (1) die Höhe der Geburtenraten für Erste, Zweite, Dritte und weitere Kinder, (2) das Lösungsverhalten der Kinder von den Eltern und die Gründung eines eigenen Haushalts, (3) die Entwicklung des Heirats- und Scheidungsverhaltens und des Wiederverheiratungsverhaltens, (4) die Häufigkeit von nicht ehelichen Lebensgemeinschaften, (5) die vom Alter, Geschlecht und Geburtsjahrgang abhängige räumliche Mobilität, (6) die nach Alter, Geschlecht und Geburtsjahrgang differierende Sterblichkeit und Lebenserwartung sowie (7) die Häufigkeit von Lebensformen mit mehreren Wohnungen.

Die aufgeführten Verhaltensweisen differieren zusätzlich nach der Staatsangehörigkeit und dem regionalen Lebensraum. Wegen der höheren Geburtenrate der Ausländer und der jüngeren Altersstruktur ist z.B. der Anteil der Personen, die in größeren Haushalten leben, mehr als doppelt so hoch wie bei den Deutschen (*Tabelle 10*). Dieses und die folgenden Analyseergebnisse beruhen auf der Mikrozensus-Erhebung des Statistischen Bundesamtes von 1998.

Tabelle 10: Bevölkerung in Privathaushalten mit
... Personen (1998) – in vH

	1	2	3	4	5 u.m.
Deutsche	16,8	31,5	20,7	21,5	9,6
Ausländer	10,0	16,6	20,1	27,5	25,7

Nicht nur die Unterschiede zwischen den Bevölkerungsgruppen, sondern auch die regionalen Unterschiede der sozialdemographischen Verhaltensweisen sind beträchtlich. Wie bereits erläutert, unterscheidet sich die Geburtenzahl pro Frau für die gleiche Generation bei einem Vergleich zwischen den verschiedenen Regionen stärker als für die gleiche Region bei einem Vergleich der verschiedenen Generationen. Der Anteil der Einpersonenhaushalte an allen Haushalten ist insbesondere wegen der niedrigeren Geburtenrate in den Städten mit 500 000 u. m. Einwohnern wesentlich größer (47,9%) als in den kleineren Siedlungen (36,2%) (*Tabelle 11*). Im Umland von Berlin (Brandenburg) betrug er z.B. 1994 27,7%, in Berlin-West 49,6% und in Berlin-Ost 41,2% (*Schaubild 31*).[65]

Die im folgenden dargestellte Haushaltsprognose wurde aus den Bevölkerungsvorausschätzungen des Verfassers für die Rentenreform 2000 abgeleitet (s. Kapitel 7). Diese Bevölkerungsvorausberechnung vom November 1999 stimmt mit der des Statistischen Bundesamtes vom Juli 2000 in ihren langfristigen Ergebnissen überein. Die mittlere Variante des Verfassers liegt zwischen den Varianten 1 und 2 der sogenannten „9. koordinierten Bevölkerungsvorausberechnung" des Statistischen Bundesamtes (*Tabelle 12*).

Tabelle 11: Anteil der Einpersonenhaushalte an allen Haushalten (1998) in vH

	im Bundesgebiet	*in Städten mit 500 Tsd. u. m. Einwohnern*
1970	25,5	27,0
1980	30,2	42,2
1990	35,0	46,5
1998	36,2	47,9

Tabelle 12: Vergleich der Bevölkerungsprojektionen für Deutschland bis 2050 (in Mio.)

	2000	*2030*	*2050*
9. koordinierte Vorausberechnung des Statistischen Bundesamtes			
Variante 1	82,0	75,2	65,0
Variante 2	82,0	78,0	70,4
Eigene Projektionsrechnungen			
Untere Variante	82,0	74,7	61,7
Mittlere Variante	82,0	77,5	68,0
Obere Variante	82,0	81,6	75,3

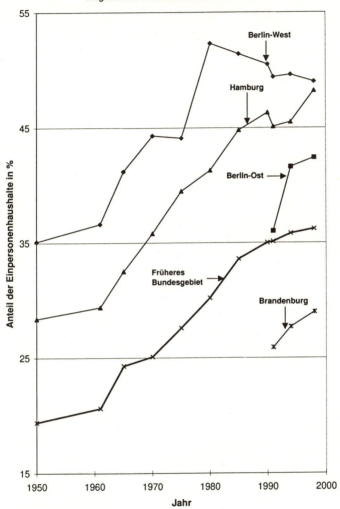

Schaubild 31: Anteil der Einpersonenhaushalte an den Haushalten insgesamt in Deutschland von 1950–1998

Quelle: Siehe Text.

Eine Haushaltsprognose des Statistischen Bundesamtes auf der Basis der „9. koordinierten Bevölkerungsvorausberechnung" liegt noch nicht vor. Die frühere Haushaltsprognose des Statistischen Bundesamtes, die auf der 8. koordinierten Bevölkerungsvorausschätzung beruhte, ist wegen der damals stark überhöhten Bevölkerungsvorausschätzung nicht mehr aktuell.[66] Das gleiche gilt für die neuesten Haushaltsprognosen des Bundesamtes für Bauwesen und Raumordnung.[67]

Für die Ableitung der Haushalte aus den Bevölkerungsvorausschätzungen ist wichtig, daß die Häufigkeit der Eheschließungen ebenso wie die Geburtenrate seit Anfang der 70er Jahre stark abgenommen hat. Die Heiratsneigung läßt sich quantitativ messen, und zwar durch die nach einzelnen Altersjahren untergliederten Zahlen der Erstheiraten auf 1000 Einwohner. Gleichzeitig mit der abnehmenden Heiratsneigung hat sich die Zahl der gerichtlichen Ehelösungen permanent erhöht. Der Saldo aus der Zahl der Eheschließungen und der Summe aller gerichtlichen und sonstigen Ehelösungen war in der früheren Bundesrepublik seit 1975, in der früheren DDR schon seit 1965, negativ.[68] Diese Trends wirkten sich in einer Abnahme der Zahl der Mehrpersonenhaushalte aus. So ist z.B. der Anteil der Personen, die gemeinsam mit zwei Generationen einen Haushalt bildeten, von 1972 bis 1998 von 65,0 auf 53,9% zurückgegangen. Auch der Anteil der Personen, der auf Haushalte mit drei und mehr Generationen entfiel, sank von 6,6 auf 2,0%. Gleichzeitig nahm der Anteil der Haushalte, in denen nur Personen der gleichen Generation lebten, von 27,1% auf 39,1% zu (*Schaubild 32*). Auch innerhalb der einzelnen Altersgruppen erhöhte sich der Anteil der Personen, die in Einpersonenhaushalten leben, während der auf die Mehrpersonenhaushalte entfallende Anteil zurückging.

Grundlage der Haushaltsvorausberechnungen ist eine Trendprognose der sogenannten Haushaltsmitgliederquoten.[69] Sie geben an, wieviel Prozent der Personen einer bestimmten Altersgruppe in Haushalten mit einer, zwei, ... usw. Personen leben. Entsprechend den Trends in der Vergangenheit wurde angenommen, daß der Anteil der Bevölkerung, der in der Altersgruppe 20–40 in Einpersonenhaushalten lebt, von 1998 bis 2030 von 18,7 auf 22,0 und bis 2050 auf 23,0% wächst und dann konstant bleibt. Bei der Altersgruppe 40–60 wurde ein Anstieg von 1998 bis 2030 von 12,7

Schaubild 32: Bevölkerung in Privathaushalten nach der Zahl der Generationen im früheren Bundesgebiet von 1972 bis 1998

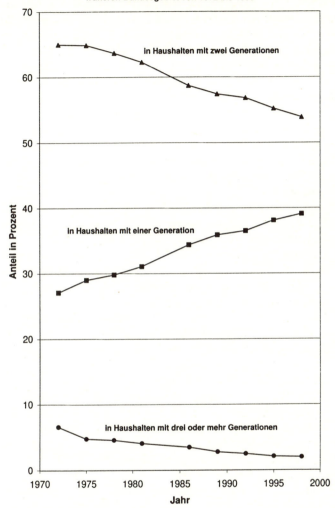

Quelle: Siehe Text.

auf 15,0 mit anschließender Konstanz unterstellt. Diese Anteilsverschiebungen beruhen auf der Annahme, daß die bisherige Abnahme der Eheschließungs- und Geburtenrate im ersten Jahrzehnt des 21. Jahrhunderts ausklingt, so daß sich auch das Haushaltsbildungsverhalten, das die demographischen Verhaltensweisen widerspiegelt, stabilisiert. Von den über 60jährigen lebten 1998 31,9% in Einpersonenhaushalten. Es wurde angenommen, daß sich der Anteil bis 2030 auf 29,0% verringert, weil der kriegsbedingt hohe Prozentsatz allein lebender Witwen zurückgeht. Koppelt man diese Annahmen mit der nach Altersgruppen untergliederten Bevölkerungsvorausschätzung, ergeben sich die in *Schaubild 33* und in den *Tabellen 13* und *14* dargestellten Zahlen für die Ein- und Mehrpersonenhaushalte. Die wesentlichen Ergebnisse sind:

(1) Die Bevölkerungszahl nimmt von 2000 bis 2030 von 82,0 auf 77,5 Mio. und bis 2050 auf 68,0 Mio. ab (mittlere Variante). Gleichzeitig wächst die Zahl der Haushalte wegen der zurückgehenden Haushaltsgröße noch von 1998 bis 2015 von 37,5 auf 39,2 Mio. Danach geht sie bis 2030 auf 38,7 Mio. und bis 2050 auf 34,6 Mio. zurück.
(2) Die Zahl der Einpersonenhaushalte erhöht sich von 1998 bis 2015 von 13,3 Mio. auf 14,4 Mio. und bis 2030 auf 15,2 Mio. Danach geht sie bis 2050 auf 13,8 Mio. zurück. Der Anteil der Einpersonenhaushalte wächst kontinuierlich von 1998 bis 2030 von 35,4 auf 39,2 und bis 2050 auf 39,8%.
(3) Die Zahl der Mehrpersonenhaushalte steigt von 1998 bis 2015 nur geringfügig von 24,2 auf 24,8 Mio., danach nimmt sie bis 2030 auf 23,5 und bis 2050 auf 20,8 Mio. ab.
(4) Die Haushaltsgröße (Zahl der Personen je Haushalt) sinkt kontinuierlich von 1998 bis 2030 von 2,19 auf 2,00 und bis 2050 auf 1,96 *(Schaubild 34)*.
(5) Die Zahl der Personen je Haushalt in Mehrpersonenhaushalten verringert sich von 1998 bis 2030 von 2,84 auf 2,70 und bis 2050 auf 2,60.

Betrachtet man den Bedarf an Wohnraum in Abhängigkeit von der Gesamtzahl der Haushalte, so ist noch bis 2015–20 mit einer Zunahme und erst danach mit einer kontinuierlichen Abnahme des Wohnungsbedarfs zu rechnen. Der Wohnungsbedarf wird sich – rein demographisch bedingt – auf die kleineren Haushalte verlagern. Dabei könnten jedoch die Ansprüche an die Zahl der Wohnräume pro Wohnung und damit die durchschnittliche Wohnfläche pro Kopf – einkommensbedingt – zunehmen, so daß sich der Wohnungsbedarf vielerorts auch dann noch ausweitet, wenn die Zahl der Haushalte aus demographischen Gründen bereits zurückgeht.

Die regionalen Unterschiede der Haushaltsentwicklung und die sozio-demographischen Unterschiede des Nachfrageverhaltens, vor allem die Unterschiede zwischen der deutschen Bevölkerung und den Zugewanderten, werden zu einer uneinheitlichen Wohnungsmarktentwicklung führen. Dabei werden an vielen Standorten gleichzeitig sowohl Bedarfs- als auch Nachfrageüberhänge auftreten. Durch die großen regionalen Unterschiede des Anteils der aus dem Ausland zugewanderten Bevölkerung – einschließlich der hier geborenen Menschen in Familien mit Migrationshintergrund – werden die ohnehin bestehenden regionalen und soziodemographischen Ungleichgewichte auf den Wohnungsmärkten beträchtlich verstärkt. Die Wohnungsmärkte und das Bild der Städte werden geprägt durch die Gleichzeitigkeit von Angebotsüberhängen, Wohnungsleerständen, ausgeglichenen Märkten und Engpässen in begehrten Lagen.

Die durch die Bevölkerungsentwicklung hervorgerufenen Veränderungen bilden nur den Rahmen, innerhalb dessen die sozialen Prozesse und die von ihnen abhängige Bedarfsentwicklung unterschiedlich verlaufen werden. In vielen Großstädten, in denen der Anteil der zugewanderten Bevölkerung und ihrer Nachkommen bei den unter 40jährigen wahrscheinlich schon ab 2010 die 50%-Schwelle erreicht oder überschreitet, wird das Bild des Wohnungsmarktes wesentlich heterogener sein als in den Gemeinden abseits der Zentren der Verdichtungsräume. Da die regionalen Unterschiede der Bevölkerungsentwicklung stark ins Gewicht fallen, werden Entleerungsphänomene in den neuen Bundesländern mit Wachstumsphänomenen z.B. in Bayern simultan auftreten. Die regional unterschiedliche Bevölkerungsdynamik wird die schon bestehenden Unterschiede in der regionalen Wirtschaftsentwicklung verstärken.

Schaubild 33: Vorausschätzung der Ein- und Mehrpersonenhaushalte in Deutschland bis 2050

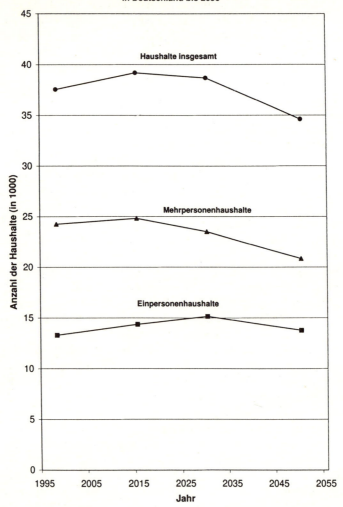

Quelle: Siehe Text.

Schaubild 34: Entwicklung der Personenzahl je Haushalt in Deutschland von 1871 bis 1998 mit Vorausberechnungen bis 2050

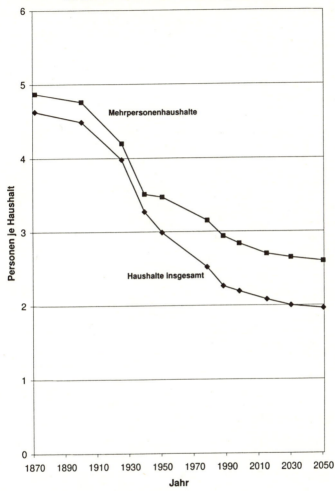

Quelle: Siehe Text.

Tabelle 13: Entwicklung der Ein- und Mehrpersonenhaushalte
von 1950 bis 1998 mit Vorausberechnungen bis 2050

		Zahl der Haushalte (in 1000)	Personen je Haushalt	Anteil d. 1-Pers.HH (%)
		– früheres Bundesgebiet –		
1950	Einpersonenhaushalte	3 229	1,00	19,4
	Mehrpersonenhaushalte	13 421	3,47	
	Insgesamt	16 650	2,99	
1978	Einpersonenhaushalte	7 093	1,00	29,3
	Mehrpersonenhaushalte	17 128	3,15	
	Insgesamt	24 229	2,52	
1988	Einpersonenhaushalte	9 563	1,00	34,9
	Mehrpersonenhaushalte	17 840	2,94	
	Insgesamt	27 403	2,26	
1998	Einpersonenhaushalte	13 297	1,00	35,4
	Mehrpersonenhaushalte	24 236	2,84	
	Insgesamt	37 532	2,19	
		– Vorausberechnung für Deutschland –		
2015	Einpersonenhaushalte	1 436	1,00	36,7
	Mehrpersonenhaushalte	24 811	2,70	
	Insgesamt	39 180	2,08	
2030	Einpersonenhaushalte	15 163	1,00	39,2
	Mehrpersonenhaushalte	23 514	2,65	
	Insgesamt	38 677	2,00	
2050	Einpersonenhaushalte	13 770	1,00	39,8
	Mehrpersonenhaushalte	20 848	2,60	
	Insgesamt	34 618	1,96	

Quelle: Siehe Text.

Regionale Aspekte

Der in den neuen Ländern wesentlich intensivere Bevölkerungsrückgang läßt erwarten, daß sich vor allem im Ost-West-Vergleich die schon vorhandene Inkongruenz zwischen Angebot und Nachfrage nach Wohnraum vergrößert, so daß die Leerstände erheblich zunehmen.

In den neuen Bundesländern ist die Geburtenrate immer noch niedriger als in den alten (1,1 versus 1,4 Lebendgeborene pro Frau), gleichzeitig besteht gegenüber den alten Ländern ein Wanderungsverlust. Der negative Wanderungssaldo hat sich in den 90er Jahren zwar verringert, aber in jüngster Zeit ist er – abwei-

Tabelle 14: Vorausberechnung der Bevölkerung nach Altersgruppen in Ein- und Mehrpersonenhaushalten von 1998 bis 2050 (in 1000)

		Altersgruppen				
		0–20	20–40	40–60	60 u.m.	Insgesamt
1998	Einpersonenhaushalte	112	4395	2881	5908	13297
	Mehrpersonenhaushalte	17336	19144	19730	12612	68822
	Insgesamt	17448	23539	22611	18520	82118
2015	Einpersonenhaushalte	99	3748	3531	6991	14369
	Mehrpersonenhaushalte	13992	14994	21693	16312	66991
	Insgesamt	14091	18742	25224	23303	81360
2030	Einpersonenhaushalte	84	3582	2978	8519	15163
	Mehrpersonenhaushalte	11877	12700	16876	20858	62311
	Insgesamt	11961	16282	19854	29377	77475
2050	Einpersonenhaushalte	68	3071	2563	8068	13770
	Mehrpersonenhaushalte	9653	10281	14751	19751	54206
	Insgesamt	9721	13352	17084	27819	67977

Quelle: Siehe Text.

chend vom bisherigen Trend – wieder angestiegen. Selbst wenn man annimmt, daß sich die Geburtenrate schon bis 2005 dem Niveau im Westen angleicht, wird sich der Bevölkerungsrückgang wegen der stärkeren Abnahme der Geburtenzahl nach 1990 (bzw. der Abnahme der späteren Elternzahl in den neuen Bundesländern) in Zukunft besonders stark beschleunigen, so daß sich auch bei einem relativ hohen Wanderungssaldo Deutschlands gegenüber dem Ausland von z. B. 170 Tsd. pro Jahr und einem konstanten Anteil der neuen Länder am Wanderungssaldo bis 2050 ein Bevölkerungsrückgang von 15,4 auf 11,1 Mio. ergibt. In den alten Bundesländern nimmt die Bevölkerung bis 2050 von 66,7 auf 56,9 Mio. ab. Der prozentuale Rückgang beträgt in den alten Bundesländern 14,7%, in den neuen ist er mit 27,9% nahezu doppelt so groß (*Tabelle 15*).

Tabelle 15: Bevölkerungsprojektionen für die alten und neuen Bundesländer bis 2100 (in Mio.)

	1998	2010	2020	2030	2040	2050	2080	2100
alte Bundesländer	66,7	67,0	65,9	64,0	60,9	56,9	45,6	40,0
neue Bundesländer	15,4	15,0	14,5	13,5	12,4	11,1	7,5	6,1
Deutschland	82,0	82,0	80,4	77,5	73,4	68,0	53,1	46,1

Quelle: Siehe Text. Abweichungen in den Summen durch Runden.

Zusätzlich zu den Vorausberechnungen für die alten und neuen Bundesländer als Gruppe wurden auch Berechnungen für jedes der 16 Bundesländer durchgeführt. Dabei handelt es sich nicht um Prognosen, sondern um explorative Studien, die Aussagen über das Intervall für die mögliche Entwicklung in Abhängigkeit von der Geburtenrate, der Lebenserwartung und den Wanderungen liefern sollen. Die Berechnungen liegen für eine große Zahl von Varianten vor.[70] Die Ergebnisse hängen besonders stark von der Wanderungsverflechtung zwischen den 16 Bundesländern ab, darüber hinaus auch vom Umfang der Einwanderungen aus dem Ausland. Setzt man – hypothetisch – sowohl die Binnen- als auch die Außenwanderungen gleich Null, so führen die in den 16 Ländern differierenden Geburtenraten bis 2050 zu einer regional unterschiedlichen Bevölkerungsabnahme um 45 bis 65% gegenüber dem Ausgangsjahr der Berechnungen (1991). In den neuen

Bundesländern ist die Schrumpfung wesentlich stärker als in den alten. Ohne einen Ausgleich des wachsenden Geburtendefizits durch Außenwanderungen würde es aber ab 2000 nicht nur in den neuen, sondern auch in den alten Bundesländern zu einer Schrumpfung kommen, die sich nach 2010 beschleunigt (*Tabelle 16*).

Ergänzend zu diesen Untersuchungen wurden auch mehrere Varianten einschließlich von Wanderungen zwischen den 16 Bundesländern und dem Ausland durchgerechnet. Das Hauptergebnis ist, daß sich die regionale Spannweite der Bevölkerungsentwicklung bei Berücksichtigung von Wanderungen erheblich erweitert. Durch die Wanderungen wird die Bevölkerung in einigen Ländern im Westen noch bis 2010–20 vorübergehend wachsen, während sie gleichzeitig in den anderen Bundesländern, vor allem im Osten, kontinuierlich abnimmt. Zu den Ländern mit mittelfristigem Bevölkerungswachstum gehören vor allem Bayern, Baden-Württemberg und Hessen, in geringerem Maße auch Rheinland-Pfalz. Länder mit heute schon überdurchschnittlich hohen Bevölkerungsverlusten sind Sachsen-Anhalt, Thüringen, Mecklenburg-Vorpommern und Sachsen, während der Rückgang in Brandenburg auf Grund der Wanderungsgewinne aus der Stadt-Umlandwanderung mit Berlin geringer ist als im Durchschnitt der neuen Bundesländer.

Sozialräumliche Differenzierungen

Der Wohnungsbedarf ist zusätzlich zur regionalen Dimension auch stark nach der Sozialstruktur der Bevölkerung differenziert. Die Kriterien der Sozialstruktur, vor allem das Ausbildungsniveau und der davon abhängige Beruf und das Einkommen, unterscheiden sich bei Deutschen und Zugewanderten (einschließlich ihrer hier geborenen Nachkommen) beträchtlich. Das gleiche gilt für die demographischen Merkmale der Sozialstruktur. So betrug der Anteil der Familien mit drei und mehr Kindern 1998 bei den Deutschen 11,0%, bei den Ausländern war er mit 22,5% doppelt so hoch. Innerhalb der Gruppe der Ausländer war der entsprechende Anteil bei den Türken am höchsten (29,8%) und bei den Ausländern aus Ländern der Europäischen Union am niedrigsten (15,8%, Ergebnisse des Mikrozensus 1998).

Tabelle 16: Bevölkerungssimulationsrechnungen für die Bundesländer von 1991 bis 2100 *ohne* Wanderungen mit länderspezifischen Geburtenzahlen pro Frau (Bundesdurchschnitt: 1,4)

(in Tausend)

	1991	2000	2010	2020	2030	2040	2050	2060	2080	2100
SH	2648	2780	2660	2482	2273	2024	1761	1530	1165	887
HH	1669	1685	1572	1426	1262	1077	888	733	509	352
NI	7476	7687	7380	6896	6344	5678	4964	4331	3322	2545
HB	684	675	629	572	508	437	365	305	218	154
NW	17510	17750	16911	15769	14403	12806	11141	9694	7387	5622
HE	5837	5964	5651	5222	4700	4090	3461	2925	2105	1513
RP	3821	3871	3686	3445	3159	2818	2461	2151	1650	1266
BW	10002	10363	10016	9461	8748	7841	6857	5998	4613	3546
BY	11596	11934	11459	10770	8908	8842	7709	6724	5142	3931
SL	1077	1084	1017	931	834	723	610	516	370	266
BE	3446	3444	3259	2995	2634	2232	1829	1490	1005	690
BB	2543	2549	2429	2224	1973	1702	1417	1157	783	575
MV	1892	1863	1799	1671	1503	1317	1118	933	663	505
SN	4679	4438	4130	3737	3287	2839	2393	1989	1409	1067
ST	2823	2728	2569	2342	2076	1805	1530	1281	929	719
TH	2572	2486	2349	2150	1908	1654	1395	1161	824	626
BRD	80275	81296	77496	72095	65518	57886	49900	42920	32095	24262

SH = Schleswig-Holstein, HH = Hansestadt Hamburg, NI = Niedersachsen, HB = Hansestadt Bremen, NW = Nordrhein-Westfalen, HE = Hessen, RP = Rheinland-Pfalz, BW = Baden-Württemberg, BY = Bayern, SL = Saarland, BE = Berlin, BB = Brandenburg, MV = Mecklenburg-Vorpommern, SN = Sachsen, ST = Sachsen-Anhalt, TH = Thüringen, BRD = Bundesrepublik Deutschland

Die für den Wohnungsbedarf wichtige Haushaltsgröße (Personenzahl pro Haushalt) beträgt bei den Deutschen 2,15, bei den Ausländern 2,74. Sie differiert in Abhängigkeit vom demographischen Verhalten zwischen den verschiedenen Nationalitäten, wobei die Personenzahl pro Haushalt bei den Türken mit 3,41 am größten ist:

Tabelle 17: Personen je Haushalt nach Nationalitäten 1998

Deutsche	2,15
Spanier	2,31
Portugiesen	2,59
Griechen	2,68
Italiener	2,71
Jugoslawen	2,72
Türken	3,41
EU-Ausländer insgesamt	*2,44*

Bei den Familien mit einem Kind betrug der Anteil ausländischer Familien 8,5%, bei jenen mit zwei Kindern 10,8% und bei den Familien mit drei bzw. vier und mehr Kindern waren es 17,1% bzw. 28,2%. Innerhalb der Gruppe von Familien, die vier und mehr Kinder hatten, war der Anteil der türkischen Familien am größten (47,1%).

Auch die Unterschiede im Hinblick auf den Wohnstatus und die verfügbare Wohnfläche sind erheblich. Bei den Deutschen lebten z.B. 54,0% in ihren Wohnungen als Eigentümer, bei den Ausländern 14,6%. Gliedert man die Haushalte nach der Wohnfläche je Wohneinheit, erhält man für Haushalte mit deutscher Bezugsperson (frühere Bezeichnung: „Haushaltsvorstand") 88,2 m², für Ausländer 71,8 m², wobei bei den Deutschen nur 41,0% in größeren Wohngebäuden mit drei und mehr Wohneinheiten lebten, bei den Ausländern 78,2%.

Die Binnendifferenzierung der Wohnquartiere nach sozialräumlichen Merkmalen wird in Zukunft an Bedeutung gewinnen, weil die Zahl der Zugewanderten und ihrer Nachkommen auf Grund der höheren Geburtenrate und der jüngeren Altersstruktur wächst, während die Zahl der Deutschen in der Definition des bis zum 31.12.1999 geltenden Staatsangehörigkeitsrechts stark zurückgeht. Für das soziale, ökonomische und demographische Verhalten ist jedoch nicht in erster Linie die formale Staatsangehörigkeit entscheidend, sondern die Zugehörigkeit zu den verschiedenen Bevölkerungsgruppen, die von Änderungen des Staatsangehörigkeitsrechts unabhängig ist.

Das demographische Verhalten und das Bildungsverhalten der Menschen ändert sich nicht mit, wenn ein neues Staatsangehörigkeitsrecht in Kraft tritt. Bevölkerungsprognosen, die in die Gruppen Deutsche/alte Bundesländer, Deutsche/neue Bundesländer, Zugewanderte (und ihre Nachkommen)/alte Bundesländer und Zugewanderte (und ihre Nachkommen)/neue Bundesländer gegliedert werden, sind unabhängig von den in Zukunft möglichen Änderungen des Staatsangehörigkeitsrechts. Wie die schon dargestellten Berechnungen zeigen, wird der Anteil der Zugewanderten und ihrer Nachkommen an der Bevölkerung insgesamt in den alten Bundesländern bei den unter 40jährigen von 1998 bis 2050 von 14,2% auf 38,8% zunehmen. In Großstädten liegt dieser Anteil stets erheblich über dem Bundesdurchschnitt. Auch für die Altersgruppe 20–25 betrug der Ausländeranteil z.B. schon Ende 1996 vielerorts mehr als 30%[71] (*Tabelle 18*):

Tabelle 18: Ausländeranteil an der Bevölkerung 1996 in der Altersgruppe 20–25

Köln	39,1%
Düsseldorf	37,1%
Duisburg	36,8%
Remscheid	35,5%

Auch der Anteil der Ausländer an den Geburten übersteigt den entsprechenden Anteil im Bundesgebiet (= 13,4%) in einigen Großstädten um ein Vielfaches[72] (*Tabelle 19*):

Tabelle 19: Ausländeranteil an den Geburten 1996

Duisburg	31,8%
Gelsenkirchen	29,2%
Herne	28,8%
Köln	26,3%
Düsseldorf	23,5%
Wuppertal	23,4%
Dortmund	23,0%

Nach den eigenen Projektionsrechnungen erhöht sich der Anteil der Geburten, der auf die Gruppe der Zugewanderten und ihrer Nachkommen entfällt, von 1998 bis 2050 in den alten Bundesländern kontinuierlich von 18,5% auf 42,7%, in den neuen Bundesländern, in denen relativ wenige Zugewanderte leben, von 3,9% auf 27,4%[73].

Bei den über 60jährigen Menschen überwiegt der Anteil der deutschen Bevölkerung noch stark, ihr Anteil fällt jedoch von 1998 bis 2050 von 96,7% auf 77,4%, wobei sich der entsprechende Anteil der Zugewanderten von 3,3% auf 27,6% erhöht. Während die Zahl der Deutschen (nach bisher geltendem Staatsangehörigkeitsrecht) in den Städten wie seit langem auch in den nächsten Jahrzehnten zurückgeht, nimmt die Zahl der Zugewanderten und ihrer Nachkommen wegen ihrer Geburtenüberschüsse und fortwährender Einwanderungen weiter zu. Nach der Bevölkerungsprognose des Landesamtes für Datenverarbeitung und Statistik des Landes Nordrhein-Westfalen von 1998, die nach kreisfreien Städten und Landkreisen differenziert ist und bis 2015 reicht, hat die „nichtdeutsche" Bevölkerung in allen kreisfreien Städten starke Geburtenüberschüsse, die deutsche Bevölkerung gleichzeitig erhebliche Geburtendefizite (*Tabelle 20*).

Tabelle 20: Geburtenüberschüsse der nichtdeutschen und Geburtendefizite der deutschen Bevölkerung in den kreisfreien Städten Nordrhein-Westfalens von 1998 bis 2015 in vH des Bevölkerungsbestandes von 1998

		Nichtdeutsche Bevölkerung	Deutsche Bevölkerung
1	Remscheid	32,1	−11,4
2	Bottrop	30,6	−10,7
3	Duisburg	27,5	−23,4
4	Gelsenkirchen	27,3	−14,2
5	Hagen	27,0	−11,5
6	Solingen	25,7	−12,0
7	Mühlheim a. d. Ruhr	25,4	−14,0
8	Oberhausen	24,7	−12,3
9	Bielefeld	24,0	− 7,6
10	Dortmund	23,6	−11,9
11	Essen	22,7	−13,3
12	Mönchengladbach	22,4	− 8,0
13	Wuppertal	22,1	−11,1
14	Hamm	21,9	− 7,1
15	Herne	21,7	−13,3
16	Köln	20,9	− 8,5
17	Leverkusen	20,7	− 9,7

		Nichtdeutsche Bevölkerung	Deutsche Bevölkerung
18	Münster	19,8	− 1,9
19	Krefeld	18,9	− 9,5
20	Düsseldorf	18,7	−11,4
21	Bochum	18,1	−12,5
22	Bonn	17,3	− 6,3
23	Aachen	15,9	− 6,2
Durchschnitt der kreisfreien Städte		22,3	− 10,4
Durchschnitt der Kreise		24,7	− 6,3
Durchschnitt Nordrhein-Westfalen		23,4	− 7,9

Quelle: H. Birg, IBS, Universität Bielefeld
Daten: Bevölkerungsprognose des Landesamtes für Datenverarbeitung und Statistik des Landes NRW von 1998

Bereits in der Bevölkerungsvorausberechnung des Landesamtes für Datenverarbeitung und Statistik des Landes Nordrhein-Westfalen von 1993 wurde für die Altersgruppe 20–40 schon bis 2010 in vielen Großstädten ein Ausländeranteil von 40% und mehr vorausberechnet:[74]

Tabelle 21: Ausländeranteil in Städten Nordrhein-Westfalens 1992 und 2010 in der Altersgruppe 20–40 (in %)

	1992	2010
Duisburg	17,4	45,9
Köln	19,3	42,9
Gelsenkirchen	14,8	42,0
Düsseldorf	17,8	41,6
Oberbergischer Kreis	15,0	41,2
Wuppertal	17,2	40,9
Heinsberg	18,7	40,8
Solingen	17,5	40,0

Quelle: Siehe Text.

Die in Tabelle 21 aufgeführten Prozentsätze fallen zwar nach dem neuen, ab 1.1.2000 geltenden Staatsangehörigkeitsrecht niedriger aus, aber der durch die Gesetzesänderung bewirkte niedrigere „Ausländeranteil" bedeutet nicht, daß auch der „Zugewandertenanteil" zurückgeht. Er wächst vielmehr stark und wird schon bald nach 2010 vielerorts die 50%-Schwelle erreichen bzw. überschreiten. Es ist nicht übertrieben, festzustellen, daß die nicht zugewanderte, inländische Bevölkerung bei den unter 40jährigen vielerorts zu einer Minderheit unter anderen Minderheiten wird.

Was dies bedeutet, ist noch nicht absehbar. Die sozialwissenschaftliche Migrations- und Integrationsforschung hat sich mit dieser Entwicklung erstaunlicherweise noch nicht auseinandergesetzt, wie auf einer diesem Thema gewidmeten Tagung festgestellt wurde: „Die Entwicklung struktureller Segregation in deutschen Städten hat bisher nicht jene Ausmaße angenommen, wie sie in französischen Vorstädten oder in amerikanischen Großstädten sichtbar sind. Es gibt aber Gründe für die Annahme, daß sich zeitversetzt die zunehmenden Desintegrationsprozesse (über Arbeitslosigkeit, Abbau sozialstaatlicher Leistung etc.) auch hierzulande sozialräumlich verdichten. Zu den besonders Betroffenen werden Minderheiten, aber auch Teile der Mehrheitsbevölkerung zählen, die dann in der Regel zwangsweise in abgesonderten Stadtvierteln zusammenleben müssen. In diesem Kontext wird in Deutschland in der wissenschaftlichen und v. a. in der (stadt)politischen Debatte ein Faktor fast völlig ausgeblendet. Es ist die demographische Entwicklung, also die Relation der autochthonen und Migrantenbevölkerung."[75]

Die Zurückhaltung diesem Thema gegenüber ist verständlich, denn niemandem ist damit gedient, wenn negative Emotionen geweckt werden und die Debatte in eine Richtung gelenkt wird, die die Probleme verschlimmert, statt sie zu entschärfen. Deutschland hebt sich von anderen europäischen Ländern in bezug auf die Integration der Zugewanderten immer noch positiv ab, dies zeigen die Fakten, auch wenn durch die Berichterstattung der Medien ein gegenteiliges Bild erzeugt wird. In der zitierten Untersuchung des Instituts für Politikwissenschaft der Universität Münster (D. Thränhardt) wird zu diesem Punkt festgestellt: „Einbürgerungen und Bürgerrechte sind in den letzten Jahren auch in Kanada und den USA wieder zu großer Bedeutung gelangt ... In den USA entstand diese Flucht in die Einbürgerung allerdings in einem Klima der Beschränkung sozialer Rechte für Ausländer bzw. der Furcht davor. Ähnliche Effekte lassen sich auch in Frankreich und Österreich beobachten. In Deutschland genießen legal ansässige

Ausländer dagegen vergleichsweise umfangreiche soziale und wirtschaftliche Rechte, so daß es weniger materielle Anreize zur Einbürgerung gibt. Dies gilt etwa – im Unterschied zu Österreich – für den Zugang zu Sozialwohnungen oder – im Vergleich zu den USA – für den Zugang zu Sozialleistungen insgesamt, ganz abgesehen vom unterschiedlichen Niveau dieser Leistungen. Insgesamt ist zu konstatieren, daß es in Deutschland und insbesondere auch in Nordrhein-Westfalen eine weitgehende soziale Angleichung vieler Zuwanderergruppen an die Gesamtbevölkerung gibt, wenn man die Ausgangslage in Betracht zieht. Dabei hat sich insbesondere die gleichberechtigte Einbeziehung der Zuwanderer in die Tarifsysteme und das Betriebsverfassungsrecht positiv ausgewirkt … Abgesehen von Defiziten in der Einbürgerungspolitik schneidet Deutschland im Vergleich mit anderen Ländern in bezug auf die Integration der Zuwanderer vergleichsweise positiv ab … Insbesondere ist die Wohnsegregation zwischen Zuwanderern und Einheimischen in Deutschland weniger ausgeprägt als in vielen anderen Ländern, von einzelnen Abriß- und Sanierungsgebieten abgesehen. Es ist typisch für diese Situation, daß Kritiker zur Beschreibung von Segregation auf einzelne Häuserblocks zurückgreifen müssen, während dafür in den USA und in Frankreich große Stadtviertel Anschauungsmaterial liefern."[76]

Diese Einschätzung betrifft den gegenwärtigen Zustand. Durch die Dynamik der demographischen Entwicklung wandelt sich das Bild jedoch permanent. Die demographische Entwicklung verstärkt die gesellschaftlichen Polaritäten. Die Kontraste und Konflikte werden an mehreren gesellschaftlichen Bruchlinien gleichzeitig zunehmen und sich gegenseitig verstärken. In den Städten mit ihren unterschiedlichen Wohnquartieren spitzen sich die Interessengegensätze zwischen Bevölkerungsgruppen mit und ohne Kinder, zwischen alten und jungen Menschen zu, vor allem zwischen deutschen und Zugewanderten, zwischen gut und schlecht Ausgebildeten, zwischen Sozialhilfeempfängern bzw. Arbeitslosen und gut Verdienenden. In den Brennpunkten der sozialräumlichen Entwicklung entfernt sich die Lebenswirklichkeit immer mehr von dem im Raumordnungsgesetz geforderten Gebot der Herstellung gleichwertiger Lebensbedingungen. Vielerorts ist es nicht einmal mehr sichergestellt, daß die Kinder deutscher Eltern in den

Schulen die Mehrheit bilden und in angemessener Weise in ihrer Muttersprache unterrichtet werden.

Die im Gange befindliche sozialräumliche Absonderung entspringt dem Bedürfnis nach kultureller Homogenität des Wohnquartiers und Wohnumfelds, einfacher ausgedrückt: nach Heimat. Was das ist, wurde auf folgende Formel gebracht: Heimat ist dort, wo man sich nicht erklären muß. Die sozialräumliche Differenzierung der Wohnstandorte hat viele Arten von unterschiedlichen Heimaten mit unterschiedlichen Populationen entstehen lassen.[77] Daraus ergab sich für die Stadtpolitik folgendes Dilemma: Die Städte leben von der Zuwanderung aus dem Ausland, haben aber keine Möglichkeit, eine Zuwanderungspolitik zu betreiben, die ihnen Zuwanderer bringt, die Probleme lösen helfen, statt zusätzliche zu schaffen.

10. Notwendige Vorüberlegungen zur Erforschung der wirtschaftlichen Auswirkungen

Die demographische Entwicklung hat für die Wirtschaft, die Gesellschaft, die Politik und Kultur so hohe Bedeutung, daß für die Darstellung der entsprechenden Auswirkungen ein ganzes Buch erforderlich wäre. Der Umfang des folgenden Kapitels würde nicht einmal ausreichen, um die vielfältigen Aspekte dieses Themas auch nur einigermaßen vollständig aufzulisten. Etwas Derartiges wird hier auch gar nicht versucht. Die folgenden Überlegungen sind vielmehr prinzipieller Art: Es wird gefragt, welche Vergleiche bei der ökonomischen Auswirkungsforschung angestellt werden sollten, welche Maßstäbe für eine Messung der demographischen Auswirkungen geeignet und wie die Ergebnisse der vergleichenden Messungen aus wirtschaftspolitischer Sicht zu bewerten sind. Da auch diese Fragen zu umfangreich sind, um in diesem Kapitel erschöpfend behandelt zu werden, soll die Betrachtung auf jene prinzipiellen Probleme konzentriert werden, denen auch in umfangreichen Büchern oft zu wenig Platz eingeräumt wird.

Was ist das wichtigste prinzipielle Problem? Auf diese Frage läßt sich eine klare Antwort geben. Um sie zu begründen, muß auf ein Ergebnis der theoretischen Demographie eingegangen werden, das sich mit den Mitteln der Schulmathematik ableiten läßt. Es läßt sich mathematisch beweisen, daß unter den unzähligen denkbaren demographischen Entwicklungsverläufen eine Variante mit besonderen Eigenschaften existiert, die für eine Beurteilung der Auswirkungen aus ökonomischer Sicht besonders wichtig ist. Bei dieser Variante ist die Summe aus den ökonomischen Belastungen der mittleren Generation durch die Unterstützung der noch nicht erwerbstätigen Kindergeneration und durch die Leistungen für die nicht mehr erwerbstätige, ältere Generation am geringsten.

Der mathematische Beweis stützt sich auf ein Drei-Generationen-Modell, das für alle Gesellschaften relevant ist, unabhängig davon, wie sie politisch und rechtlich verfaßt sind. Die Voraussetzungen des Modells sind einfach: Die mittlere Generation leistet Unterstützungszahlungen an die Generation ihrer Kinder in

Höhe von α Geldeinheiten pro Kopf der Kindergeneration sowie Unterstützungszahlungen in Höhe von β pro Kopf ihrer Elterngeneration. Umgekehrt empfängt die Generation während ihrer Jugendphase Unterstützungszahlungen von ihrer Elterngeneration und während ihrer Altersphase von ihrer Kindergeneration. Diese Drei-Generationen-Verflechtung, die sich als Drei-Generationen-Vertrag interpretieren läßt, soll für jede Generation gelten. Dann läßt sich folgendes Ergebnis ableiten: Der Quotient aus den von einer Generation geleisteten zu den von ihr empfangenen Unterstützungszahlungen, für den ich den Begriff „intergenerationaler Transferquotient" vorgeschlagen habe, ist dann am geringsten, wenn so viele Kinder geboren werden, daß die sogenannte Nettoreproduktionsrate gleich der Wurzel des Quotienten aus β und α ist.[78] Dabei läßt sich der Begriff der Nettoreproduktionsrate in Gesellschaften mit niedriger Sterblichkeit, insbesondere in Deutschland, auf einfache Weise aus der Geburtenzahl pro Frau herleiten, er ist als Zahl der weiblichen Nachkommen pro Frau definiert, entspricht also etwa der Hälfte der Geburtenzahl pro Frau:

$$\textit{Optimale Nettoreproduktionsrate} = \sqrt{\frac{\beta}{\alpha}}$$

Für den Sonderfall, daß die Unterstützungszahlen pro Kopf der älteren und der jüngeren Generation gleich sind, hat die Nettoreproduktionsrate, die den Transferquotienten minimiert, den Wert 1, d.h. die demographischen Belastungen sind in diesem Fall genau dann minimal, wenn pro Frau zwei Kinder geboren werden. Da sich auch aus Befragungen immer wieder ergibt, daß in der Bevölkerung zwei Kinder als ideal gelten, stimmt das Ergebnis der mathematischen Analyse mit den subjektiven Vorstellungen über die ideale Kinderzahl überein. Diese Übereinstimmung hat eine große politische Bedeutung, denn sie führt zu der Frage, warum der demographische Zustand der modernen Wirtschaftsdemokratien so stark vom mathematischen Optimum und von den Idealvorstellungen der Gesellschaftsmitglieder abweicht, deren große Mehrheit eine Kinderzahl von zwei für ideal hält?

Man sollte also erwarten, daß wirtschafts- und gesellschaftswissenschaftliche Analysen über die Auswirkungen der demographischen Entwicklung nicht nur die faktische demographische Veränderung in der Vergangenheit bzw. die prognostizierte, wahrscheinliche Entwicklung in der Zukunft zum Gegenstand haben, sondern auch die Frage einbeziehen, wie weit und warum die faktische bzw. die prognostizierte Entwicklung und die oben definierte „optimale" Entwicklung voneinander abweichen, um über Maßnahmen nachzusinnen, mit denen sich die absehbare Entwicklung so weit wie möglich an die optimale annähern läßt.

Daß diese Frage bisher fast vollständig aus den Auswirkungsanalysen ausgeklammert wurde, liegt an der verständlichen Scheu vor ihren weitreichenden politischen Folgen. Eine Bevölkerungspolitik, die eine Nettoreproduktionsrate von 1,0 anstrebt, wird von keiner im Deutschen Bundestag vertretenen Partei vorgeschlagen. Dies liegt zum großen Teil an der Belastung des Begriffs „Bevölkerungspolitik" durch frühere Inhalte aus der Nazizeit. Daß der Begriff „Bevölkerungspolitik" in unserer Gesellschaft statt mit rassistischen und totalitären Bedeutungen auch mit einem an demokratischen Zielen orientierten Inhalt gefüllt werden könnte, dessen Basis die Anerkennung einer gesellschaftlichen und politischen Verantwortung für die nachwachsenden Generationen sein müßte, ist noch nicht in das öffentliche Bewußtsein gedrungen. Es ist jedoch hohe Zeit, daß die allgemein begrüßten familienpolitischen Wirkungen unserer Sozialpolitik auf die Geburtenzahl ebenso wie die demographischen Wirkungen der bisher ungesteuerten Einwanderungen in eine „bevölkerungspolitische", „demographiepolitische" oder wie auch immer bezeichnete gesellschaftspolitische Rahmenkonzeption integriert werden. Die Wortwahl auf diesem sensibelsten aller politischen Gebiete ist von größter Bedeutung. Aber für das semantische Problem ließen sich sicherlich Lösungen finden, wenn danach gesucht würde.

Die Scheu vor dieser Thematik ist nicht nur in der Politik, sondern auch in der Wissenschaft verbreitet. Aber wenn die Frage nach der optimalen Entwicklung mit mehr oder weniger guten oder auch fragwürdigen Gründen aus der politischen Diskussion ausgeklammert wird, rechtfertigt das nicht, sie auch in den wissenschaftlichen Analysen zu vernachlässigen. Trotzdem wird gerade in der Wissenschaft der wachstumsdämpfende Effekt einer niedrigen Geburtenrate häufig mit dem Hinweis darauf verharmlost, daß schon eine jährliche Wachstumsrate des realen Bruttoinlandsprodukts von z.B. 1,7% ausreichen würde, um das heutige Volkseinkommen bis zum Jahr 2040 real – also nach Abzug von Preissteigerungen – zu verdoppeln. Damit soll ausgedrückt werden, daß die Leistungsfähigkeit moderner Volkswirtschaften so groß ist, daß die demographisch bedingten Wachstumseinbußen nicht ins Gewicht fallen. Die Aussage, daß sich das Volkseinkommen schon bei einer mäßigen Wachstumsrate von 1,7% pro Jahr bis 2040 verdoppelt, ist zwar mathematisch richtig, aber sie bleibt unvollständig, wenn nicht mit betrachtet wird, welches Wachstum mit einer höheren Geburtenrate verbunden wäre.

Hält man bei einer demographischen Entwicklung mit höherer Geburtenrate, wie sie z.B. in den USA mit rd. zwei Kindern pro Frau vorliegt, eine Wachstumsrate des Volkseinkommens von z.B. 2,5% für möglich und bei niedrigerer Geburtenrate nur eine mäßigere von z.B. 1,7%, so stehen die Niveaus der beiden Volkseinkommen nach 40 Jahren, also z.B. vom Jahr 2000 aus betrachtet im Jahr 2040, zueinander im Verhältnis von 270 zu 200, wobei das anfängliche Volkseinkommen gleich 100 gesetzt ist. Es ergibt sich also ein beträchtlicher Unterschied, der klar für eine positive demographische Entwicklung als Faktor des Wirtschaftswachstums spricht – oder vorsichtiger formuliert – zu sprechen scheint, denn die Rechnung läßt sich auch anders aufmachen und führt dann zu einem gänzlich anderen Resultat, was sich an Hand des gleichen Beispiels zeigen läßt.

Das eindeutig scheinende Ergebnis des Sozialproduktvergleichs erweist sich als zweifelhaft, wenn man als Vergleichsmaßstab das Pro-Kopf-Einkommen statt des Volkseinkommens wählt. Die Wachstumsrate des Pro-Kopf-Einkommens läßt sich mathematisch als Differenz aus den Wachstumsraten des Volkseinkommens und der Bevölkerungszahl berechnen. Wendet man diese Erkenntnis an, indem man in dem obigen Beispiel unterstellt, daß die Bevölkerung bei hoher Geburtenrate z.B. um 0,7% p.a. wächst und bei niedriger um 0,7% p.a. schrumpft, kehrt sich das Ergebnis um: Das Pro-Kopf-Einkommen nimmt dann im Fall der ungünstigen demographischen Entwicklung mit einer jährlichen Wachstumsrate von 2,4% zu (= 1,7 – (–0,7)) und im Fall der günstigen demographischen Entwicklung nur mit 1,8% (= 2,5–0,7). Die Bevölkerungsschrumpfung ist also für das Pro-

Kopf-Einkommen günstiger als das Bevölkerungswachstum, d.h. das Ergebnis der vorstehenden Betrachtung verkehrt sich ins Gegenteil.

Die beiden Beispiele zeigen, wie wichtig es für die Auswirkungsforschung ist, die prinzipielle Frage nach dem geeigneten Vergleichsmaßstab zu klären, bevor Empfehlungen für die Politik abgegeben werden. Diese naheliegende Einsicht wird jedoch allzu oft vernachlässigt. Dabei ist die Maximierung des Pro-Kopf-Einkommens nur aus kurzfristiger Sicht ein so plausibles Ziel, um über andere Ziele nicht weiter nachzudenken. Denn langfristig hat die Geburtenrate stets gegenläufig auf eine Erhöhung des Pro-Kopf-Einkommens reagiert: Wie in Kapitel 3 dargestellt, ist dieses demo-ökonomische Paradoxon sowohl in den Industrie- als auch in den Entwicklungsländern zu beobachten, und es wird in der Zukunft ebenso wie in der Vergangenheit wirksam bleiben, weil die kausalen Ursachen des generativen Verhaltens weiterwirken, so daß mit einer permanenten Bevölkerungsschrumpfung zu rechnen ist, wenn man die Maximierung des Pro-Kopf-Einkommens als langfristiges Ziel verfolgt – eine in sich widersprüchliche Strategie, weil ein hohes Pro-Kopf-Einkommen ohne Köpfe sinnlos wäre.

Die große praktische Bedeutung der prinzipiellen Fragen soll abschließend noch aus einem anderen Blickwinkel dargestellt werden, indem die Erkenntnisse der modernen ökonomischen Wachstumstheorie berücksichtigt werden. In den 50er und 60er Jahren des vorigen Jahrhunderts stellten die Wirtschaftswissenschaftler fest, daß nur etwa die Hälfte des jährlichen prozentualen Zuwachses des Volkseinkommens in den Industrieländern auf dem mengenmäßigen Zuwachs der Arbeitskräftezahl und des physischen Kapitals in Form von maschinellen Produktionsanlagen beruht. Die andere Hälfte der Wachstumsrate des Volkseinkommens ließ sich nicht auf den vermehrten Einsatz der Faktoren Arbeit und Kapital zurückführen, sondern schien wie das biblische „Manna" gleichsam vom Himmel zu fallen. Diese neben den Faktoren Arbeit und Kapital wichtige dritte Quelle der Wirtschaftsleistung wurde dem technischen Fortschritt zugeschrieben. Die damals entwickelte, noch wenig differenzierte Theorie des technischen Fortschritts wurde auch als „Manna-Theorie" bezeichnet, obwohl man natürlich immer wußte, daß der technische

Fortschritt nicht durch ein Wunder auf die Volkswirtschaft herabregnet, sondern reale Ursachen hat. In den später entwickelten Theorien wurde der technische Fortschritt vor allem mit dem durch Wissenschaft, Forschung und Ausbildung erzeugten, ständig steigenden Wissenskapital erklärt. Das in die Köpfe der Arbeitskräfte investierte Human- bzw. Wissenskapital und die von diesen Köpfen konstruierten, immer leistungsfähigeren physischen Produktionsanlagen und betrieblichen Organisationsstrukturen gelten seitdem als eine entscheidende, unerschöpfliche Quelle der wirtschaftlichen Leistungskraft einer Volkswirtschaft.

Wie stark wird der technische Fortschritt und die Wachstumsrate der deutschen Volkswirtschaft in den nächsten Jahrzehnten durch die demographische Entwicklung gedämpft? Schon in den 80er Jahren des vorigen Jahrhunderts erschienen Bücher mit Titeln wie „Wirtschaftliche Entwicklung bei schrumpfender Bevölkerung".[79] Viele Autoren wollten die Öffentlichkeit mit ihren Beiträgen beruhigen. Die demographische Entwicklung habe zwar einen dämpfenden, aber nicht allzu großen Effekt auf das Wirtschaftswachstum, so daß es überflüssig sei, sich um die Wachstumsaussichten Sorgen zu machen. Trägt diese Botschaft noch? Der Ton der wirtschaftswissenschaftlichen Veröffentlichungen ist inzwischen skeptischer geworden, denn die demographische Schrumpfung führt trotz der Massenarbeitslosigkeit bereits heute zu Knappheitserscheinungen auf dem Arbeitsmarkt.

In Deutschland betrug die Zahl der Personen in der für das Erwerbspersonenpotential und für das Volkseinkommen entscheidenden Altersgruppe von 20 bis 60 im Jahr 2000 rd. 45,5 Mio., sie nimmt – bei einem jährlichen Einwanderungsüberschuß von 170 Tsd. – zunächst bis 2010 nur mäßig auf 45,2 Mio. ab, doch danach beschleunigt sich die Schrumpfung infolge des Geburtenrückgangs der 70er Jahre, und zwar auf 36,2 Mio. im Jahr 2030 bzw. auf 30,4 Mio. im Jahr 2050 (*Tabelle 22*). Die darüber hinaus angegebenen Zahlen bis 2100 sind nicht als Prognosen zu verstehen, sondern als Informationen über die Konsequenzen einer annähernd konstanten Geburtenrate bei einem jährlichen Einwanderungsüberschuß von 170 Tsd. Personen (zu den Einzelheiten s. Kap. 7).

Tabelle 22: Vorausberechnung der Bevölkerung in Deutschland in den für die Erwerbspersonenzahl wichtigen Altersgruppen von 20 bis 40 bzw. 20 bis 60

	20–60jährige	davon 20–40jährige	20–60jährige	davon 20–40jährige
	– in Mio. –		*für 2000 = 100*	
2000	45,5	23,5	100	100
2010	45,2	19,3	99,3	82,1
2020	42,0	18,4	92,3	78,3
2030	36,2	16,3	79,6	69,4
2040	33,7	14,5	74,1	61,7
2050	30,4	13,4	66,9	57,0
2060	27,6	12,2	60,7	51,9
2070	25,4	11,1	55,8	47,2
2080	23,6	10,4	51,9	44,3
2090	21,9	9,8	48,1	41,7
2100	20,6	9,2	45,3	39,2

Selbst wenn man annimmt, daß die Frauen künftig zum gleichen Prozentsatz wie die Männer auf dem Arbeitsmarkt verfügbar sind, indem sich die niedrigere Frauenerwerbsquote bis 2010 weitgehend an die höhere Erwerbsquote der Männer angleicht (heute zählen von den Männern rd. 60%, von den Frauen rd. 43% zu den Erwerbspersonen), ließe sich der Rückgang der Erwerbspersonenzahl bei den Männern nur bis 2010 durch einen Anstieg bei den Frauen kompensieren. Auf dieser wenig wahrscheinlichen Annahme beruht die Rentenreform der Regierung Schröder, wobei die Folgen eines so drastischen Anstiegs der Frauenerwerbstätigkeit für die Geburtenrate bzw. die Konsequenzen der dadurch intensivierten Alterung für spätere Rentenreformen von der Regierung bisher nicht einmal am Rande zur Sprache gebracht werden.

Es ist möglich, daß der positive Bestandteil der Wachstumsrate, der aus dem technischen Fortschritt und aus dem vermehrten Einsatz von leistungsfähigeren physischen Produktionsanlagen entsteht, künftig durch den negativen Bestandteil infolge der schrumpfenden Erwerbspersonenzahl zum großen Teil kompensiert wird, so daß das Wachstum in eine Stagnation oder im Extremfall sogar in die Schrumpfung übergeht.

Diese negative Entwicklung ist insbesondere dann zu erwarten, wenn der technische Fortschritt als Motor des Wirtschaftswachstums durch die demographische Entwicklung beeinträchtigt wird. Das für diesen Fortschritt entscheidende durchschnittliche Qualifikationsniveau des Arbeitskräftebestandes wird durch zwei Faktoren verringert. Zum einen schrumpft die Zahl der jüngeren Erwerbspersonen von 20–40 als Teilgruppe der 20- bis 60 jährigen zwischen 1998 und 2050 besonders stark, nämlich von 24,5 Mio. auf 13,4 Mio., während die Gruppe der 40- bis 60 jährigen noch bis 2015 von 21,9 Mio. auf 25,2 Mio. wächst, ehe auch sie bis 2050 auf 17,1 Mio. abnimmt – eine für den technischen Fortschritt nachteilige Entwicklung, weil das durch Ausbildung geschaffene neue Wissen vor allem in den Köpfen der jüngeren, nicht der älteren, gebildet wird. Zum anderen wird das Wissenskapital auch verringert, weil sich der Anteil der Zugewanderten und ihrer Nachkommen mit weit unterdurchschnittlichen Ausbildungsstandards an den 20- bis 40 jährigen besonders stark erhöht. Wie schon ausgeführt, beträgt bei der deutschen Bevölkerung der Anteil der Personen, die eine Hochschule besuchen, in der Altersgruppe 20–25 17%, bei der zugewanderten Bevölkerung und ihren in Deutschland geborenen Nachkommen ist dieser Prozentsatz mit 3 bis 4% wesentlich niedriger, und es ist keine Tendenz zu einer merklichen Verringerung des Unterschieds feststellbar. Die Zahlen 17% bzw. 3% sind unabhängig von den am 1.1.2000 in Kraft getretenen Änderungen des Staatsangehörigkeitsrechts, sie geben den Durchschnitt der miteinander verglichenen Bevölkerungsgruppen wieder, deren Verhalten sich nicht schon dadurch ändert, daß viele einen deutschen Paß haben werden. Bei bestimmten Einwanderungsgruppen, vor allem aus Asien, ist der Prozentsatz der gut Ausgebildeten zwar höher als bei den Deutschen, aber in der weitaus überwiegenden Mehrzahl der Fälle ergibt sich ein starkes Gefälle in umgekehrter Richtung.[80] Gegen diese Überlegungen wird häufig das Argument vorgebracht, daß sich die Menge wissenschaftlicher Kenntnisse in der Informationsgesellschaft etwa alle 4 bis 5 Jahre verdoppelt, also bei Fortsetzung der heutigen Wachstumsraten der Wissenszunahme bis zum Jahr 2040 um den Faktor 256 (!) zunimmt, so daß es auf die Zahl der Arbeitskräfte kaum noch ankommt. Was nützt aber das Wissen, wenn es nicht in die Köpfe der Arbeitskräfte gelangt? In Deutschland verläßt ein Fünftel bis ein Viertel der Zugewanderten und ihrer Nachkommen das Ausbildungssystem ohne jeden Abschluß!

Wie sind die zur Kompensation der schrumpfenden Erwerbspersonenzahl vorgeschlagenen Maßnahmen des lebenslangen Lernens und der schrittweisen Erhöhung des Ruhestandsalters zu beurteilen? Bestimmte Berufe und Tätigkeiten wie die des Pfarrers, des Philosophen und des Dirigenten eines Symphonieorchesters werden häufig bis ins hohe Alter ausgeübt. Was den klassischen Typ des Philosophen betrifft, läßt sich sagen, daß die Leistungsfähigkeit bei dieser Art von geistiger Tätigkeit mit dem Alter oft zunimmt anstatt abzunehmen. Umgekehrt ist es bei Mathematikern, von denen es heißt, daß ihre spezifische Kreativität, die zur Entdeckung neuer bahnbrechender Einsichten erforderlich ist, schon vor dem dreißigsten Lebensjahr überschritten wird. Ähnliche Aussagen gibt es über Informatiker und andere Berufe, die eine maximale geistige Konzentration in bestimmten, von außen vorgegebenen Situationen verlangen. Die vom Lebensalter abhängigen Gehirnfunktionen lassen sich nicht nach den Erfordernissen z.B. des Arbeitsmarktes manipulieren. Es ist deshalb nur begrenzt möglich, die im Alter abnehmende geistige Beweglichkeit und Spontaneität durch lebenslanges Lernen auszugleichen. Dies wäre die Voraussetzung dafür, daß 70jährige Deutsche mit 30jährigen z.B. in Indien auf dem internationalen Arbeitsmarkt für Spitzenkräfte der Informationstechnologie konkurrieren können. Die Einsicht in diese Unmöglichkeit hat zur Green-Card-Debatte geführt, mit der diese Spezialisten z.B. aus Indien oder Osteuropa als Einwanderer gewonnen werden sollen. Aber der Weltmarkt für gut ausgebildete, junge Spezialisten ist eng, und die USA und andere Industrieländer konkurrieren mit Deutschland um die begehrten Arbeitskräfte.

Es ist realitätsfremd, wenn vorgerechnet wird, daß sich das Arbeitskräftepotential durch eine schrittweise Erhöhung des Ruhestandsalters bis zum Jahr 2030 konstant halten läßt. Der Konkurrenzmechanismus des Arbeitsmarktes bewertet die älteren Menschen nun einmal nach eigenen Kriterien, und wenn man dies ändern wollte, müßte man unser gesamtes Wirtschafts- und Gesellschaftssystem durch eine andere Gesellschaftsordnung ersetzen, wobei der Rest der Welt genauso umgestaltet werden müßte, weil die ökonomische Globalisierung nationale Alleingänge nicht zuläßt. Heute wird den mit den Prinzipien des konkurrenzorientierten Verhaltens erreichbaren ökonomischen Zielen weltweit eine hohe Priorität eingeräumt. Die modernen Gesellschaften, vor allem Deutschland, haben sogar das Verschwinden der Familie in Kauf genommen, um die ökonomische Effektivität des Wettbewerbs zu maximieren – ist es da zu erwarten, daß sich diese Gesellschaften ausgerechnet bei der Behandlung der älteren Menschen in Zukunft an anderen Maßstäben orientieren werden? Der abrupte Sinneswandel der Regierung Schröder vom Februar/März 2001, statt die Frühverrentung zu fördern, nun die Aktivierung arbeitsloser 50jähriger zu propagieren, ist von der zunehmenden Arbeitskräfteknappheit diktiert. Die Maßnahmen könnten schon bald auf die 55- und 60jährigen ausgedehnt werden, ohne daß dies eine Änderung der Einstellung gegenüber älteren Menschen bedeuten muß.

11. Konsequenzen für das soziale Sicherungssystem in Deutschland

Dieses Kapitel beruht auf meinem Gutachten vom 4.7.2000 für das Bundesverfassungsgericht. Darauf stützte das Gericht sein Urteil vom 3.4.2001, in dem die Pflegeversicherung wegen des „systemspezifischen Vorteils" der Kinderlosigkeit in Teilen als verfassungswidrig erklärt und eine Überprüfung auch der Rentenversicherung auf Verfassungsmäßigkeit verfügt wurde.

Rentenversicherung

In Deutschland beruht die gesetzliche Rentenversicherung zum weitaus überwiegenden Teil auf dem sogenannten Umlageverfahren: Die heutigen Beitragszahler bekommen ihre Rentenbeiträge nicht im Ruhestand als Rente wieder, sondern ihre Beitragszahlungen werden ohne zeitlichen Umweg sofort an die heutigen Rentner ausbezahlt. Wenn die heutigen Beitragszahler selbst das Rentenalter erreicht haben, sind ihre früheren Einzahlungen schon lange ausgegeben, ihre Renten müssen aus den Beitragseinnahmen der dann im Erwerbsleben stehenden Bevölkerung finanziert werden.

Eine Erhöhung des Verhältnisses der Zahl der zu versorgenden älteren Menschen zur Zahl der die Versorgungsleistungen erbringenden im mittleren Alter (= Altenquotient) um einen Faktor von z.B. 2,4 bedeutet, daß die Beitragssätze zur gesetzlichen Rentenversicherung um den gleichen Faktor angehoben – oder daß das Rentenniveau (= Verhältnis der Durchschnittsrente zum Durchschnittseinkommen) um den Faktor 1/2,4 verringert werden müßte. Für den heutigen Beitragssatz von rd. 20% liefe das auf eine Erhöhung auf mehr als das Doppelte hinaus; alternativ könnte das Rentenniveau von z.Zt. 70% auf weniger als die Hälfte gesenkt werden. Würde man die Einnahmen der Rentenversicherung zu einem immer höheren Anteil aus Steuern finanzieren, wie das heute bereits zu einem Drittel z.B. durch die Ökosteuer geschieht, ließe sich der Anstieg des Beitragssatzes begrenzen, aber nicht der Anstieg der realen Belastungen, denn es ist im Prinzip gleichgültig, ob die Abzüge von den Einkommen in Form von Beiträgen oder als Steuern einbehalten werden.

Zwischen dem Beitragssatz zur Rentenversicherung, dem Rentenniveau und dem durch Steuern finanzierten Anteil der Einnahmen der Rentenversicherung gibt es einen klaren Zusammenhang, der hier wegen seiner grundlegenden Bedeutung für die Altersversorgung erläutert werden soll. Der Zusammenhang läßt sich aus der Forderung ableiten, daß Einnahmen und Ausgaben der Rentenversicherung gleich sind. Die Ausgaben ergeben sich aus dem Produkt der Zahl der Rentner und der durchschnittlichen Rente, wobei sich die Zahl der Rentner aus der Zahl der über 60jährigen Bevölkerung ableiten läßt, indem man sie mit dem Anteil der Rentner an dieser Altersgruppe (= a_R) multipliziert.

Die Einnahmen der Rentenversicherung sind gleich der Zahl der Beitragszahler, multipliziert mit dem Durchschnittseinkommen sowie mit dem vom Durchschnittseinkommen abgeführten Beitragssatz (b). Dabei läßt sich die Zahl der Beitragszahler aus der Zahl der 20- bis 60jährigen ableiten, indem man sie mit dem Anteil der Beitragszahler an dieser Altersgruppe multipliziert (= a_B). Wenn die zu geringen beitragsfinanzierten Einnahmen, wie in Deutschland, durch Steuern aufgestockt werden, läßt sich dies berücksichtigen, indem die beitragsfinanzierten Einnahmen durch einen entsprechenden Faktor multipliziert werden. Beträgt der aus Steuern finanzierte Anteil der Einnahmen z.B. 30%, dann hat der entsprechende Faktor (St) den Wert 1,3.

Definiert man das Verhältnis der über 60jährigen Bevölkerung zur Zahl der 20- bis 60jährigen als Altenquotient (AQ) und das Verhältnis der Durchschnittsrente zum Durchschnittseinkommen als Rentenniveau (= N), so läßt sich zwischen diesen Größen unter Berücksichtigung der Forderung der Gleichheit von Einnahmen und Ausgaben die Beziehung ableiten, daß der Beitragssatz gleich dem Produkt aus dem Altenquotienten und dem Rentenniveau ist:

$$b = AQ \cdot N \cdot \frac{a_R}{a_B} \cdot \frac{1}{St}$$

Die Formel besagt: Für jedes gegebene Rentenniveau N ist der Beitragssatz b um so größer, je höher der Altenquotient AQ ist. Da sich der Altenquotient wegen der steigenden Zahl der über 60jährigen (bis 2050 plus 10 Mio.) und der abnehmenden Zahl der 20- bis 60jährigen (minus 16 Mio.) um den Faktor 2,4 erhöht, müßte der Beitragssatz von z.Zt. rd. 20% bei unverändertem Rentenniveau von z.Zt. rd. 70% um den Faktor 2,4 auf 48% angehoben werden. Wollte man umgekehrt den Beitragssatz konstant halten, müßte das Rentenniveau statt dessen um den Faktor 1/2,4, d.h. auf 29% gesenkt werden.

Diese Konsequenzen lassen sich nur abwenden, wenn das Verhältnis aus dem Rentneranteil an den über 60jährigen zum Anteil der Beitragszahler an den 20- bis 60jährigen (in der Formel a_R/a_B) verringert wird, indem man z.B. das Ruhestandsalter drastisch anhebt. Eine andere Möglichkeit ist, die Erhöhung der Zahl der Beitragszahler durch eine Steigerung der Frauenerwerbstätigkeit oder durch die Beseitigung der Arbeitslosigkeit, aber die Wirkung dieser Maßnahmen reicht auf Dauer nicht aus, weil die Zahl der Personen in der Altersgruppe 20–60 bis 2050 in der Größenordnung von 16 Mio. zurückgeht. Eine so hohe Reserve gibt es bei den Frauen und den Arbeitslosen bei weitem nicht. Schließlich ließe sich theoretisch der aus Steuern finanzierte Anteil an den Einnahmen der Rentenversicherung um den Faktor 2,4 erhöhen, was jedoch dem sogenannten Äquivalenzprinzip widerspräche, das den Zusammenhang zwischen der Höhe der Beiträge und der Rentenhöhe sicherstellen soll.

Alle diese Maßnahmen sind nur theoretisch möglich, um das Rentenniveau in der gewohnten Höhe von 70% des Durchschnittseinkommens beizubehalten. Deshalb wurde schon in den 90er Jahren des vorigen Jahrhunderts eine von den meisten Menschen nicht wahrgenommene, schrittweise Verringerung des Leistungsumfangs der gesetzlichen Rentenversicherung beschlossen, die auf eine Senkung des Rentenniveaus hinausläuft und die den in Zukunft erforderlichen Anstieg des Beitragssatzes dämpft. Zu diesen weitgehend unbekannten gesetzlichen Änderungen des Leistungsumfangs gehören Maßnahmen wie höhere Abschläge bei einem früheren Renteneintritt, Anrechnung von maximal 3 statt bisher 7 Jahren Schulausbildung, niedrigere Bewertung der ersten Berufsjahre und Abschläge bei Renten wegen verminderter Erwerbsfähigkeit. Hinzu kam in der Blüm'schen Rentenreform eine Rentenkürzung durch den sogenannten „*Demographiefaktor*", mit dem eine automatische Absenkung des Rentenniveaus in Abhängigkeit von der demographischen Alterung vorgesehen war, die von der Regierung Schröder wieder rückgängig gemacht wurde.

Die Einführung des Demographiefaktors baute damals noch auf den unrealistischen demographischen Vorausberechnungen der sog. 8. koordinierten Bevölkerungsvorausberechnung des Statistischen Bundesamtes auf, der die unrealistische Annahme zugrunde lag, daß die Lebenserwartung in Deutschland ab 1.1.2000 konstant bleibt.[81] Bei einer realistischen Annahme zur Lebenserwartung wäre der Altenquotient stärker gestiegen, so daß trotz der Einführung des Demographiefaktors drastische Steigerungen des Beitragssatzes nicht hätten verhindert werden können – eine Konsequenz, die die damalige Regierung und ihre wissenschaftlichen Berater der Öffentlichkeit vorenthalten haben. Erst in seiner 9. koordinierten Bevölkerungsvorausberechnung vom Juli 2000 hat das Statistische Bundesamt unter seinem neuen Präsidenten eine weitere Zunahme der Lebenserwartung bis 2050 um 4 bis 5 Jahre zugrunde gelegt.

Die Annahme einer konstanten Lebenserwartung ab 1.1.2000 ist bereits heute durch die Entwicklung widerlegt. Wie *Schaubild 18* zeigt, hat der Anteil der Menschen, die ein hohes Alter von 70, 80 oder 90 erreichen, seit Jahrzehnten kontinuierlich zugenommen. Die Kurven hätten ab 2000 abrupt in die Waagerechte umkippen müssen, wenn die Annahme einer konstanten Lebenserwartung richtig gewesen wäre. Sie werden sich aber nach 2000 wahrscheinlich entsprechend den eingezeichneten Kurvenästen weiterentwickeln, so daß die Lebenserwartung, wie vorausberechnet, um etwa 5 bis 6 Jahre zunimmt.[82]

Wenn behauptet wird, daß der Beitragssatz von heute rd. 20% bis 2030 auf „nur" 25% statt auf über 40% angehoben werden muß, so liegt dies zum einen an der schon beschlossenen Einschränkung des Leistungsumfangs der Rentenversicherung, die einen Vergleich des neuen Rentenniveaus mit dem bisherigen erschwert, zum anderen aber auch daran, daß ein immer größerer Teil der Einnahmen der gesetzlichen Rentenversicherung aus Steuern finanziert wird, wodurch die wahre Höhe des Beitragssatzes verschleiert wird. Die Verwendung der Ökosteuer für die Rentenfinanzierung ist ein Versuch, den eigentlich erforderlichen Anstieg des Beitragssatzes durch eine Steuerfinanzierung der Ausgaben zu dämpfen. Aber der Anstieg der demographisch bedingten, realen Belastung der Menschen läßt sich durch die Steuerfinanzierung der Beiträge nicht umgehen, denn ob die Beitragszahler ihre Rentenbeiträge wie bisher an die Rentenkasse abführen oder indirekt über einen höheren Benzinpreis an den Tankstellen entrichten, macht für die reale Belastung keinen Unterschied. Dabei werden Rentner, die Benzin verbrauchen, ein zweites Mal an der Finanzierung der Renten beteiligt.

Handlungsoption I: Erhöhung des Beitragssatzes oder Senkung des Rentenniveaus

Der durch das Umlageverfahren bedingte, grundsätzliche Zusammenhang zwischen dem Beitragssatz der Rentenversicherung, dem Altenquotienten und dem Rentenniveau, der oben in der Formel dargestellt wurde, ist in *Schaubild 35* graphisch wiedergegeben. Das Schaubild zeigt: Will man den Beitragssatz senken, muß das Rentenniveau verringert werden, wobei die Wahlmöglichkeiten auf einer Geraden angeordnet sind, deren Steigung vom Altenquotient bestimmt wird. Heute ist die demographische Alterung noch relativ gering, im Jahr 1996 z.B. galt die unterste Gerade. Aber ihre Steigung erhöht sich in Zukunft im selben Maße, wie der Altenquotient zunimmt.

Der Altenquotient steigt allein schon wegen der wachsenden Zahl der über 60jährigen und der schrumpfenden Zahl der 20- bis 60jährigen, also auch dann, wenn die Lebenserwartung konstant bleiben würde. In Deutschland hat sich die Lebenserwartung eines Neugeborenen im 20. Jahrhundert jedoch bei den Männern von 42 auf 74,0 und bei den Frauen von 46 auf 80,3 Jahre erhöht (= 75%), sie wächst immer noch um 6 bis 8 Wochen pro Jahr. Auch wenn sich die Zunahme in der Zukunft abflacht, ist bis 2050, wie dargelegt, ein weiterer Anstieg um etwa 5 bis 6 Jahre ziemlich wahrscheinlich. Würde sie im 21. Jahrhundert im selben Ausmaß zunehmen wie im vorangegangenen, betrüge die Lebenserwartung der Männer 130 und die der Frauen 140 Jahre. Amerikanische Demographen nehmen an, daß die Lebenserwartung der heute 30jährigen oder jüngeren Männer und Frauen auf 95 bis 100 ansteigt: „The twenty-first century may well bring us cures for cancer, stroke and Alzheimer's, genetic engineering, and perhaps a deep understanding of the aging process. Then our babies may live not 100 years, but 120 years, 150 years, or perhaps *indefinitely* (Hervorhebung, H.B.). Perhaps every decade that you live will

Schaubild 35: Zusammenhang zwischen dem Beitragssatz der Rentenversicherung, dem Rentenniveau und der Zunahme des Altenquotienten

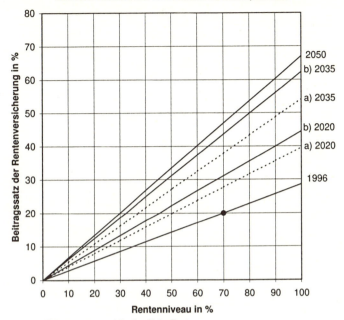

Erläuterungen und Quelle: Siehe Text.

produce a decade of new biology, letting you live another decade. This is possible – improbable, but possible."[83] Diese Position wird vom Verfasser nicht geteilt, doch in dem zitierten Gutachten für die Rentenreform 2000 wurde in der mittleren Variante der Berechnungen ein Zuwachs der Lebenserwartung eines Neugeborenen bei den Männern von 74,0 auf immerhin 80,9 und bei den Frauen von 80,8 auf 86,9 vorausberechnet. Dadurch wird die Steigung der Geraden in *Schaubild 35* steiler, mit der Folge, daß der für eine Beibehaltung des jetzigen Rentenniveaus erforderliche Beitragssatz (Lage der Geraden in Position b) höher ist als bei einer Konstanz der Lebenserwartung (Position a).

Der wissenschaftliche Beirat beim Bundesminister für Wirtschaft hat in seinem Gutachten sogar unter der unrealistischen Bedingung einer Konstanz der Lebenserwartung eine Erhöhung des Beitragssatzes von z. Zt. 20% auf rd. 40% errechnet, falls das heutige Rentenniveau von 70% beibehalten werden soll.[84] Wenn die Lebenserwartung zunimmt, ist eine entsprechend stärkere Erhöhung erforderlich, und zwar auf rd. 46%. Alternativ dazu könnte der Beitragssatz konstant gehalten und dafür das Rentenniveau auf rd. 30% gesenkt werden (*Schaubild 35*). Dabei ist die versteckte Beitragssatzerhöhung, die durch die Steuerfinanzierung der Beiträge nicht in Erscheinung tritt, explizit ausgewiesen.

Handlungsoption II: Erhöhung des Ruhestandsalters

Will man weder das Rentenniveau senken noch den Beitragssatz steigern, ist eine drastische Anhebung des Ruhestandsalters unumgänglich. Berechnet man den Altenquotienten für ein nach oben schrittweise erhöhtes Ruhestandsalter von alternativ 61, 62, 63, ..., 73, so erhält man die in *Schaubild 21* (S. 118) dargestellten Kurven. An Hand dieser Berechnungen läßt sich die Frage beantworten, wann das Ruhestandsalter um wie viele Jahre erhöht werden müßte, damit der variabel definierte Altenquotient konstant bleibt (*Tabelle 23*).

Tabelle 23: Die für die Konstanz des Altenquotienten erforderliche Erhöhung des Ruhestandsalters

Erhöhung des Ruhestandsalters von ... auf ...	*Die Erhöhung ist erforderlich im Jahr ...*
60 → 61	2000
61 → 62	2002
62 → 63	2006
63 → 64	2014
64 → 65	2018
65 → 66	2022
66 → 67	2026
67 → 68	2029
68 → 69	2031
69 → 70	2036
70 → 71	2039
71 → 72	2042
72 → 73	2074

Das Ruhestandsalter beträgt heute bei den Männern formal 65, real 60. Es müßte bis zum Jahr 2018 kontinuierlich auf 65, bis zum Jahr 2036 auf 70 und schließlich bis zum Jahr 2074 auf 73 angehoben werden, andernfalls ist ein Anstieg des für den Beitragssatz entscheidenden Altenquotienten unvermeidlich. Eine so starke Erhöhung wäre nicht nur unpopulär, sie ist auch unrealistisch, denn zum einen wäre nur eine Minderheit der älteren Bevölkerung gesundheitlich dazu in der Lage, bis zum Alter 65 oder gar 73 einer Erwerbstätigkeit nachzugehen – die Lebenserwartung der Männer liegt heute bei 74, künftig wahrscheinlich bei 80 –, zum anderen wird auch von der Wirtschaft vorwiegend nach jüngeren Arbeitskräften gefragt. In vielen Berufen, nicht nur bei Piloten und Informatikern, gelten Arbeitskräfte schon im Alter 50 als zu alt. Je dynamischer sich die Volkswirtschaften im Zuge der Globalisierung entwickeln, desto stärker sinkt die sogenannte Halbwertzeit des durch eine Berufsausbildung erworbenen Wissens, und desto weniger schlägt das mit dem Alter wachsende Kapital an Erfahrung zu Buche.

Handlungsoption III: Einwanderung und Erhöhung der Geburtenrate

Wollte man den Anstieg des Altenquotienten statt durch eine Erhöhung des Ruhestandsalters allein durch Einwanderungen Jüngerer verhindern, so wäre nach den Berechnungen der UN in Deutschland bis zum Jahr 2050 eine Netto-Einwanderung von insgesamt 188 Mio. Menschen nötig.[85] Die Zahl ist deshalb so hoch, weil die Zugewanderten den Altenquotienten lediglich vorübergehend verringern und nach dem Erreichen des Ruhestandsalters selbst zu seiner Zunahme beitragen, so daß der Verjüngungseffekt nur gering ist, zumal auch die Geburtenrate der Zugewanderten (1,9 Lebendgeborene pro Frau) bei weitem nicht ausreicht, um das Durchschnittsalter der Bevölkerung merklich zu senken. Trotz der zu niedrigen Geburtenrate würde aber die zugewanderte Bevölkerung in Deutschland auch ohne weitere Zuwanderungen wegen ihrer jungen Altersstruktur noch von 7,4 Mio. (1998) auf 10,0 Mio. (2050) wachsen, danach aber bis 2100 wieder auf 6,8 Mio. abnehmen.[86] Der damit verbundene Verjüngungseffekt ist gering.

Eine systematische Untersuchung des Effekts zeigt, daß der Altenquotient bei einem Einwanderungssaldo von Null auf über 90, bei jährlich 200 000 auf rd. 82 und bei jährlich 400 000 auf rd. 78 zunähme. Wenn sich gleichzeitig die Lebenserwartung erhöht, sind die Zuwächse noch wesentlich größer (*Schaubilder 36* und *37*). Mit Einwanderungen jüngerer Menschen kann die demographische Alterung also nicht aufgehalten, sondern nur relativ geringfügig gemildert werden.

Ein ähnlich ernüchterndes Ergebnis erhält man aus folgendem Gedankenexperiment: Wollte man den Anstieg des Altenquotienten allein durch eine Erhöhung der Geburtenrate verhindern, wäre eine Erhöhung der Zahl der Lebendgeborenen pro Frau von z.Zt. rd. 1,4 auf 3,8 erforderlich.[87] Dieses Ziel ist utopisch, denn selbst in den Entwicklungsländern, in denen die Geburtenrate weltweit am höchsten ist, entfallen im Durchschnitt pro Frau nur noch 3,1 Lebendgeborene.

Unter den in Kapitel 7 dargestellten realistischen Annahmen über die künftige Entwicklung der Geburtenrate, der Einwanderungen Jüngerer und der Zunahme der Lebenserwartung ist bis 2050 mit einem Anstieg des Altenquotienten um den Faktor 2,4 auf über 90 zu rechnen. Parallel dazu nimmt der Jugendquotient (= unter 20jährige auf 100 Menschen im Alter von 20 bis unter 60) von 38,0 auf 31,9 Prozent ab, was einer Verringerung um den Faktor 0,84 entspricht (*Tabelle 24*). Die Zunahme des Altenquotienten ist also bei weitem höher als die Abnahme des Jugendquotienten. Deshalb ist nicht zu erwarten, daß der demographisch bedingte Anstieg der Belastungen der mittleren Altersgruppe für die Unterstützung der Älteren durch eine entsprechende Entlastung bei der Unterstützung der Kinder und Jugendlichen merklich kompensiert wird.

Diese Erwartung ist noch aus einem anderen Grund unrealistisch. Obwohl die Ledigen und die Ehepaare ohne Kinder über ein Vielfaches an Einkommen gegenüber den Familien mit Kindern verfügen (*Tabelle 25*), hat der zunehmende Anteil der Kinderlosen zu einer Verringerung statt zu einer Erhöhung der volkswirtschaftlichen Sparquote geführt. Die durch den Geburtenrückgang verringerten Ausgaben für Kinder wurden nicht für Ersparnisse, sondern für den Konsum verwendet. Das Deutsche Institut für Altersvorsorge hat diesen Effekt bei der Berechnung der gesamtwirtschaftlichen Sparquote berücksichtigt und festgestellt, daß die Sparquote seit Mitte der 70er Jahre parallel zum Geburtenrückgang stark abnahm: „Nach Abzug (der für Kinder eingesparten Kosten, Einschub H.B.) ergibt sich für das Jahr 1998

Schaubild 36: Zunahme des Altenquotlenten in Deutschland in Abhängigkeit von der Höhe des Einwanderungsüberschusses (für eine konstante Lebenserwartung von 75 (Männer) bzw. 81 Jahren (Frauen))

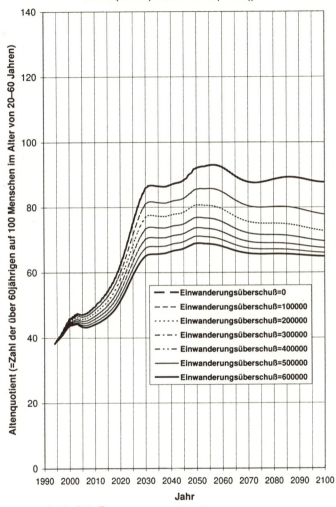

Quelle: Siehe Text.

Schaubild 37: Zunahme des Altenquotienten in Deutschland in Abhängigkeit von der Höhe des Einwanderungsüberschusses (für eine zunehmende Lebenserwartung auf 84 (Männer) bzw. 90 Jahre (Frauen))

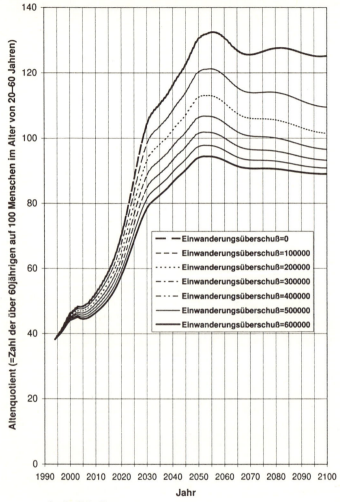

Quelle: Siehe Text.

180

Tabelle 24: Vorausberechnung des Jugend- und Altenquotienten
von 1998 bis 2100

	Jugendquotient[1]	Altenquotient[2]	Gesamtquotient[3]
1998	38,0	38,6	76,6
2000	38,1	42,8	80,9
2010	33,2	48,3	81,5
2020	31,3	59,9	91,2
2030	33,1	81,3	114,4
2040	32,1	85,9	118,0
2050	31,9	91,4	123,3
2060	32,7	92,6	125,3
2070	33,1	93,0	126,1
2080	33,2	92,2	125,4
2090	34,0	90,9	124,9
2100	34,5	88,7	123,2

1 Unter 20 jährige auf 100 Menschen im Alter von 20 bis unter 60
2 Über 60 jährige auf 100 Menschen im Alter von 20 bis 60
3 Summe aus Jugend- und Altenquotient
Quelle und Erläuterung: Siehe Text.

eine ... Gesamtsparquote von nur noch 6%, während die reine Finanzsparquote einen Wert von 10% angibt ... Dieser Rückgang der gesamten Sparquote blieb über fast 30 Jahre hinweg ohne Konsequenzen, weil die positiven Rahmenbedingungen der Umlagerente den direkten Zusammenhang zwischen Kindern und individueller Altersvorsorge vernebelten und eine ständige Verschiebung der intergenerationalen Lastenverteilung erlaubten. Dies wird für eine breite Öffentlichkeit erst jetzt mit einer erheblichen zeitlichen Verzögerung spürbar."[88] – Dem ist nichts hinzuzufügen. Man darf gespannt sein, wie lange es noch dauert, bis die Politik eingesteht, daß die von ihr genährten Illusionen haltlos sind und zugibt, daß sie der Bevölkerung etwas vorgemacht hat, indem sie dem Irrtum Vorschub leistete, daß eine Gesellschaft auch ohne Kinder auskommen könnte. Für Menschen gibt es jedoch keinen Ersatz.

Hieraus ergibt sich folgendes *Fazit*:

I. Die demographische Alterung ist bis zur Jahrhundertmitte infolge des eingetretenen Geburtenrückgangs im vorangegangenen Jahrhundert, der in den nächsten Jahrzehnten unausweichlich weitere Geburtenrückgänge nach sich ziehen wird,

Tabelle 25: Frei verfügbares Einkommen von Haushalten mit und ohne Kinder

Einkommen/ Abzüge in DM	Ledig ohne Kinder	Ehepaar ohne Kinder	Ehepaar 1 Kind	Ehepaar 2 Kinder	Ehepaar 3 Kinder
Brutto	60 000	60 000	60 000	60 000	60 000
Lohnsteuer	12 255	5 840	5 840	5 840	5 840
Solidaritätszuschlag[1]	674	321	49	–	–
Kirchensteuer	1 103	525	352	184	25
Soz.-Vers. AN[2]	12 580	12 580	12 580	12 580	12 580
Kindergeld3	–	–	3 000	6 000	9 600
Netto	33 388	40 734	44 179	47 396	51 155
„Offizielles Existenzminimum"[3] Erwachsene à 13 067 DM	13 067	26 135	26 135	26 135	26 135
Kinder à 6 912 DM	–	–	6 912	13 824	20 736
Gesamt	13 067	26 135	33 047	39 959	46 871
„Frei verfügbares Einkommen"	20 321 f. 1 Person	14 599 f. 2	11 132 f. 3	7 437 f. 4	4 284 f. 5

1) Werte nach Einkommensteuertabelle '99. 2) Arbeitnehmeranteil Rentenversicherung 9,75%, Arbeitslosenversicherung 3,25%, Pflegeversicherung 0,85%, Krankenversicherung 6,75%. 3) Werte lt. Einkommensteuergesetz Stand April 1999.

Quelle: Jürgen Borchert, Arme Kinderreiche – Nur eine Reform des Steuer- und Beitragssystems kann die Familienarmut beseitigen. In: Frankfurter Allgemeine Zeitung, Nr. 243, 19. Oktober 1999, S. 9.

weder mit Familienpolitik noch durch die Einwanderung Jüngerer aus dem Ausland zu verhindern. Die demographische Alterung der Gesellschaft kann bis 2050 durch demographische Maßnahmen nur noch gemildert, aber nicht mehr aufgehalten werden. Dennoch sollte sofort mit einer Reform der Familienpolitik begonnen werden, damit ihre Früchte ab der zweiten Hälfte des Jahrhunderts geerntet werden können, denn ihr Erfolg wird erst dann zu spüren sein, nachdem die zusätzlich geborenen Kinder ihrerseits mehr Kinder zur Welt gebracht haben.

II. Die deutsche Rentenversicherung wurde am Ende des 19. Jahrhunderts für eine damals junge Altersstruktur konzipiert. Der Rückgang der Geburtenrate im 20. Jahrhundert wird das Verhältnis der älteren Bevölkerung zur Zahl der Erwerbsbevölkerung im 21. Jahrhundert etwa um den Faktor 2,4 erhöhen. Wollte man das bisherige Umlageverfahren ohne Beitragserhöhungen und ohne eine Kürzung des heutigen Rentenniveaus (70%) beibehalten, indem man das Ruhestandsalter erhöht, müßte es von 60 auf 73 Jahre angehoben werden. Auch die Einwanderung Jüngerer in einer integrierbaren Größenordnung reicht als Ersatzmaßnahme nicht aus, zumal die Eingewanderten meist keine ausreichenden Schulabschlüsse haben und häufig erwerbslos sind.

III. Die Konsequenz ist, daß die auf dem Umlageverfahren beruhende gesetzliche Rentenversicherung reformiert und an die sich ändernde Altersstruktur angepaßt werden muß. Um sowohl eine übermäßige Erhöhung des Beitragssatzes als auch eine untragbare Verringerung des Rentenniveaus zu vermeiden, sollte eine zusätzliche, auf Eigenvorsorge durch private Ersparnis beruhende Altervorsorge eingeführt werden, die von der demographischen Alterung wesentlich unabhängiger ist als das Umlageverfahren der gesetzlichen Rentenversicherung. Die umlagefinanzierte Rentenversicherung kann jedoch durch eine private Zusatzversicherung nicht ersetzt, sondern nur ergänzt werden. Ein vollständiger Ersatz würde bedeuten, daß an die Stelle der demographisch verbürgten Sicherheit im Alter durch die Erziehung von Kindern eine nur auf den Kapitalmarkt vertrauende Vorsorge träte, die naturgemäß um so weniger Sicherheit bietet, je ertragreicher und damit riskanter die Kapitalanlagen sind, die zunehmend im Ausland investiert werden müßten.

IV. Die notwendigen Reformen können nicht verhindern, daß sich die soziale Ungleichheit zwischen den Generationen, zwischen den Familien mit Kindern und den Kinderlosen sowie zwischen gut ausgebildeten deutschen und der zugewanderten Bevölkerung und ihren Nachkommen, deren schulische und berufliche Qualifikation wesentlich geringer ist, stark erhöht. Das Verteilungsproblem wird zur entscheidenden sozialpolitischen Herausforderung im 21. Jahrhundert.

V. Der soziale Rechtsstaat wird in Zukunft durch eine zunehmende Kluft zwischen Verfassungsrecht und Verfassungswirklichkeit geprägt sein. Seit Jahrzehnten wird der Generationenvertrag des Sozialstaats nur durch die Eltern eingehalten. Dieser Tatbestand wird von Verfassungsrichtern als ein „rechtsstaatlicher Skandal" bezeichnet (Paul Kirchhof). Von den Propagandisten des „Verfassungspatriotismus" wurde er bisher mit Schweigen quittiert.

Auswirkungen auf die gesetzliche Krankenversicherung

Die demographisch bedingten Einnahmeausfälle und Ausgabensteigerungen der gesetzlichen Rentenversicherung lassen sich – wenigstens hypothetisch – durch eine Anhebung des Ruhestandsalters begrenzen, bei der Kranken- und Pflegeversicherung ist nicht einmal dieser rein theoretische Ausweg vorhanden, weil die mit steigendem Alter zunehmenden Pro-Kopf-Ausgaben für die Gesundheit unausweichlich sind, selbst wenn das Ruhestandsalter problemlos erhöht werden könnte.

Die Pro-Kopf-Ausgaben für die Gesundheit sind im höheren Alter etwa um den Faktor 8 größer als im Alter von 20.[89] Dies liegt zum einen daran, daß ältere Menschen häufiger erkranken als jüngere, zum anderen aber steigen die Kosten auch deshalb, weil das Verhältnis der Zahl der Todesfälle zur Bevölkerungszahl mit steigendem Alter stark wächst, wobei die Kosten mit der Nähe des Todes sprunghaft steigen: Von 1000 20- bis 25jährigen Männern starb 1997 nur eine Person, von 1000 80- bis 85jährigen Männern waren es 111, und von 1000 90jährigen und Älteren 256.[90]

Hinzu kommt, daß sich die Pro-Kopf-Gesundheitsausgaben durch den medizinisch-technischen Fortschritt in der Vergangenheit ständig erhöht haben. Das Verhältnis der Pro-Kopf-Ausgaben zwischen Jung und Alt betrug 1992 noch 1:8, es könnte sich bei einer Fortsetzung des Trends bis 2040 auf über 1:20 erhöhen, wie die Enquête-Kommission „Demographischer Wandel" des Deutschen Bundestages unter Bezugnahme auf Untersuchungen des Prognos-Instituts feststellte.[91]

Die demographische Alterung erhöht die Ausgaben und senkt die Einnahmen der gesetzlichen Krankenversicherung, wobei nicht die absolute Höhe, sondern die Relation aus Ausgaben und Einnahmen wichtig ist. Von der Veränderung dieser Relation hängt es ab, wie stark der Beitragssatz künftig erhöht werden muß. Für die Höhe der künftigen Ausgaben sind die Preissteigerungen bei Gesundheitsleistungen von Bedeutung, für die Einnahmen aus Beiträgen die künftigen Pro-Kopf-Einkommen. Nehmen die Preise und die Pro-Kopf-Einkommen um den gleichen oder um annähernd gleiche Prozentsätze zu, dann bleibt die Relation aus Ausgaben und Einnahmen von diesen monetären Größen unberührt: Man kann sie im Zähler (Ausgaben) und im Nenner (Einnahmen) wegkürzen. Unter dieser Bedingung läßt sich der rein demographisch bedingte Effekt auf die Ausgaben-Einnahmen-Relation einfach berechnen.

Der Einnahmenzuwachs wird wegen der demographisch bedingt abnehmenden Zahl der Personen im erwerbsfähigen Alter, von der die Zahl der Beitragszahler abhängt, bis 2040 um rd. 30% gedämpft. Gleichzeitig nehmen die Ausgaben auf Grund von zwei Faktoren zu: Zum einen erhöht sich die Zahl der älteren Personen, zum anderen steigen die Ausgaben auf Grund der mit dem Alter zunehmenden Pro-Kopf-Ausgaben für die Gesundheit.

Die Berechnungen des Verfassers und die verschiedener anderer Institute zeigen, daß die jährlichen Ausgaben der gesetzlichen Krankenversicherung allein durch den Anstieg des Durchschnittsalters bis 2040 um 22% zunehmen. Der Prozentsatz erscheint vergleichsweise niedrig, da aber gleichzeitig die Einnahmenseite durch den Rückgang der Beitragszahler unter Druck gerät, öffnet sich eine Schere zwischen den Ausgaben und Einnahmen, so daß eine Erhöhung des Beitragssatzes der gesetzlichen Krankenversicherung von rd. 13% auf etwa 21% erforderlich ist – es sei denn, daß das Versorgungsniveau entsprechend verringert oder daß die Versorgungslücke wie bei den Renten durch eine private Zusatzversicherung geschlossen wird.

Dieses Ergebnis beruht auf der Annahme, daß der medizinisch-technische Fortschritt in der Zukunft keinerlei kostensteigernde Wirkung entfaltet bzw. daß sich das Altersprofil der Pro-Kopf-Gesundheitsausgaben künftig nicht weiter nach oben verschiebt. Würde sich die Relation der Pro-Kopf-Gesundheitsausgaben von 1:8 auf z.B. 1:20 erhöhen, müßte der Beitragssatz statt auf 21% auf 24% angehoben werden. Die relativ geringe Differenz von nur drei Prozentpunkten trotz der drastischen Verschiebung des Altersprofils zeigt, daß die erforderliche Beitragssatzerhöhung stärker von den schrumpfenden Einnahmen bestimmt wird als von den steigenden Ausgaben; deren Dynamik wird dadurch begrenzt, daß die Zahl der über 60jährigen nur bis 2030/35 wächst, danach aber wieder abnimmt.[92] Zu ähnlichen Ergebnissen kommen auch neuere Untersuchungen, die im Auftrag der privaten Krankenversicherungen über die gesetzliche Krankenversicherung durchgeführt wurden.[93] Dabei ist wichtig, daß die private Krankenversicherung im Gegensatz zur gesetzlichen von der demographischen Alterung in wesentlich geringerem Umfang betroffen ist, weil sie aus den eingezahlten Beiträgen einen beträchtlichen Kapitalstock aufgebaut hat, der sich durch die Verzinsung laufend erhöht und in Zukunft für die Gesundheitsausgaben der privat Versicherten zur Verfügung steht.

Auswirkungen auf die Pflegeversicherung

Die demographische Alterung hat ähnlich wie in der gesetzlichen Krankenversicherung auch in der gesetzlichen Pflegeversicherung einnahmensenkende und ausgabenerhöhende Auswirkungen. Auch hier steigen die Pro-Kopf-Ausgaben für Pflegeleistungen mit zunehmendem Alter steil an: So waren z.B. 1996 in der Altersklasse der 35–39jährigen 4 von 1000 Versicherten Empfänger von Leistungen der gesetzlichen Pflegeversicherung, in der Altersgruppe der 65–69jährigen waren es 24 und bei den über 80jährigen 280. Demographische Simulationsrechnungen verschiedener Institute ergaben, daß der Beitragssatz zur gesetzlichen Pflegeversicherung von 1,7% bis 2040 auf rd. 3 bis 6% erhöht werden müßte.[94] Wahrscheinlich ist selbst ein Prozentsatz von 6% nicht ausreichend, wie die folgenden Berechnungen zeigen.

Der dafür gebildete Begriff des „*demographischen Altenpflegequotienten*" ist als die Zahl der Menschen in der für die Zahl der Pflegebedürftigen wichtigen Altersgruppe der Hochbetagten definiert, die auf je 100 Menschen in der um 20 bis 40 Jahre jüngeren Altersgruppe entfallen, von denen die meisten Pflegeleistungen erbracht werden. Ein weiterer, geringerer Anteil der Pflegeleistungen wird von den Ehegatten getragen, die zur gleichen Altersgruppe gehören. Dabei wird die Zahl der Hochbetagten alternativ als Gruppe der 80jährigen und Älteren bzw. als Gruppe der 81jährigen und Älteren usf. bis zu den 90jährigen und Älteren definiert, die der um 20 bis 40 Jahre jüngeren potenziellen Pflegepersonen entsprechend alternativ als 40- bis 60jährige, 41- bis 61jährige usf.

Die Berechnungen auf der Grundlage der in Kapitel 7 dargestellten mittleren Variante der Bevölkerungsvorausberechnungen führen zu folgenden Ergebnissen:

1. Die Gruppe der 80jährigen und älteren Menschen, zu der die weitaus meisten Pflegebedürftigen gehören, verdreifacht sich von 1998 bis 2050 infolge der nachrückenden geburtenstarken Jahrgänge der 60er Jahre von 3,0 Mio. auf 9,9 Mio.
2. Die Zahl der 80jährigen und älteren Männer ist heute infolge der kriegsbedingten Todesfälle wesentlich niedriger als die der Frauen (0,8 Mio. Männer versus 2,2 Mio. Frauen). Die Zahl der 80jährigen und älteren Männer normalisiert sich in der Zukunft, sie wächst bis 2050 auf 3,9 Mio., die der Frauen auf 6,0 Mio.
3. Der demographische Altenpflegequotient (= Zahl der über 80jährigen auf 100 Menschen im Alter von 40 bis 60) erhöht sich von 1998 bis 2050 von 12,6 auf 55,0, d.h. er vervierfacht sich. Auf jede zweite Person in der Altersgruppe von 40 bis unter 60 entfällt dann eine Person in der für die Zahl der Pflegefälle wichtigen Altersgruppe der 80jährigen und Älteren. Der Zuwachs ist bei den Männern wesentlich stärker als bei den Frauen.
4. Der Altenpflegequotient in der Definition „über 90jährige auf 100 Personen in der Altersgruppe von 50 bis unter 70" betrug

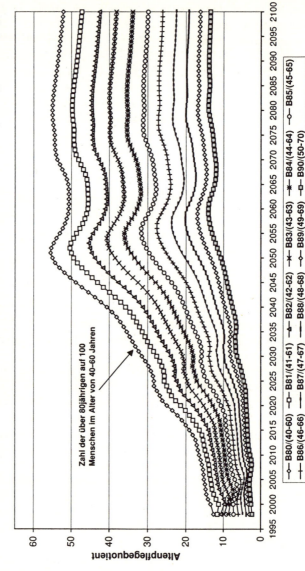

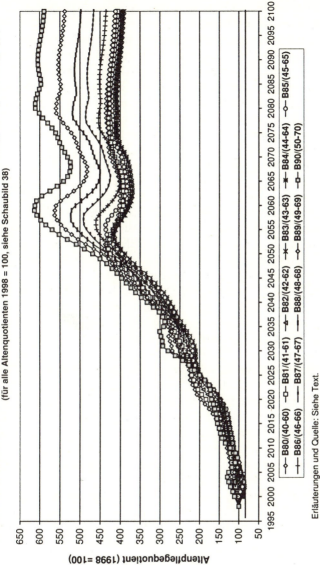

1998 2,3; er erhöht sich bis 2050 auf 10,8 und bis 2059 um das Sechsfache auf 14,1.

5. In den vergangenen Jahrzehnten hat sich die fernere Lebenserwartung der Menschen in einem hohen Alter von 70, 80, 90 und mehr wesentlich stärker erhöht als die fernere Lebenserwartung der jüngeren Menschen, bei denen die Sterblichkeit bereits früher stark gesunken war. Der Trend wird sich im 21. Jahrhundert fortsetzen. Dadurch wird die für Pflegeleistungen wichtige Zahl der 100jährigen und Älteren, die 1998 schätzungsweise 11 Tsd. betrug, bis 2050 auf 70 Tsd. bzw. bis 2067 auf ein Maximum von 115 Tsd. zunehmen (*Schaubild 40*).[95]

Die Veränderung des Altenpflegequotienten mißt den rein demographisch bedingten Anstieg der Belastungen im Pflegebereich, der sich aus den Veränderungen der Altersstruktur ergibt. Weitere, ebenfalls demographisch bedingte Belastungen entstehen daraus, daß der Anteil der Personen, die lebenslang kinderlos bleiben, dramatisch gestiegen ist: Von den jüngeren Frauengenerationen bleibt jede dritte Frau zeitlebens kinderlos (*Schaubild 8*, S. 75). Die Tendenz zur lebenslangen Kinderlosigkeit hält nach wie vor an. Der weitaus überwiegende Teil der Pflegeleistungen wird von den Familienmitgliedern der Pflegebedürftigen und von deren Kindern erbracht. Die Zahl der Pflegebedürftigen, die kinderlos bleiben und außerfamiliale Pflegeleistungen in Anspruch nehmen müssen, wird sich daher besonders stark erhöhen. Dies führt zu dem Problem, daß das Prinzip der Beitragsgerechtigkeit verletzt wird, wenn die Zahl der Nachkommen und deren Pflegeleistungen bei der Tarifgestaltung nicht beachtet wird. In der Rentenversicherung wird diesem Gesichtspunkt wenigstens teilweise durch die Berücksichtigung der Erziehungszeiten in der Rentenversicherung der Mütter Rechnung getragen.

Das Verfassungsgericht hat in seinem Urteil vom 3.4.2001 festgestellt, daß die Pflegeversicherung (und darüber hinaus auch die umlagefinanzierte Rentenversicherung) voraussetzt, daß erstens Beiträge eingezahlt und zweitens künftige Beitragszahler betreut und erzogen werden (= „generativer Beitrag"). Kinderlose leisten nur den finanziellen Beitrag, nicht den generativen, kommen aber in den Genuß der vollen Leistungen. Darin sieht das Gericht einen „systemspezifischen Vorteil" der Kinderlosen. Es hat dabei

Schaubild 40: Geschätzte Entwicklung der Zahl der hundertjährigen und älteren Bevölkerung in Deutschland von 1997 bis 2100

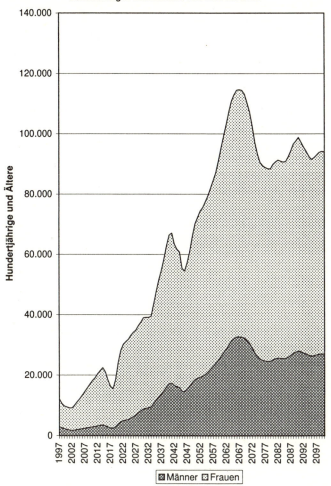

Quelle: Siehe Text.

nicht von der Erziehung eigener, d.h. leiblicher Kinder, gesprochen. Die Kritik, daß es Menschen gibt, die aus gesundheitlichen Gründen keine Kinder haben, trifft nicht zu, weil es auf die Betreuungs- und Erziehungsleistung ankommt, die auch nicht leiblichen Kindern zuteil werden kann, z.B. auf dem Wege der Adoption.

Schlußbetrachtung

Die nach 1960 geborenen Frauenjahrgänge in Deutschland bleiben zu einem Drittel zeitlebens kinderlos, bei ihren Eltern lag dieser Anteil erst bei rd. 10 Prozent. Der hohe und weiter wachsende Anteil der Kinderlosigkeit ist der entscheidende Grund für den niedrigen, langjährigen Durchschnitt von 1,2 bis 1,4 Lebendgeborenen je Frau im letzten Viertel des vorigen Jahrhunderts. Bei den zwei Dritteln der Frauen unter den jüngeren Jahrgängen, die nicht kinderlos bleiben, entfallen im Durchschnitt 2,1 Kinder auf jede Frau – eine unter mehreren Gesichtspunkten ideale Zahl.

In entwickelten Gesellschaften mit niedriger Sterblichkeit wird das für die Finanzierung des sozialen Sicherungssystems günstigste Verhältnis der Zahl der über 60jährigen zur Zahl der 20- bis unter 60jährigen genau dann erreicht, wenn die Geburtenrate im Durchschnitt, d.h. unter Einschluß auch der kinderlos bleibenden Frauen, rd. 2,1 Lebendgeborene pro Frau beträgt. Dieses stringent beweisbare, ermutigende Ergebnis der Bevölkerungsmathematik bedeutet, daß das entscheidende Ziel einer an demographischen Strukturen orientierten Politik darin bestehen sollte, die lebenslange Kinderlosigkeit zu verringern. Wenn das Drittel der kinderlosen Frauen pro Kopf im Durchschnitt ebenso viele Kinder hätte wie die zwei Drittel mit Kindern, wäre die Altersstruktur langfristig optimal, die demographisch bedingten Belastungen für die sozialen Sicherungssysteme würden ein Minimum erreichen, und permanente Einwanderungen wären nicht erforderlich.

Es genügt allerdings nicht, daß wieder ein größerer Anteil der Menschen Kinder hat und erzieht, sondern diese Erziehung muß eine demographisch nachhaltige Wirkung haben, so daß die Kinder ihrerseits Kinder zur Welt bringen usf. Das war in der tausendjährigen Geschichte Deutschlands und Europas eine Selbstverständlichkeit, warum sonst hätten z.B. die Menschen im Jahr 1245 mit dem Bau des Kölner Doms beginnen sollen, der erst im

19. Jahrhundert vollendet wurde, wenn sie nicht über ihre eigene Generation hinaus gedacht und gehandelt hätten?

Es gibt einen Punkt, an dem alle Kulturen der Welt trotz der Relativität aller Werte miteinander verglichen werden können, das ist die Fähigkeit, über das eigene Leben hinaus zu denken, zu planen und entsprechende Entscheidungen zu treffen. Die Menschen in Deutschland und Europa haben diese Aufgabe schon seit Jahrzehnten nicht mehr zufriedenstellend erfüllt. Als Konsequenz wird das demographische Defizit im 21. Jahrhundert unaufhaltsam zunehmen.

Alles scheint von der Kultur abzuhängen, aber mit der Kultur hat es eine eigene Bewandtnis. Wenn einer Kultur die Fähigkeit fehlt, in ihren Kindern weiterzuleben, woraus sollen dann die Mahnungen und Appelle für eine Änderung der kulturellen Werte ihre Kraft schöpfen? Bloße Appelle können nicht aus der Sackgasse der demographischen Schrumpfung und Alterung herausführen. Eine Änderung der Wertebasis zu fordern, scheint deshalb einen Widerspruch zu bergen. Aber es kann keine andere Quelle geben, aus der sich eine Kultur erneuert, als die Kraft dieser Kultur selbst.

12. Demographie und Politik

Fünfzig Jahre nach der nationalsozialistischen Barbarei ist es in Deutschland immer noch ein Wagnis, sich öffentlich über die demographische Zukunft dieses Landes Gedanken zu machen, weil jede diesbezügliche Äußerung Gefahr läuft, politisch instrumentalisiert und mißbraucht zu werden. Das gilt besonders dann, wenn nicht die Folgen der bedenklichen Bevölkerungsentwicklung thematisiert, sondern ihre Ursachen berührt werden – die niedrige Geburtenrate und die ungesteuerten Einwanderungen.

Es trifft zu, daß einige Bevölkerungswissenschaftler, dem damaligen Zeitgeist folgend, lange vor der nationalsozialistischen Machtergreifung die Vereinnahmung ihrer Disziplin für die Rassenideologie geduldet oder den Rassismus in der Nazizeit mit ihrer Arbeit unterstützt haben. Aber berechtigt dies zu dem üblichen Ressentiment gegenüber der an Universitäten gelehrten Demographie als Wissenschaft nach dem Zweiten Weltkrieg? Mit dieser Frage möchte ich mich hier nicht auseinandersetzen, zumal die Bevölkerungswissenschaft an den Universitäten in Deutschland ein viel zu randständiges Fach ist, als daß ihr in der Gesellschaft eine größere Bedeutung zuwachsen konnte: Es gibt in Deutschland Hunderte von Lehrstühlen für Soziologie und Volkswirtschaftslehre, aber – im Gegensatz zu anderen Ländern – nur vier für Demographie. Statt dessen möchte ich hier die Frage aufwerfen, warum die Wirkung des Rassismusvorwurfs eigentlich so nachhaltig ist, wo doch jeder denkende Mensch weiß oder wissen könnte, daß diese Ideologie ebenso haltlos ist wie die Behauptung, die Erde sei eine Scheibe oder die Sonne drehe sich um die Erde. Wäre der Rassismus nicht ein Wahn mit lebensgefährlichen Konsequenzen, würden seine Anhänger nur Mitleid und keine Aufmerksamkeit verdienen.

Die Gefährlichkeit dieser Form menschlicher Verwahrlosung liegt darin, daß es neben dem Rassismus als Theorie und als politische Ideologie noch eine andere Art von tiefer liegendem, zu allen Zeiten und in allen Gesellschaften praktiziertem Rassismus gibt, den man mit einem Begriff aus der Kriegswissenschaft als strategischen Rassismus bezeichnen könnte, wobei die Betonung auf dem Begriff Strategie und nicht auf dem der Rasse liegt. Diese Form kommt in vielen Spielarten vor, auch bei Menschen, die den üblichen Rassismus am schärfsten verurteilen. Der strategische Rassismus hat im Gegensatz zum bekannten, offenen nichts mit höher- oder minderwertigen Eigenschaften bestimmter Menschengruppen zu tun, es geht dabei überhaupt nicht um irgendwelche tatsächlichen oder vermeintlichen Unterschiede zwischen Menschen, vielmehr besteht das strategische Ziel darin, ein absolut sicheres Mittel zur Herrschaft über andere zu erlangen. Als ein solches Mittel eignet sich aus der Sicht der strategischen Rassisten die Zurückführung eines Menschen auf seine Herkunft – sei es seine biologische Abstammung oder seinen kulturellen Ursprung.

Einen Menschen wegen seiner Herkunft zu kritisieren, ihn abzulehnen und zu verurteilen, bedeutet, ihn absolut wehrlos und vollkommen verletzlich und beherrschbar zu machen, denn im Hinblick auf seine Herkunft ist jeder Mensch hilflos, weil niemand seinen Ursprung wählen kann. Für den strategischen Rassismus ist die Kategorie der Abstammung als solche gar nicht von Interesse. Sie dient ihm als Instrument, um den anderen durch die Zuschreibung von nicht änderbaren Eigenschaften in die Situation einer vollkommenen Ausweglosigkeit und Wehrlosigkeit zu bringen, die eine sichere Überlegenheit und Herrschaft garantiert.

Wenn die Suche nach dem Ursprung, der Herkunft, der Entstehung – sei es einer Sache, eines Gedankens oder einer Person – mit einer alles andere verdrängenden Besessenheit betrieben wird, sollte man immer wachsam sein: Dann ist Ungerechtigkeit eine beinahe unvermeidliche Folge. Eines der Beispiele hierfür ist der Umgang mit den Verbrechen der Nazi-Zeit nach dem Zweiten Weltkrieg. Die Verbrechen der Nationalsozialisten, deren Ursachen und Folgen man nicht gründlich genug nachgehen kann, sind etwas Ungeheuerliches. Es geht jedoch nicht an, daß das Andenken der Opfer gemindert wird, indem die an diesen Verbrechen unbeteiligten Menschen, die zur Tatzeit im Kindesalter oder noch nicht geboren waren – das sind vier Fünftel der heute in Deutschland lebenden Menschen –, durch die strategisch eingesetzte Kategorie ihrer Abstammung und ihrer kulturellen Herkunft in eine Position absoluter Wehrlosigkeit gebracht werden, die bei den Betroffenen das Gefühl eines unverschuldeten, unerträglichen Ausgeliefertseins heraufbeschwören muß. Dieses Gefühl macht unfrei und schwächt den Impuls für die Übernahme von Verantwortung für das Gewesene; dabei wäre es gerade im Hinblick auf die Verbrechen der Nazizeit so wichtig, daß sich das Gefühl, Verantwortung übernehmen zu müssen, spontan und in Freiheit bildet.

Warum habe ich dieses Thema hier angeschnitten? Nicht deshalb, um auf die Widersprüche dieser Debatte einzugehen, in der meines Wissens noch niemand bemerkt hat, daß, wenn den Verbrechen des Holocaust das Merkmal der Einmaligkeit zukommt, das gleiche für das Verhalten der Nachgeborenen zutrifft, die bereit sind, Verantwortung dafür zu tragen, obwohl sie keinerlei Schuld an diesen Verbrechen trifft. Nein, der Grund, warum ich dieses Problem hier berühre, ist einfach der, daß es zum Thema dieses Buches gehört, und zwar im Kontext der Einwanderungsproblematik.

Die Zuschreibung der biologischen Abstammung und der angeblich überwiegend negativen Merkmale der deutschen Herkunftskultur gegenüber den Mitgliedern der heutigen Mehrheitsgesellschaft in Deutschland spaltet das Land in zwei Populationen – in die der Eingewanderten und ihrer Nachkommen, die diese Zuschreibung nicht betrifft, und in die der nicht Eingewanderten. Sie könnte die Integration der Zuwanderer aus anderen Kulturen vereiteln, indem sie ein unüberwindbares Hindernis gegen die Entwicklung einer gemeinsamen Wertebasis und Solidarität aufrichtet, die die Voraussetzung für das Entstehen eines Gesellschaftsvertrages zwischen den Zugewanderten und nicht Zugewanderten wäre. Die Zugewanderten und nicht Zugewanderten leben im Einwanderungsland Deutschland seit Jahrzehnten zusammen, ohne viel Notiz voneinander zu nehmen. Die gedankliche Konzeption, einen Gesellschaftsvertrag zu schaffen, wäre eine kulturelle Tat ersten Ranges, die vor allem von den Eliten des aufnehmenden Landes erbracht werden müßte. Diese Tat ist mit *multi*kulturellen Bemühungen schon deshalb nicht zu vollbringen, weil die Kulturen der verschiedenen Einwanderergruppen in der Regel miteinander weniger Gemeinsamkeiten haben als die deutsche Kultur mit ihnen.

Wenn der Begriff Gesellschaftsvertrag überhaupt für die Beschreibung der Bedingungen und Kräfte taugt, die eine Gesellschaft zusammenhalten, dann für die Einwanderungsgesellschaften, zu denen sich Deutschland und andere Länder in Europa zu entwickeln beginnen. Bei diesem Vertrag kommt den Deutschen die Aufgabe zu, den gemeinsamen Nenner zu finden und den Gesellschaftsvertrag im Geiste der dem Grundgesetz zugrunde liegenden Wertegemeinschaft, also unter dem verfassungsrechtlichen Notariat unserer Demokratie, in einer Weise zu formulieren, die sich beim Wort nehmen läßt, damit jeder weiß, worum es geht, wenn von der Einwanderungsgesellschaft als künftiger Form des gesellschaftlichen Zusammenlebens und nicht nur als faktischer Zustand die Rede ist. Die europäischen Einwanderungsgesellschaften brauchen Orientierungsmaßstäbe, die sie erst entwickeln müssen, weil sie nicht als Ergebnis eines geschichtlichen Prozesses schon vorliegen und nur darauf warten, aktiviert zu werden. Dabei kann das Grundgesetz deshalb nicht als die Quelle dieser Wertegemeinschaft dienen, da es, wie die Verfassung jedes Landes, das geschichtliche Ergebnis und nicht die Ursache der Wertegemeinschaft eines Landes ist. Wäre es umgekehrt, dann müßte es völlig unerklärlich bleiben, wie dieses gute Gesetz unmittelbar nach dem Ende der Nazibarbarei – gleichsam aus dem kulturellen Nichts – geschaffen werden konnte, und zwar von Menschen, von denen eine solche kulturelle Großtat gar nicht hätte erwartet werden können, wenn die deutsche Kultur tatsächlich in ihrem Kern immer schon aus einer immanenten Tendenz zum Verbrechen des Holocaust bestanden hätte, wie das z.B. von Daniel Goldhagen behauptet wird.

Die in Deutschland geborenen Kinder der Einwanderer und ihre Eltern müssen sich der Entscheidung stellen, ob sie sich innerlich mit diesem Land, mit seiner Geschichte und seiner Kultur in einem gewissen, auch nach außen zu bekennenden Maß, einzulassen bereit sind oder ob sie sich lediglich mit den wirtschaftlichen, gesellschaftlichen und rechtlichen Lebensbedingungen unseres Rechtsstaats arrangieren wollen. Je weiter sich das aufnehmende Land selbst von seiner Kultur distanziert, um damit den Zugewanderten bei dem für die innere Integration erforderlichen Entschluß vermeintlich entgegenzukommen, desto unattraktiver macht sich unsere Kultur und desto schwerer wird es für die Zugewanderten, den inneren Schritt zur Integration zu leisten. Für jede Einwanderungsgesellschaft ist das offene Bekenntnis zur Kultur des aufnehmenden Landes wichtig, weil nur die offensive Verteidigung seiner kulturellen Werte bei den Zugewanderten genügend Vertrauen wachsen läßt, um die für alle Bevölkerungsgruppen wichtige Existenzfähigkeit der aufnehmenden Gesellschaft mit konkreten kulturellen und materiellen Leistungen und Opfern zu sichern.

Es läßt sich mit keinem wissenschaftlichen Mittel der Welt auch nur im entferntesten auf ernstzunehmende Weise prognostizieren, ob Menschen mit unterschiedlicher kultureller Herkunft gemeinsame Überzeugungen und die Fähigkeit zu kulturellen Leistungen entwickeln werden, die ihnen so viele Gemeinsamkeiten verleihen, daß man im geschichtlichen Sinn von der Entstehung einer Wertegemeinschaft sprechen kann. Auf der anderen Seite können die Faktoren ziemlich genau benannt werden, die die Wahrscheinlichkeit für das Mißlingen eines solchen Projekts erhöhen. Die Aufgabe kann jedenfalls kaum gelingen, wenn die Gesellschaft auf Grund ihrer Uninformiertheit über demographische Tatbestände gar nicht weiß und nicht einmal ahnt, daß sie eine Aufgabe dieser Art und Größe vor sich hat. Deshalb müßte die Beseitigung dieser geschichtsträchtigen Ahnungslosigkeit ein hohes Ziel der Politik sein, vorausgesetzt, daß unsere heutige Art von Politik, die sich weitgehend in parteipolitischem Opportunismus erschöpft, Ziele von geschichtlichem Rang überhaupt noch für erstrebenswert hält.

In den 90er Jahren des vorigen Jahrhunderts hat der Deutsche Bundestag durch die Einberufung einer Enquête-Kommission zur Untersuchung des demographischen Wandels in der Öffentlichkeit den Eindruck erweckt, als ob Parlament und Regierung die Aufgabe für wichtig hielten, den Bürgern Informationen über die demographischen Perspektiven ihres Landes zugänglich zu machen, ja sogar darauf aufbauende politische Entscheidungen vorzubereiten. Der Eindruck trog, die Kommissionsarbeit verlief im Sande. Trotz vieler Proteste kam nicht einmal ein Abschlußbericht über die Ergebnisse der Kommissionsarbeit zustande. Die Zwischenberichte bestehen lediglich aus Kopien von Gutachten oder aus Zusammenstellungen der Ergebnisse von Forschungsberichten in Kurzform, aber der Versuch, aus den Erkenntnissen politische Schlußfolgerungen abzuleiten und eine gedankliche Konzeption für das politische Handeln zu entwickeln, wurde gar nicht erst unternommen.[96]

Dieses Versagen hat wahrscheinlich, wie in Deutschland leider üblich, mit mangelnder Zivilcourage zu tun. Auch die Furcht vor den unkalkulierbaren Wirkungen der Aufklärung hat dabei sicher eine Rolle gespielt. In diesem Fall schienen die Risiken der Aufklärung besonders groß, denn die Bevölkerung hätte an die Politik die Frage richten können, warum sie erst mit einer Verspätung von einem Vierteljahrhundert über die wichtigen demographischen Grundtatbestände und Perspektiven informiert wurde, zumal auch der schon 1980 und 1983 unternommene Versuch einer Bestandsaufnahme der demographischen Entwicklung und ihrer Folgen durch das Bundesinnenministerium bei der Bevölkerung nicht angekommen war.[97] Die Verzögerung der Aufklärung hat fatale Folgen, denn wenn sich ein demographischer Prozeß wie die niedrige Geburtenrate erst einmal ein Vierteljahrhundert lang in die falsche Richtung entwickelt hat, dauert es ein Dreivierteljahrhundert, um ihn wieder umzulenken: Selbst wenn es die Bürger in den nächsten zwei bis drei Jahrzehnten durch Verhaltensänderungen zuwege brächten, daß sich die Geburtenrate mit Hilfe der Politik – nicht „durch" die Politik – auf zwei Lebendgeborene pro Frau erhöht, würde sich die Bevölkerungsschrumpfung und die demographische Alterung (ohne Ausgleich durch Einwanderungen) bis 2080 fortsetzen; erst danach würde das Geburtendefizit wieder verschwinden.

Das zu wissen, hätte entmutigend wirken können, aber kann dies ein Grund sein, die Aufklärung zu unterlassen? Jedes weitere Jahr der Verzögerung verschärft das Problem und treibt die gesellschaftlichen Folgekosten, die sich durch Ignorieren auch mit Zweidrittelmehrheiten im Parlament nicht aus der Welt schaffen lassen, in die Höhe. Warum hat die Enquête-Kommission „Demographischer Wandel" unter der Regierung Schröder nicht den Auftrag erfüllt, den die vorangegangene Kommission unerledigt liegen ließ, obwohl sie auf den Erkenntnissen der mit Steuermitteln finanzierten Forschungsprojekte hätte aufbauen können?

Die Furcht vor den möglichen Folgen der Aufklärung in Form von rechtsradikalen Umtrieben und Verbrechen ist verständlich, aber Angst ist in diesem Fall ein besonders schlechter Ratgeber. Die Reaktionen der Unbelehrbaren, die sogar die Verbrechen der Judenvernichtung leugnen, sind wie alle kopflosen Handlungen naturgemäß unberechenbar. Aber diese Gruppe ist glücklicherweise eine kleine Minderheit. Bei der großen Mehrheit der Belehrbaren und lediglich Uninformierten hätte die Aufklärung eine wichtige Wirkung: Sie würde die Voraussetzungen dafür schaffen, daß durch das Verstehen der sich vollziehenden demographischen Entwicklung und ihrer gesellschaftlichen Folgen die Einsicht wächst, daß nicht irgendwelche verschwörerischen Mächte und auch nicht die schlechte, vielgescholtene Politik die primäre Ursache für das stark wachsende Geburtendefizit sind, sondern die millionenfachen persönlichen Entscheidungen der in diesem Land lebenden Menschen.

Einsicht und Verstehen haben niemals negative Folgen, sie üben auf den latenten Zorn und den schwelenden Unmut in der Bevölkerung eine heilsame Wirkung aus, indem sie die nur dumpf erahnten Zusammenhänge erhellen und den mit Ängsten operierenden rechtsextremen Ideologien den Boden entziehen. So wie das Umweltbewußtsein nicht von selbst entstand, sondern seit den 70er Jahren des vorigen Jahrhunderts mit viel Aufklärungsarbeit geschaffen wurde, so sollte sich die Politik die Schaffung eines „Bevölkerungsbewußtseins" zum Ziel setzen. Das demographische Wissen sollte im Schulunterricht und außerhalb der Schulen auf breiter Basis vermittelt werden, und je gründlicher dies geschähe, desto sicherer wäre diese Gesellschaft vor gefährlichen, kopflosen Reaktionen an der Wahlurne und vor der Gewalt auf der Straße, die mit polizeilichen Maßnahmen allein nicht einzudämmen ist.

Wahrscheinlich beruht das Bemühen der meisten Politiker um Distanz zu demographischen Themen nicht nur auf der Angst vor der politischen Anfälligkeit anderer, sondern auch auf einer instinktiven Ahnung der eigenen Anfälligkeit, die den vernünftigen Umgang mit diesen Themen zu riskant erscheinen läßt. Die Folge der geistigen Abstinenz und der unerledigten Reflexionsarbeit ist, daß wir keinen Begriff davon haben, was mit unserer Gesellschaft durch die demographische Dynamik eigentlich geschieht, in welche Richtung sich unser Land entwickelt und wie wir die Veränderungen verstehen und bewerten sollen. So ist es unvermeidlich, daß wir die Veränderungen auch anderen nicht erklären und verständlich machen können, insbesondere jenen nicht, die auf die kathartische Wirkung der Einsichtskraft besonders angewiesen wären, weil sie in ihrer Hilflosigkeit nur allzu leicht verführbar sind und Zuflucht zu abstrusen politischen Vorstellungen suchen.

Die Sozial- und Gesellschaftswissenschaften wiegen sich in der Illusion, man könne auch ohne diese gedankliche Arbeit zurechtkommen. Dies zu sagen, scheint gewagt, aber es läßt sich leider leicht belegen. Ich will mich mit einem einzigen Beispiel begnügen und stellvertretend für Hunderte von Veröffentlichungen nur den Überblicksaufsatz zum Thema „Wohlfahrtsstaat" nennen, der 1999 in der Frankfurter Allgemeinen Zeitung erschien, und zwar mit dem deutlichen Anspruch der beiden Verfasser, die dieses Fachgebiet an unseren Universitäten vertreten, die für das Thema wesentlichen Aspekte für einen breiten Leserkreis im Zusammenhang darzustellen.[98] Obwohl der Wohlfahrtsstaat durch die demographische Entwicklung so radikal in Frage gestellt wird wie durch keinen anderen Faktor, findet sich in diesem Aufsatz kein einziges Wort über die Gefährdung der sozialen Sicherungssysteme und die demographisch erzwungenen Reformen des Wohlfahrtsstaats. Das Beispiel ist repräsentativ für den Zustand der gegenwärtigen Gesellschaftstheorie. Das Thema der Bevölkerungsentwicklung kommt in der modernen Soziologie nur am Rande vor. Aber so wie zu jeder Gesellschaft eine Bevölkerung gehört, so zu jeder Gesellschaftstheorie eine Bevölkerungstheorie. Mit einer Gesellschaftstheorie, die ohne bevölkerungstheoretische Aussagen auszukommen glaubt, stimmt etwas nicht. Was Niklas Luhmann, der bekannteste und wichtigste Gesellschaftstheoretiker in Deutschland, zu diesem Thema sagt, unterscheidet sich nicht von den Allerweltsvorstellungen seiner Zeitgenossen über die Gefahren der Bevölkerungsexplosion in der Dritten Welt. Über das Thema dieses Buches findet sich bei Luhmann weder in Nebensätzen noch zwischen den Zeilen, geschweige denn in Hauptsätzen, die leiseste Spur einer Reflexion.

Der beklagenswerte Zustand der Gesellschaftstheorie unserer Tage kommt nicht von ungefähr. Er rührt daher, daß sich die soziale Wirklichkeit – im Gegensatz zu den Daten in den Naturwissenschaften – als Gegenstand und als Korrektiv haltloser Theorien ungestraft ignorieren und verharmlosen läßt. Das wirksamste Verharmlosungsmittel ist die Methode, die soziale Wirklichkeit als ein bloßes „Konstrukt" zu definieren, was dazu führt, daß sie schließlich auch so behandelt wird. Denn als ein bloßes Konstrukt wird die soziale Wirklichkeit vom intellektuellen Potential des Betrachters bzw. des Konstrukteurs auf eine nahezu unkontrollierbare Art abhängig gemacht und auf diese Weise zur Disposition der Diskursteilnehmer gestellt, die sie dann, wie es nur konsequent ist, in ihren Theorieentwürfen der Beliebigkeit anheimgeben, und als etwas primär theoretisch Interessantes, beinahe wie eine Belanglosigkeit behandeln.

Dabei stehen hinter dem Konstruktivismus keine neuen erkenntnistheoretischen Einsichten, denn auf dem Gebiet der Erkenntnistheorie hat der Konstruktivismus dem im 18. Jahrhundert von I. Kant in der „Kritik der reinen Vernunft" erreichten Stand des Wissens nichts hinzugefügt. Er ist eine für das 20. Jahrhundert typische Attitüde, die auf der Überbewertung des Politischen beruht, dessen Bedeutung als Medium aller Wirklichkeitserfahrung vom Konstruktivismus verabsolutiert wird. Wenn für denkende Menschen, für das philosophische Bewußtsein als allgemeinstem Ausdruck des Denkens, die politische Bedingtheit aller Erfahrung tatsächlich so „konstitutiv" ist, wie dies in der heute dominierenden Schulrichtung der Sozialwissenschaft behauptet wird, dann kann es gerade mit der politischen Relevanz dieses Bewußtseins nicht weit her sein, weil nichts zu wissen oder Nicht-Wissen-Wollen – gleich aus welchen Gründen – immer bedeutet, daß potentiell mögliche, aber ausgeschlagene intellektuelle Erfahrungen auch nicht politisch wirksam werden können und zu einem notwendigerweise „falschen" politischen Bewußtsein führen, dessen „Konstruktionen" der sozialen Wirklichkeit dann ebenso falsch sein müssen.

So lange diese Konstruktionen nur auf dem Reißbrett der Theorie existieren, mag das für die Welt außerhalb der Seminarräume als belanglos erscheinen. Aber die Gedanken finden ihren Weg aus den Seminarräumen und gelangen in die Seelen der Menschen, wo sie deren Ideen nähren und sich in Handlungen niederschlagen, ohne daß es möglich wäre, die Wege im einzelnen zu verfolgen, auf denen dies geschieht. Der Anspruch der Theoretiker auf politische Relevanz macht mit diesen Ideen Ernst, und es ist immer die Vorstellung – die Theorie – die sich mit Hilfe der Politik eine Welt nach ihrem Bilde schafft.

<u>Es gibt keine Wahrnehmung und Beobachtung ohne ein theoretisches Vorverständnis, aber auch kein Verstehen ohne Wissen und ohne Wahrnehmung.</u> Aus dieser Kette von Gliedern kann nur das Element Wissen willkürlich herausgelöst, manipuliert

oder auch partiell negiert werden. Dagegen gründen sich die Wahrnehmung und das Verstehen auf Vorgänge, die sich unserer Kontrolle stärker entziehen und daher niemals vollkommen zur Disposition stehen. Wissen ist politisch besonders dann gefährlich, solange es ungleich verteilt ist, und harmlos, solange es sich vollständig ignorieren läßt, allerdings nur so lange. So gesehen ist es verständlich, daß bisher alle im Bundestag vertretenen Parteien die Strategie des Ignorierens verfolgten. Man verhielt sich nach dem Prinzip: Die Partei, die den Wählern zuerst die Wahrheit über die demographische Realität sagt, hat die nächste Wahl verloren. Diese Strategie ist schlüssig, denn die Wähler könnten auf Grund ihrer Uninformiertheit auf ein Übermaß von für sie neuen Informationen gar nicht anders als mit Unverständnis reagieren, und für eine breite Aufklärung ist mehr Zeit erforderlich als bis zur nächsten Wahl zur Verfügung steht. Für jede Partei, die politische Macht anstrebt oder sie ausübt und nicht verlieren will, ist es daher rational, bei der Aufklärung über demographische Probleme nicht den ersten Schritt zu wagen, sondern sich abwartend zu verhalten.

Bei der politischen Selbsterziehung einer Bevölkerung zu einer gesitteten, gesellschaftsfähigen Gemeinschaft führt jedoch nur ein Weg zum Ziel. Es ist der gleiche Weg, der auch im Kleinen, bei der gegenseitigen Erziehung der Menschen, z.B. in der Familie, Erfolg hat: Offenheit und Ehrlichkeit verbunden mit Liebe und vorbildlichem eigenem Verhalten. Kein Land, das diese Erfahrung mißachtet, wird dies ungestraft tun, Haß und Gewalt werden die Folge sein, ohne daß staatliche Gewalt als Gegenmittel gegen Verbrechen dauerhaft etwas ausrichten kann. Wenn die Fehlentwicklung lange genug währt, wird es schwer, zum Weg der Liebe und des Vorbildes zurückzufinden, bis schließlich in Vergessenheit gerät, daß es diesen Weg überhaupt gibt. Dann bestimmen andere Gesetze das Geschehen, der Staat antwortet auf die Gewalt der durch Uninformiertheit infantilen, unmündig gebliebenen Gesellschaft schließlich nur noch mit Gegengewalt.

Die Infantilisierung ist weit fortgeschritten, heute muß niemand mehr lernen, erwachsen zu werden, jeder kann z.B. seine eigene Ausbildung und Erziehung ernst nehmen oder sie als eine überflüssige Last abschütteln, jeder kann heiraten, Kinder haben und sich wieder scheiden lassen, ohne für die Folgen seines Verhaltens wirklich selbst einstehen zu müssen, denn die Gesellschaft übernimmt lebenslang eine schützende Vaterrolle, auch wenn die eigenen Eltern nicht mehr leben und es ihren Schutz nicht mehr gibt. Wird die Ehe geschieden, kümmern sich Gerichte und öffentliche Einrichtungen um die Existenz der Kinder, und die Ehegatten werden, wenn sie es wünschen, vor und nach der Scheidung von professionellen Helfern betreut. Es ist fast schon für alle Eventualitäten vorgesorgt, warum sollte also ausgerechnet die demographische Entwicklung ernsthafte Sorgen bereiten?

In einer Demokratie wie der unseren sind die sozialpolitischen Vorsorgemaßnahmen das Ergebnis des ständigen Bemühens der Parteien um die Stimmen der Wähler, nicht unbedingt um ihre echte Gunst, und dieser Unterschied hat Folgen. Um die Macht zu erlangen und zu behalten, glauben die Parteien, es den Wählern durch soziale Wohltaten sogar ersparen zu müssen, die Mühen des Erwachsenwerdens auf sich zu nehmen. Die Wirkung der Wahlgeschenke ist progressiv – die Wohlfahrt nimmt zu – und sie ist regressiv zugleich, denn die Umworbenen werden dazu verführt, nicht mehr selbst für sich zu sorgen, bis sie es schließlich nicht mehr können und „infantil" werden – ein Ausdruck, der immer häufiger zur Charakterisierung unserer Gesellschaft gebraucht wird und sich z. B. auch in der von Niklas Luhmann formulierten Logik des Wohlfahrtsstaates findet.[99] Wenn die Sozialpolitik schließlich nur noch als Instrument der Parteien im Konkurrenzkampf um politische Macht fungiert, wird ein kritischer Punkt erreicht. Die Gesellschaft hilft jedem, aber niemand fühlt sich mehr verpflichtet, ihr zu helfen, weil das bei erwachsenen Menschen selbstverständliche Wissen verlorengegangen ist, daß eine Leistung in der Regel eine Gegenleistung voraussetzt.

Die Entwicklung hat etwas Zwanghaftes, sie scheint sich wie von selbst aus der Art unserer Demokratie zu ergeben, die entgegen der Theorie und im Gegensatz zu den offiziellen Äußerungen vieler Politiker und Staatsrechtler keine Gewaltenteilung kennt, weil die Regierung durch die im Parlament vertretene Regierungspartei, die die Mehrheit und damit die Macht hat, eben nicht „kontrolliert", sondern unterstützt wird. Darüber macht sich die Politik selbst noch am wenigsten Illusionen, wie das folgende Zitat aus der von der Bundeszentrale für politische Bildung herausgegebenen Zeitschrift ‚Das Parlament' illustriert: „In Bezug auf die Gewaltenteilung zwischen Bundestag und Bundesregierung gibt es einen merkwürdigen Widerspruch. In Schul- und Lehrbüchern ... wird immer noch das – wie es in der Literatur überwiegend genannt wird – klassische Gewaltenteilungskonzept als selbstverständlich vorausgesetzt ... Von Anfang an – schon in der ersten Wahlperiode des Bundestages – hat die Praxis nicht der Gewaltenteilungsnorm entsprochen. Wenn das Fernsehen Plenardebatten aus dem Bundestag überträgt, dann stehen sich nicht ... Bundestag und Bundesregierung als Legislative und Exekutive gegenüber, sondern konkurrierende Fraktionen bzw. Parteien".[100]

Die im Parlament vertretene, jeweilige Oppositionspartei allein kann die mit dem Prinzip der Gewaltenteilung angestrebte Kontrollfunktion nicht ausüben, dafür hat sie keine ausreichende Mehrheit, und wenn sie sie erreichte, verhielte sie sich als Regierungspartei wahrscheinlich auf die gleiche Weise. Deshalb ist nicht die Oppositionspartei der eigentliche Opponent der Regierungsmacht, sondern in Umkehrung des Urgedankens der Demokratie – das Volk bzw. das Wahlvolk. Die eigentliche Gefahr, die Macht zu verlieren, droht vom Volk bzw. vom Wähler. Der Wähler verleiht oder entzieht die Macht, nicht das Parlament und nicht die Opposition. Für eine machtbesessene Partei kann es deshalb verführerisch sein, die Macht so zu verwenden, daß die Gefahr, sie wieder zu verlieren, an der Wurzel – also beim Volk – bekämpft wird. Ein wirksames Mittel hierzu ist die Schwächung der Urteilsfähigkeit der potentiellen Wähler durch das Zurückhalten von Informationen und durch unterlassene Aufklärung.

Leider hat keine der im Parlament vertretenen Parteien der Versuchung widerstanden, dieses Mittel einzusetzen. Die Macht könnte zwar im Idealfall theoretisch vielleicht in Zukunft einmal durch die Teilung der Gewalten eingedämmt werden, aber berechenbar und wirklich kontrollierbar wäre sie dann trotzdem nicht. Schiere Macht kann nur von den Mächtigen durch Selbstdisziplin kontrolliert werden – eine Aufgabe, die auch von einer ideal funktionierenden Gewaltenteilung nicht erfüllt werden kann. Die Selbstdisziplin wird nicht wie die Macht vom Wähler verliehen, sie muß von den Mächtigen selbst erworben werden.

Das dafür nötige Verantwortungsbewußtsein äußert sich in freiwillig übernommenen Verpflichtungen gegenüber Menschen, denen gegenüber es keinerlei einklagbare Verpflichtungen gibt. Hierzu gehört besonders die Verantwortung gegenüber den nicht mehr lebenden und den noch nicht lebenden Generationen, die keinerlei Möglichkeit haben, von uns irgend etwas einzufordern.

13. Ethische Aspekte der menschlichen Fortpflanzung – die Verantwortungsethik von Hans Jonas

Ohne sittliche Normen gibt es kein gesellschaftliches Zusammenleben, dann sind die Beziehungen zwischen den Menschen auf ein faktisches Voneinander-Abhängen beschränkt. Wenn aber die sittlichen Normen nicht zumindest ihrer Idee nach als universell gelten, stehen sie in der Gefahr, auch in der jeweiligen Gesellschaft ohne Wirkung zu bleiben. Denn eine Ausnahme zuzulassen, ohne die Ausnahme ihrerseits durch eine Regel mit universellem Geltungsanspruch zu begründen, würde die Geltungskraft der Norm zumindest schwächen, wenn nicht ganz aufheben.

Anders als in der Mathematik, deren Wahrheit in sich selbst begründet ist, entsteht die Kraft sittlicher Werte und Normen nicht aus den Werten selbst, sondern sie muß ihnen durch das Handeln der Menschen verliehen werden. Hierfür ist das Festhalten an ihrer Universalität und Kulturunabhängigkeit, die im Falle der Menschenrechte heute beinahe schon weltweit anerkannt wird, eine wesentliche Voraussetzung. Es ist bezeichnend, daß alle Kulturen, in denen es überhaupt eine Reflexion über Ethik gibt, das Postulat der Universalität allen anderen Prinzipien überordnen. Immanuel Kant hat dies in der bekannten Sentenz ausgedrückt: „Handle so, als ob die Maxime deiner Handlung durch deinen Willen zum allgemeinen Naturgesetz werden sollte."

In dieser Formulierung wird auf den ersten Blick nichts über irgendeinen inhaltlichen Gehalt der Maxime ausgesagt. Deshalb könnte man glauben, daß es sich um eine Handlungsanweisung handelt, die nicht selbst Teil der Ethik ist, sondern nur den Umfang ihres Geltungsbereichs absteckt, wobei die Geltungskraft der Regeln selbst vorausgesetzt werden muß. Die Maxime der Universalität erweckt daher meist den Anschein eines nur formalen, inhaltsleeren Postulats, das nichts darüber mitteilt, wie wir handeln sollen, wenn wir in ethischer Weise handeln wollen.

In Wahrheit ist jedoch die Universalität, die in den Ethik-Systemen aller Weltkulturen angestrebt wird, die einzige, *inhaltlich* bedeutsame ethische Regel, die weltweit Zustimmung finden könnte bzw. auch schon findet, und zwar nicht nur in bezug auf die Frage des Umfangs ihres Geltungsbereichs, sondern eben auch hinsichtlich ihrer praktischen Konsequenzen für das Handeln. In der Maxime selbst wird zwar über diese inhaltlichen Konsequenzen explizit nichts ausgesagt, aber daß dies unterbleibt, heißt nicht, daß dieser Inhalt nicht existiert, es bedeutet vielmehr, daß er von jedem Menschen ohne Schwierigkeiten aus der Maxime herausgelesen bzw. in sie hineingelegt werden kann.

Dies läßt sich am Beispiel des menschlichen Fortpflanzungsverhaltens verdeutlichen. Die Maxime Kants wäre z.B. verletzt, wenn das Fortpflanzungsverhalten der jüngeren Frauenjahrgänge in Deutschland auf die gesamte Menschheit übertragen würde. Wenn sich alle Frauen der Welt so verhielten wie jenes Drittel zeitlebens kinderlos bleibender Frauen unter den 1965 und später geborenen Jahrgängen in Deutschland, wäre die Erde mit dem Hinscheiden des zuletzt geborenen Menschen, also in etwa 120 Jahren, menschenleer. Wenn dagegen das Fortpflanzungsverhalten der Menschen in den Entwicklungsländern eine allgemeine Maxime wäre, würde die Bevölkerungszahl der Erde bis zum Ende des 21. Jahrhunderts auf über 20 Mrd. und bis zum Ende des 22. Jahrhunderts auf über 140 Mrd. zunehmen. – In beiden Fällen würde die Existenz der Menschheit und mit ihr jede Art von Kultur und ethischer Reflexion erlöschen.

Sowohl eine permanent negative Wachstumsrate der Weltbevölkerung als auch eine positive hätte diese Konsequenz, nur eine Wachstumsrate von Null wäre mit dem Prinzip der Universalität ethischen Handelns vereinbar. Wie bereits gezeigt, ist eine Wachstumsrate von Null in entwickelten Gesellschaften mit niedriger Sterblichkeit ohne permanente Einwanderungsüberschüsse bei einer Geburtenrate von rd. zwei Kindern pro Frau erreichbar (s. Kapitel 10). Eine solche Geburtenrate hat über den hier hervorgehobenen Aspekt der Universalität ethischer Normen hinaus den praktischen Vorteil, daß die demographisch bedingten Belastungen der mittleren Generation durch Unterstützungszahlungen an die ältere und an die nachwachsende so gering wie überhaupt möglich wären. Dieses Ergebnis der Bevölkerungstheorie ist ein Beispiel dafür, daß auch mathematische Sätze, deren Wahrheit nicht von der Zustimmung der Gesellschaft abhängt, von praktischer Bedeutung für die Frage der Geltung ethischer Handlungsmaximen sein können.

Für die in Kapitel 2 diskutierte Frage, wie groß die Wahrscheinlichkeit ist, daß in Zukunft vielleicht eine Weltgesellschaft entstehen könnte, sind die Überlegungen über die universelle Gültigkeit ethischer Prinzipien vor allem wegen der inhaltlichen Konsequenzen der scheinbar nur formal relevanten Maxime von Bedeutung. Denn die Maxime Kants, die ebenso wie das christliche Gebot der Nächstenliebe radikalere Veränderungen der Welt zur Folge hätte als alle Revolutionen zusammengenommen, wenn sie befolgt würde –, läßt sich nicht als ein formales Prinzip abtun; sie ist in Wahrheit die praktisch bedeutsamste ethische Verhaltensregel, die sich denken läßt. Daß die Universalität der wichtigste Prüfstein für die inhaltliche Qualität jeder ethischen Norm ist, soll noch am folgenden Beispiel demonstriert werden. Würde man eine universelle Geltung der deutschen Abtreibungsnormen voraussetzen, so wie heute für die Menschenrechte eine weltweite Geltung anerkannt bzw. gefordert wird, dann hätte das zur Folge, daß über 90% der jährlich 117 Mio. Geburten in den Entwicklungsländern bzw. über 80% der 130 Mio. Geburten in der Welt insgesamt infolge der nach unseren Maßstäben extremen Armut in diesen Ländern unter die Bestimmungen der sozialen Indikation fielen. Würden diese Abtreibungen durchgeführt, gäbe es in der Welt ein Geburtendefizit von 27 Mio. pro Jahr statt eines Geburtenüberschusses von 77 Mio., und die Weltbevölkerung würde schon heute permanent schrumpfen statt zu wachsen.

Auch für die philosophische Diskussion ergeben sich aus der hier vorgeschlagenen Interpretationen der Maxime Kants als ein inhaltlich bedeutsames Prinzip der Ethik Folgerungen. Seit dem 18. Jahrhundert hat sich in der Tradition der europäischen Aufklärung die Grunderkenntnis durchgesetzt, daß sich – wie immer eine Sache geartet sein mag – daraus allein durch logisches Schließen nicht ableiten läßt, wie sie beschaffen sein sollte: Sein-Sätze beschreiben, wie die Welt ist, Soll-Sätze, wie sie sein sollte, und beide Welten sind nach dieser Grundposition unüberbrückbar voneinander geschieden (Hume'sches Gesetz). Die Überzeugung, daß die Kluft zwischen diesen Sphären mit den Mitteln der schließenden Logik nicht überwunden werden kann, läßt sich insbesondere dann begründen, wenn anerkannt wird, daß für alle Soll-Sätze eine universelle Geltung beansprucht werden muß, während die Universalität für Sein-Sätze nicht gefordert werden kann, denn jede Tatsachenfeststellung, die in einem Sein-Satz vorkommt, beschreibt immer nur einen Ausschnitt aus der Wirklichkeit und tut dies stets von einem bestimmten Standpunkt aus. Die Forderungen nach universeller Gültigkeit der Soll-Sätze verträgt sich daher nicht mit der immer nur partikularen Gültigkeit der Sein-Sätze. Soweit in knappen Worten die Theorie.

Wenn aber z.B. aus den Sein-Sätzen über demographische Tatbestände, wie oben beispielhaft erläutert, ethische Handlungsanweisungen folgen, weil sie aus der allgemein anerkannten Forderung der Universalität zwingend hervorgehen, dann würde, entgegen der herrschenden Lehre, doch eine Verbindung zwischen den Sphären des Seins und des Sollens existieren, deren Konsequenzen einige Tragweite hätten. Dabei stellt die Frage, ob es sich bei dieser Verbindung nur um eine logische oder um eine festere Brücke handelt, ein nachgelagertes Problem dar, das lösbar ist, vorausgesetzt, man akzeptiert, daß diese Brücke existiert.

Die Lösung ließe sich aus folgender Unterscheidung gewinnen: Es gibt Sätze der Ethik und andere Sätze, z.B. mathematische. Die Wahrheit mathematischer Sätze ist nicht davon abhängig, ob es Menschen gibt, von denen sie verstanden wird oder ob die mathematischen Sätze überhaupt entdeckt werden, denn die Wahrheit dieser Art von Sätzen gehört zur Sphäre des Absoluten. Es gibt zwar auch relativistische Wahrheitstheorien, nach denen „Wahrheit" auf einem Akt der Vereinbarung beruht, aber die Frage, ob diese Theorien ihrerseits wahr sind, kann nicht wieder durch Vereinbarung entschieden werden, sonst würde der relativistische Wahrheitsbegriff seinen Sinn verlieren. Angemessener ist es, die Idee der Wahrheit als Teil der Sphäre des Absoluten zu betrachten, die von der Sphäre des Humanen unabhängig ist. Im Unterschied zu mathematischen Sätzen sind die Sätze der Ethik Teil der Sphäre des Humanen. Die Geltung dieser Art von Sätzen ist nicht absolut, sie beruht auf einer anderen Wahrheit, die wir im Deutschen mit dem Begriff der Wahrhaftigkeit verbinden. Denn diese Wahrheit hängt davon ab, ob es Menschen gibt, die die Geltung der Ethik durch ihr Handeln verbürgen.

Geltung entsteht nicht, indem sie z.B. mit den Mitteln der Logik erkannt, sondern im Streben nach Wahrhaftigkeit anerkannt wird. Wer den Geltungsgrund der Ethik außerhalb der Ethik sucht, indem er ihn allein mit den Mitteln der Logik aus Sein-

Sätzen abzuleiten und zu erkennen versucht, braucht dafür keine diskursiven Argumente zur Prüfung der Geltung an Hand des Kriteriums der Wahrhaftigkeit. Logische Deduktionen lassen sich auch durch mathematische Operationen mittels des Computers durchführen, wobei es der Mitwirkung des Menschen nur bedarf, um den Ableitungsprozeß in Gang zu setzen. Es geht hier jedoch nicht um die Gewinnung richtiger Erkenntnisse mit dem Instrument der Logik, sondern um die Anerkennung von Geltung, die nur innerhalb des menschlichen Diskurses erreichbar ist. Die dafür unabdingbare Wahrhaftigkeit des Diskurses läßt sich nur erweisen, indem man den Diskurs führt. So wie die Anerkennung eines Menschen und sein Einschluß in den Diskurs als Akt des Vertrauens jeder Kommunikation vorausgeht, so geht es bei jedem Diskurs stets um mehr als um die verhandelte Sache, nämlich vor allem um das, was den Diskurs möglich macht, d.h. letztlich um Ethik. Ihre Evidenz steht nicht mit der Evidenz der Logik in Konkurrenz. Sie besteht aus eigenem Recht und muß nicht aus anderem abgeleitet werden.

Zusammenfassend läßt sich also folgendes festhalten: Wenn die Behauptung, daß aus Sein-Sätzen keine Soll-Sätze abgeleitet werden können, eine von aller Erfahrung unabhängige Wahrheit beanspruchen dürfte, könnte sie mit den empirischen Fakten, die immer aus der Erfahrung gewonnen werden, weder bestätigt, noch widerlegt werden, auch nicht mit den hier als Beispiele verwendeten empirischen Tatsachen der Demographie. Wenn diese Regel aber in Wahrheit gar keinen erfahrungsunabhängigen Sachverhalt beschreibt, weil sie die Sphäre der immer auf Erfahrung aufbauenden Ethik berührt, sobald die Maxime der Universalität der Ethik anerkannt wird, dann wäre das Hauptargument des kulturellen Relativismus und Pessimismus, das sich auf das Postulat der Unverbundenheit von Sein-und Soll-Sätzen stützt, nicht haltbar, und der Relativismus käme in die schwierige Lage, die Beweislast für seine Richtigkeit selbst tragen zu müssen, statt sich auf die Position zurückziehen zu können, daß sich ethische Urteile nicht durch logisches Schließen aus Sein-Sätzen ableiten lassen, weil es zwischen den beiden Sphären angeblich keine Brücke gibt.

Für Kant war es evident, daß es empirisch und ethisch gehaltvolle, sogenannte „synthetische" Urteile gibt, deren universelle Gültigkeit ebenso gewiß ist wie die universelle Gültigkeit der unabhängig von aller Erfahrung geltenden Urteile der Logik und Mathematik. Auch für den Skeptiker Hume, den Kant bewunderte, über den er aber in seinem Denken weit hinausging, standen die Sphären des Faktischen und des Ethischen noch nicht gänzlich unüberbrückbar nebeneinander, sondern für ihn existierte noch eine Verbindung zwischen beiden, obwohl wir heute die Unterscheidung zwischen Sein- und Soll-Sätzen geschichtlich auf David Hume als den radikalsten Skeptiker der Aufklärung zurückführen.

Bemerkenswerterweise stellt Hume die Brücke zwischen beiden Sphären in seiner Theorie der Ethik an Hand von empirischen Fakten her, die auf demographische Tatbestände Bezug nehmen. In seiner als „demographisch" bezeichenbaren Theorie der Ethik begründet er die Bedingungen der Möglichkeit der Ethik mit Grundtatsachen der Demographie. Nach dieser Theorie hat die Idee der Gerechtigkeit als Basis jeder Ethik ihre Wurzel in der Familie, in den zwischenmenschlichen Beziehungen der Eltern und ihrer Kinder und in den Beziehungen zwischen den Gatten. In diesen elementaren Beziehungen, so David Hume, entsteht die „natürliche" Tugend der Dankbarkeit – Dankbarkeit der Gatten zueinander und der Kinder zu ihren Eltern, auf die sich alle „gesellschaftlichen" Tugenden, insbesondere die Idee der Gerechtigkeit, gründen.[101]

Ethisch gute Handlungen können allerdings zu einem ethisch unakzeptablen Ergebnis führen, weil von einer Handlung unübersehbare und unkontrollierbare Wirkungsketten ausgehen können, so wie es umgekehrt möglich ist, daß ethisch schlechte Handlungen letztlich Gutes zeitigen. Aus der Unmöglichkeit, das Endergebnis einer Handlung vorauszusehen, wird von Kulturpessimisten der Schluß gezogen, daß die Vorhersehbarkeit der ethischen Qualität des Endergebnisses einer Handlung mindestens so unmöglich ist wie die Vorhersehbarkeit des Ergebnisses selbst, so daß ethisch-moralisches Handeln unmöglich sei und für immer ein utopisches Ziel bleiben müsse. Dieser Standpunkt, der sich meist in einem wissenschaftlich oder philosophisch drapierten Zynismus äußert, enthält einen gedanklichen Kurzschluß: Wenn wir auch nicht die Folgen unserer Handlungen überblicken können, so können wir doch sicher wissen, welche Konsequenzen es hätte, wenn alle Menschen sich die Schlußfolgerung des Zynismus zu eigen machten und es aufgäben, ihre Handlungen an ethischen Prinzipien auszurichten. Die Konsequenzen wären Chaos und Katastrophen, also ein auch von den Skeptikern abgelehntes Resultat. Ins Positive gewendet lautet diese Überlegung: Wenn sich *alle* Menschen entsprechend der Kantischen Maxime der Universalisierbarkeit ihrer Handlungsprinzipien verhielten, wäre die ethische Qualität des Endergebnisses ihrer Handlungen keineswegs unkalkulierbar, obwohl die Konsequenzen der Handlungen auch dann unvorhersehbar blieben, sondern ein solches Verhalten würde zu einem ethischen Prinzipien genügenden Gesamtergebnis führen, das keineswegs utopisch, sondern real wäre.

Es läßt sich jedoch nicht mit Bestimmtheit sagen, ob es eine Garantie dafür gibt, daß die millionenfachen, individuellen Handlungen, insbesondere die Fortpflanzungsentscheidungen, auch wenn jede einzelne von ihnen ethisch vorbildlich wäre, in ihrer Summe eine Geburtenrate zur Folge hätten, die weder zu dauernder Bevölkerungsschrumpfung noch zu einem dauernden Wachstum führt. Für Hans Jonas, der sich als einer der wenigen Philosophen in seiner Verantwortungsethik mit den Folgen der Bevölkerungsentwicklung in den Industrie- und Entwicklungsländern auseinandergesetzt hat, ist das Erreichen bevölkerungspolitischer Ziele für das Überleben der Menschheit von einer so ausschlaggebenden Bedeutung, daß er eine Ethik entwarf, bei deren Befolgung es eine Garantie dafür geben soll, daß insbesondere die dauernde Bevölkerungsschrumpfung in den Industrieländern auf Grund einer zu niedrigen Geburtenrate verhindert wird.

Dafür beruft sich Jonas ausdrücklich auf die Ethik Kants und auf dessen Kategorischen Imperativ. Aus der Unbedingtheit der Forderung nach einem Überleben der Menschheit leitet er eine unbedingte, „kategorische Pflicht zur Fortpflanzung" ab: „... der kategorische (Imperativ) gebietet einfach, *daß* es *Menschen* gebe ... Für mich, ich gestehe es, ist dieser Imperativ der einzige, auf den die Kantische Bestimmung des Kategorischen, das heißt Unbedingten, wirklich zutrifft. Da *sein* Prinzip nun aber nicht wie beim Kantischen die Selbsteinstimmigkeit der sich Gesetze des Handelns gebenden Vernunft ist, das ist, eine Idee des *Tuns* ..., sondern die auf der Existenz ihres Inhaltes bestehende Idee von möglichen Tätern überhaupt, die insofern eine ontologische ist, das ist, eine Idee des *Seins* – so ergibt sich, daß das erste Prinzip einer »Zukünftigkeitsethik« nicht selber *in* der Ethik liegt als einer Lehre vom Tun..., sondern in der *Metaphysik* als einer Lehre vom Sein, wovon die Idee des Menschen ein Teil ist."[102]

Hans Jonas überschreibt in seiner „Ethik für die technologische Zivilisation" – so lautet der Untertitel seines Buches „Das Prinzip Verantwortung" – ein Kapitel mit der Überschrift: „*Von der Pflicht zum Dasein und Sosein einer Nachkommenschaft überhaupt.*" Er spricht dort von einer „*Pflicht zur Fortpflanzung*". Friedrich Burgdörfer, ein einflußreicher Bevölkerungswissenschaftler zur Zeit des Nationalsozialismus, postulierte ebenfalls eine „Fortpflanzungspflicht" für alle gesunden Mitglieder des „Volkskörpers". Steht Hans Jonas' demographischer Imperativ in der Nähe des Nationalsozialismus? Diese Frage ist natürlich rhetorisch, ich habe sie hier aufgeworfen, weil sich damit zeigen läßt, daß eine ethische Handlung wegen der Unvorhersehbarkeit ihres Endergebnisses nicht losgelöst von ihrer Absicht bzw. vom Willen ihres Urhebers beurteilt werden kann, eine Regel, die Immanuel Kant in dem Satz ausdrückte, daß es letztlich nichts gibt, das uneingeschränkt als ethisch gut bezeichnet werden kann – außer ein guter *Wille*. Die Absicht und der Wille, die hinter dem demographischen Imperativ von Hans Jonas stehen, sind über alle Zweifel erhaben. Aber sie sind dennoch nicht überzeugend, wie abschließend gezeigt werden soll.

Um Hans Jonas' Vorstellungen über eine kategorische Pflicht zur Fortpflanzung genau wiederzugeben, muß hinzugefügt werden, daß es sich hierbei um eine Pflicht „nicht notwendig jedes Einzelnen" handelt, wie Jonas unterstreicht.[103] Wie ist diese Einschränkung zu interpretieren? Ist die Auffassung von Jonas, daß die „*kantische Bestimmung des Kategorischen, das heißt Unbedingten, wirklich zutrifft*", so gemeint, daß sie ausnahmslos zutrifft –, dann wäre dies möglicherweise ein Widerspruch zu der Aussage, daß sie „nicht notwendig jeden Einzelnen" betrifft. Hinzu kommt eine weitere Unklarheit: Der Begriff „Fortpflanzungspflicht" kann von Jonas nicht so verstanden worden sein, daß die Pflicht zur Fortpflanzung schon mit der Weitergabe des biologischen Lebens erfüllt ist, sonst wäre z.B. die biologische Zeugung ohne die Übernahme elterlicher Verantwortung ausreichend – was Jonas sicherlich nicht sagen wollte. Daß die biologische Weitergabe des Lebens allein nicht genügt, läßt sich auch daraus schließen, daß sonst z.B. eine staatliche Bevölkerungspolitik als ethisch akzeptabel gelten würde, bei der der Staat die Geburt von Kindern mit hohen Geldzahlungen erkauft oder mit drastischen steuerlichen Benachteiligungen mehr oder weniger erzwingt. Auch dieses Beispiel zeigt, daß das alles entscheidende Kriterium ein guter Wille ist, der auch beim Fortpflanzungsverhalten als Motiv nicht einfach vorausgesetzt werden kann, und zwar weder auf seiten des Bevölkerungspolitik betreibenden Staates, noch auf der Seite der Individuen, die auf die staatlichen Anreize reagieren sollen.

Mit diesen Überlegungen wollte ich zeigen, daß es mit der bloßen Feststellung einer „Fortpflanzungspflicht" nicht getan ist, weil die Beschreibung der Ausnahmen, die zugelassen werden müßten, viel Nachdenken erfordern würde und man dabei wahrscheinlich nie zu einem Ende käme. Zu dieser Reflexionsarbeit gehört sowohl eine gründliche Erforschung der kulturellen und materiellen Bedingungen des generativen Verhaltens, als auch eine demographisch-empirische Erforschung der Wirkungen von Interventionsmaßnahmen, mit denen der Staat die allerpersönlichsten biographischen Verhaltensweisen zu steuern versucht. Entsprechende Untersuchungen sind umfangreich, teuer und zeitraubend, denn das generative Verhalten ist in die Gesamtheit der biographisch relevanten Verhaltensweisen eingebettet, z.B. in das Ausbildungs-, das Erwerbs- und das Migrationsverhalten sowie in das partnerbezogene Verhalten bezüglich der Frage der langfristigen Bindung an einen Lebenspartner als der entscheidenden Voraussetzung für den Entschluß zu langfristigen Festlegungen in der Biographie durch Kinder.

Könnte die von Jonas vorgeschlagene Fortpflanzungspflicht, wenn sie befolgt würde, die Ursachen einer niedrigen Geburtenrate beheben? Dies wäre keine Lösung, denn die von Jonas vorgeschlagene Ethik ist aus folgenden Gründen nicht befolgenswert. Erstens ist ein kategorischer Imperativ, der Ausnahmen zuläßt, in sich ein Widerspruch. Zweitens beruht die durchschnittliche Geburtenrate eines Landes immer auf unterschiedlichen generativen Verhaltensweisen, also auf dem Verhalten einer Gruppe von Menschen, die zeitlebens überhaupt keine Kinder haben und aus Gruppen mit ein, zwei, drei oder mehr Kindern. Genügt es, daß der *Durchschnitt* aus den Geburtenraten der verschiedenen Bevölkerungsgruppen der von Jonas geforderten Geburtenrate der Gesellschaft als Ganzes entspricht?

Jonas stellt sich diese Frage in seiner Verantwortungsethik nicht. Wenn man sie bejaht, entsteht das Problem, daß einige Menschen auf Kosten anderer kinderlos bleiben könnten, so daß dem „Kategorischen Imperativ" der Fortpflanzung auf gesamtgesellschaftlicher Ebene Genüge getan wäre, nicht aber auf der für die Ethik entscheidenden Ebene der Person. Das wäre so, als ob es für einen Teil der Gesellschaft erlaubt wäre, die Gesetze zu mißachten und z.B. Steuern zu hinterziehen, vorausgesetzt, daß die anderen Steuern zahlen und darüber hinaus freiwillig gemeinnützige Spenden leisten, so daß die Bilanz ausgeglichen und ein befriedigendes Gesamtergebnis erreicht ist – eine aus ethischer Sicht absurde Konsequenz. Verneint man aber die Frage und fordert die Geltung der kategorischen Fortpflanzungspflicht ausnahmslos für jedes Individuum, dann wäre für deren Kontrolle und Durchsetzung, auch bzw. gerade wenn man sinnvollerweise Ausnahmen zulassen würde, eine Kontrolle der persönlichsten Verhaltensweisen erforderlich, wie sie nur in totalitären Staaten möglich ist. In Platons „Idealem Staat" und in den Bevölkerungsutopien der Renaissance wurden Maßnahmen vorgeschlagen, mit denen der Geschlechtsverkehr behördlich reglementiert und die Gattenwahl und die Aufzucht der Kinder staatlich kontrolliert werden sollten. Würde man Jonas' „kategorischen" Imperativ der Fortpflanzung in die Praxis umsetzen, wären die Folgen genauso schrecklich wie bei einer Verwirklichung dieser Utopien.

Jonas' Vorschläge für eine Ethik der technischen Zivilisation stehen in entscheidenden Punkten im Widerspruch zu ihren eigenen Prinzipien. Es müssen daher bessere Entwürfe erarbeitet werden. Aber die Lösung des Problems ist nicht von Ethik-Kommissionen zu erwarten, sondern nur von den Mitgliedern der Gesellschaft selbst. Daß die Frage der menschlichen Fortpflanzung eine persönliche Angelegenheit mit überindividuellen, gesellschaftlichen Folgen ist, merken die Menschen z.B. daran, daß ihre Altersversorgung nicht mehr sicher ist und ihre Gesundheitsversorgung zu teuer. Eine kleinere Gruppe Menschen braucht diese negativen Erfahrungen nicht, sie erkennen an anderen, positiven Erscheinungen, daß das gesellschaftliche Zusammenleben auf eine wunderbare Weise funktioniert, wenn es genügend Familien mit Kindern gibt. Eine weitere Gruppe braucht weder den Einblick in die demographisch bedingte Funktionsweise unserer Wirtschaft und Gesellschaft noch irgend eine andere Art von Faktenwissen, sie hält das Leben für wert, weitergegeben zu werden, und hat Kinder trotz aller Schwierigkeiten und Mühen, die die Aufzucht und Erziehung bereiten.

Aber es gibt noch eine weitere Gruppe, deren Bedeutung allem Anschein nach zunimmt. Überspitzt formuliert, könnte man den Standpunkt dieser Menschen, die keine Kinder wollen, so ausdrücken: „Die Lösung der demographisch bedingten Probleme ist nicht unsere Angelegenheit, denn es waren ja nicht die Kinderlosen, die z.B. das Problem der Alterung mit seinen Konsequenzen für die sozialen Sicherungssysteme verschuldet haben, sondern jene, die die Kinder zur Welt brachten, die nun so zahlreich alt werden. Kinder zur Welt zu bringen bedeutet eben nicht nur, Menschen als Problemlöser in die Welt zu setzen, sondern die Probleme erst zu schaffen, die es ohne die Problemlöser nicht gäbe. Wir wurden nicht gefragt, ob wir uns an dem Spiel der menschlichen Fortpflanzung beteiligen wollen. Uns zur Welt zu bringen, war ein Risiko, das unsere Eltern bewußt eingegangen sind und das wir deshalb nicht zu verantworten haben." Diese Einstellung dürfte es in dieser krassen Form kaum geben, aber auch ihre abgewandelte, maßvollere Form hat schwerwiegende Folgen. Dies führte z.B. in Frankreich dazu, daß eine Mutter und ihr durch eine Vergewaltigung gezeugtes Kind in einem Rechtsstreit gegen den Vergewaltiger von dem Gericht einen Schadensersatz zugesprochen bekam, und zwar dafür, daß das Kind geboren wurde. Der Vater muß umgerechnet 46000 DM „Schmerzensgeld" an das Kind und 24000 DM Schmerzensgeld an die Mutter zahlen. Das Urteil wurde 1999 im Schwurgericht in Evreux in der Normandie gefällt. Juristen und Rechtswissenschaftler in Frankreich kritisierten das Urteil. Sie halten es nach einem Bericht der Frankfurter Allgemeinen Zeitung für „... undenkbar, daß Kinder gegen ihre Eltern klagten, um ihnen vorzuwerfen, geboren worden zu sein. Das gelte selbst für dramatische Fälle. Es sei zu befürchten, daß künftig z.B. auch behinderte Kinder gegen ihre Eltern klagten und sich beschwerten, nicht abgetrieben worden zu sein".[104]

Die Gegenposition zu dem hier in vielleicht übertriebener, krasser Weise formulierten Prinzip der gewollten Kinderlosigkeit könnte folgendermaßen umrissen werden: „Das Leben ist ein Geschenk, das Dankbarkeit erfordert. Der Dank läßt sich auf angemessene Weise nur abstatten, indem man versucht, das Leben weiterzugeben. Wer diesen Versuch umgeht, läuft Gefahr, gegen die Sittlichkeit zu verstoßen, und wenn er kinderlos bleibt, ist es seine Aufgabe, die Gesellschaft davon zu überzeugen, daß sein Handeln dennoch mit den Geboten der Sittlichkeit übereinstimmt. Dafür müßte er bereit sein, lebenslang eine Art Beweislast auf sich zu nehmen."

In der Differenz zwischen diesen hier zugespitzt formulierten Standpunkten spiegelt sich etwas von der Absolutheit des Unterschieds zwischen Leben und Tod, der keine Kompromisse kennt. Wenn es den Verteidigern der unterschiedlichen Positionen trotzdem gelingt, in einem gesitteten Ton miteinander zu streiten, wie dies Gott sei Dank z.B. bei den Verhandlungen des Bundesverfassungsgerichts über die Verfassungsmäßigkeit unserer Steuergesetze und der Pflegeversicherung geschehen ist, wo allerdings der negative Standpunkt bisher nicht in der hier zugespitzten, expliziten Weise, sondern in den Stellungnahmen der Prozeßbeteiligten nur implizit vorgetragen wurde, dann sind die Parteien sichtlich bestrebt, der Verführung zur Versöhnlichkeit nachzugeben, die zwar im Prinzip etwas Gutes und Menschliches ist, aber angesichts des Ernstes, der in dieser Problematik steckt, zuweilen den Anstrich der Unglaubwürdigkeit hervorruft und dadurch die Überzeugungskraft der Argumente schwächt.

Da aber nicht nur Gesetzgebung und Rechtsprechung, sondern auch die gesamte Politik, an die die beiden Seiten ihre Argumente adressieren, ihre Aufgabe darin sehen, zu vermitteln und auch dort noch Kompromisse zu suchen, wo sie unmöglich sind, können die Gegensätze durch Recht und Politik niemals befriedet, sondern bestenfalls klar formuliert werden. Man kann die Fortpflanzungsethik von Jonas vielleicht so interpretieren, als wollte er sagen, daß der Streit gar nicht entstünde, wenn sich alle dem kategorischen Imperativ der Fortpflanzung entsprechend verhielten. Aber wie soll man einem kategorischen Imperativ folgen, der sich selbst widerspricht?

Anmerkungen, Quellen und zitierte Literatur

1 Die internationale Konferenz „A Policy Summit of the Global Ageing Initiative", die im Januar 2001 in Zürich stattfand, wurde im August in Tokyo fortgesetzt.
2 Forum Familie Rheinland-Pfalz (Hrsg.), An Kindern profitiert, wer keine hat. Dokumentation der Tagung vom 9. 11. 1996, 2. Aufl., Trier 1998.
3 P. Kirchhof, „Wer Kinder hat, ist angeschmiert". In: DIE ZEIT, 11. 1. 2001, S. 9.
4 UN (Ed.), Replacement Migration, New York, März 2000, Tabelle IV.7, S. 25.
5 Karl Marx, Manifest der kommunistischen Partei. Herausgegeben, eingeleitet und kommentiert von Theo Stammen in Zusammenarbeit mit Ludwig Reichart, München 1978, S. 73–74.
6 C. Lévi-Strauss, Interview mit Jürgen Altwegg, Frankfurter Allgemeine Zeitung, Magazin, Heft 622, 3. 1. 1992, S. 55.
7 a) Die Zahlen für 1985–90 sind entnommen aus: UN (Ed.), World Population Prospects – The 1998 Revision, New York, 1999. b) Die Zahlen für 1995–2000 entstammen der im Februar 2001 durchgeführten, sogenannten 16. Revision: UN (Ed.), World Population Prospects – The 2000 Revision (Highlights), New York, Februar 2001.
8 H. Birg/E.-J. Flöthmann/I. Reiter: Biographische Theorie der demographischen Reproduktion, Frankfurt/New York 1991.
9 Die den Schaubildern zugrunde liegenden Zahlen galten in den 80er Jahren des vorigen Jahrhunderts. Die absoluten Zahlen haben sich seither geändert, dabei sind jedoch die Anteile der Länder relativ stabil geblieben. Deshalb beschreiben die Weltkarten die wesentlichen Sachverhalte auch heute noch ziemlich zuverlässig. Die Schaubilder 4 und 5 sind übernommen aus: H. Birg, Die Weltbevölkerung – Dynamik und Gefahren, München 1996, S. 118 f.
10 H. Birg/E.-J. Flöthmann/Th. Frein/K. Ströker: Simulationsrechnungen zur Bevölkerungsentwicklung in den alten und neuen Bundesländern im 21. Jahrhundert. Materialien des Instituts für Bevölkerungsforschung und Sozialpolitik, Bd. 45, Universität Bielefeld, Bielefeld 1998. Siehe hierzu auch UN (Ed.), Replacement Migration, New York, März 2000, sowie mein Beitrag zu der UN-Studie in der Frankfurter Allgemeinen Zeitung vom 12. 4. 2000.
11 E. Benda, Frankfurter Allgemeine Zeitung, 22. 5. 1999, S. 44.
12 P. Kirchhoff, Frankfurter Allgemeine Zeitung, 22. 5. 1999, S. 8.
13 Frankfurter Allgemeine Zeitung, 13. 10. 1999.
14 Eine frühe Schilderung des Geburtenrückgangs in Griechenland stammt von Polybios aus dem 2. Jahrhundert vor Christus (Polybios, Geschichte, 17. Übersetzung von H. Drexler, Zürich und Stuttgart 1963). Zur Bevölkerungsgeschichte des Römischen Reiches s. z. B. J. Beloch, Die Bevölkerung der griechisch-römischen Welt, Leipzig, 1886.
15 Bei der Perioden- oder Querschnittsanalyse wird die Kinderzahl pro Frau als Querschnitt für die in einem Kalenderjahr gleichzeitig lebenden

Frauenjahrgänge im Alter von 15 bis 45 (= gebärfähiges Alter) gebildet, indem die Geburtenzahlen auf jeweils 1000 Frauen im Alter 15, 16, ..., 45 berechnet und anschließend addiert werden. Die Summe ergibt die Geburtenzahl pro 1000 Frauen bzw. pro Frau für einen fiktiven Durchschnittsjahrgang, der die 31 gleichzeitig lebenden Jahrgänge repräsentiert. Im Unterschied dazu werden die Geburtenzahlen auf 1000 Frauen im Alter 15, 16, ..., 45 bei der Längsschnitt- oder Kohortenanalyse für einen bestimmten Jahrgang im Zeitverlauf addiert.

16 Peter Marschalck, Bevölkerungsgeschichte Deutschlands im 19. und 20. Jahrhundert, Frankfurt a. M., 1984. Ferner: Herwig Birg, Detlef Filip, E.-Jürgen Flöthmann: Paritätsspezifische Kohortenanalyse des generativen Verhaltens in der Bundesrepublik Deutschland nach dem Zweiten Weltkrieg. Materialien des Instituts für Bevölkerungsforschung und Sozialpolitik, Bd. 30, Universität Bielefeld, Bielefeld 1990.

17 Berechnet man die Geburtenzahl pro Frau für die Kalenderjahre statt für die Frauengenerationen, dann beträgt das Maximum 2,5 statt 2,2. Die Differenz beruht auf den methodischen Unterschieden zwischen der generationenbezogenen Analyse (= Längsschnittsanalyse) und der kalenderjahrbezogenen Analyse (= Querschnittsanalyse), siehe vorangegangene Anmerkung.

18 H. Birg, D. Filip u. E.-J. Flöthmann, Paritätsspezifische Kohortenanalyse des generativen Verhaltens in der Bundesrepublik Deutschland nach dem Zweiten Weltkrieg, Materialien des Instituts für Bevölkerungsforschung und Sozialpolitik der Universität Bielefeld, Bd. 30, Bielefeld 1990, S. 31.

19 J. A. Schumpeter, Capitalism, Socialism and Democracy, 3. Auflage, New York 1942, S. 157–58.

20 F. List, Das nationale System der politischen Ökonomie, Jena 1922, S. 231.

21 A. Schopenhauer, Werke, Züricher Ausgabe, Bd. 6, 1977, S. 299.

22 Zu den Einzelheiten siehe H. Birg/E.-J. Flöthmann/I. Reiter, Biographische Theorie der demographischen Reproduktion, Frankfurt/Main, New York 1991, S. 308 f.

23 Siehe hierzu die auf den Daten der amtlichen Bevölkerungsstatistik beruhende Untersuchung von: A. Müller, Regionale Unterschiede der Geburtenhäufigkeiten der deutschen Bevölkerung. In: Statistische Rundschau Nordrhein-Westfalen, September 1984, S. 580 f. u. S. 616 f.

24 Die in Schaubild 8 dargestellten Daten weichen methodisch bedingt von den Daten in Tabelle 2 geringfügig ab.

25 Zu den Daten und ihrer Analyse siehe: a) H. Birg u. E.-J. Flöthmann, Entwicklung der Familienstrukturen und ihre Auswirkungen auf die Belastungs- bzw. Transferquotienten zwischen den Generationen, Materialien des Instituts für Bevölkerungsforschung und Sozialpolitik der Universität Bielefeld, Bd. 38, Bielefeld 1995, Tab. 4, S. 35. Bei dieser Arbeit handelt es sich um ein Forschungsprojekt im Auftrag der Enquête-Kommission des Deutschen Bundestages. Sie wurde auch von der Enquête-Kommission in folgendem Band veröffentlicht: b) Enquête-Kommission „Demographischer Wandel" (Hrsg.), Herausforderungen unserer älter werdenden Gesellschaft, Studienprogramm, Bd. 1, S. 341–500. c) Zur

Fortsetzung der Analysen auf der Basis der in a) und b) veröffentlichten Daten s. M. Kreyenfeld, Parity specific birth rates in West Germany, Max-Planck-Institut für demografische Forschung, Rostock 2000 (unveröffentlicht).
26 Quelle: siehe Anmerkung 25 a) und b).
27 Zu den Berechnungsgrundlagen für diese Schaubilder siehe die für Tabelle 2 in Anmerkung 25, a) und b), angegebene Quelle, dort die Seiten 149 und 150.
28 H. Vortmann, Wirkungen der Bevölkerungspolitik auf die Geburtenentwicklung in kleineren europäischen RGW-Ländern. In: H. Birg u. F. X. Kaufmann: Bevölkerungswissenschaft heute – Kolloquium anläßlich des 10jährigen Jubiläums des Instituts für Bevölkerungsforschung und Sozialpolitik. IBS-Materialien Bd. 33, Universität Bielefeld, Bielefeld 1992, S. 33 ff.
29 Ch. Höhn u. H. Schubnell, Bevölkerungspolitische Maßnahmen und ihre Wirksamkeit in ausgewählten europäischen Industrieländern (I). In: Zeitschrift für Bevölkerungswissenschaft, Nr. 1, 1986, S. 3 ff. K. Schwarz, Demographische Wirkungen der Familienpolitik in Bund und Ländern nach dem Zweiten Weltkrieg. In: Zeitschrift für Bevölkerungswissenschaft, Nr. 4, 1987, S. 409 ff. Ders., Bevölkerungspolitische Wirkungen familienpolitischer Maßnahmen. In: Zeitschrift für Bevölkerungswissenschaft, Nr. 2, 1992, S. 197 ff.
30 Die Kinderzahl pro Frau der deutschen Bevölkerung betrug in den 90er Jahren 1,3, die der ausländischen 1,9, wobei unter den Ausländern erhebliche Unterschiede zwischen den europäischen und den außereuropäischen (insbesondere den türkischen) Bevölkerungsgruppen bestehen. Obwohl der Anteil der ausländischen Bevölkerung kaum mehr als 10% beträgt, ist der Anteil der ausländischen Mütter bei der Geburt Dritter Kinder wesentlich höher, er beträgt bei den Dritten Kindern 23,9% und bei den Vierten Kindern 40,1%, s. Anmerkung 25, a) und b), dort Tab. 1, S. 11.
31 UN (Ed.), The Future Growth of World Population, New York, 1958, Tabelle 5, S. 23 sowie UN (Ed.), World Population Prospects – The 1998 Revision, New York 1999, S. 8. Zur Revision der Datenbasis siehe meinen Leserbrief in der Frankfurter Allgemeinen Zeitung vom 17.12.1996. Die neueste Revision vom Februar 2001 hat die Weltbevölkerungszahl für 2000 bestätigt (Anm. 7 b).
32 H. Birg, Analyse und Prognose der Bevölkerungsentwicklung in der Bundesrepublik Deutschland und in ihren Regionen bis zum Jahr 1990, Berlin 1975, Tab. 46, S. 129.
33 Statistisches Bundesamt (Hrsg.), Gebiet und Bevölkerung 1998, Wiesbaden 2000, Tabelle 4.5, S. 195.
34 Wie vorstehend, Tabelle 5.19, S. 247.
35 a) H. Birg, An Approach for Forecasting Life Expectancy and its Application in Germany. In: Zeitschrift für Bevölkerungswissenschaft, Heft 1, 2000. b) H. Birg u. A. Börsch-Supan, Für eine neue Aufgabenteilung zwischen gesetzlicher und privater Altersversorgung. Eine demographische und ökonomische Analyse, Gutachten für den Gesamtverband der deut-

schen Versicherungswirtschaft. Bielefeld u. Mannheim 1999. Der demographische Teil dieser Untersuchung wird auch gesondert veröffentlicht: c) H. Birg u. E.-J. Flöthmann, Demographische Projektionsrechnungen für die Rentenreform 2000 – Methodischer Ansatz und Hauptergebnisse, Materialien des Instituts für Bevölkerungsforschung und Sozialpolitik, Bd. 47A, Universität Bielefeld, Bielefeld 2001, d) H. Birg u. E.-J. Flöthmann, Demographische Projektionsrechnungen für die Rentenreform 2000 – Ergebnisse in Tabellenform, Materialien des Instituts für Bevölkerungsforschung und Sozialpolitik, Bd. 47B, Universität Bielefeld, Bielefeld 2001 (Supplementband zu 47A).

36 H. Brückner, T. Trübswetter u. Ch. Wiese, EU-Osterweiterung: Keine massive Zuwanderung zu erwarten. In: Deutsches Institut für Wirtschaftsforschung, Wochenbericht, Nr. 21/2000, S. 315–326.

37 Die Einzelergebnisse der Studie sind veröffentlicht in: H. Birg, Demographisches Wissen und politische Verantwortung. In: Zeitschrift für Bevölkerungswissenschaft, Heft 3/1998, S. 221–251.

38 Siehe hierzu die im Auftrag des Gesamtverbands der deutschen Versicherungswirtschaft (GdV) erstellten Forschungsberichte, Anmerkung 35.

39 Eine umfassende Darstellung der Ergebnisse findet sich in: H. Birg, E.-J. Flöthmann, Th. Frein, K. Ströker, Simulationsrechnungen zur Bevölkerungsentwicklung in den alten und neuen Bundesländern im 21. Jahrhundert. Materialien des Instituts für Bevölkerungsforschung und Sozialpolitik der Universität Bielefeld, Bd. 45, Bielefeld 1998.

40 Siehe Anmerkung 7 a) und b).

41 Siehe Anmerkung 35 b) – d).

42 Statistisches Bundesamt (Hrsg.), 9. koordinierte Bevölkerungsvorausberechnung, Wiesbaden, Juli 2000.

43 Bundesminister des Innern (Hrsg.), Modellrechnungen zur Bevölkerungsentwicklung in der Bundesrepublik Deutschland bis zum Jahr 2050, Berlin 2000, S. 23 f.

44 a) W. Jeschek, Integration der jungen Ausländer in das Bildungssystem verläuft langsamer. In: Deutsches Institut für Wirtschaftsforschung (Hrsg.), Wochenbericht Nr. 22, 1999, Tab. 1, S. 409. b) Ders., Integration junger Ausländer in das deutsche Bildungssystem kommt kaum noch voran. In: Deutsches Institut für Wirtschaftsforschung (Hrsg.), Wochenbericht Nr. 29/2000, Tab. 1, S. 467. c) Ders., Schulbesuch und Ausbildung von jungen Ausländern – kaum noch Fortschritte. In: Deutsches Institut für Wirtschaftsforschung (Hrsg.), Wochenbericht Nr. 10/2001, Tab. 1, S. 163.

45 R. Scholz u. H. Thoelke, Lebenserwartung in Berlin 1986–94. Senatsverwaltung für Gesundheit und Soziales (Hrsg.), Diskussionspapier 29, April 1997.

46 Zu den Einzelheiten siehe die in Anmerkung 35 b und c zitierte Literatur, dort S. 84–85.

47 In dem in Anmerkung 35 b und c zitierten Gutachten für die Rentenreform 2000 wird diese Projektionsvariante als „Rückkopplungsvariante" bezeichnet, hier als mittlere Variante.

48 Zur Methodik des Ansatzes siehe die in Anmerkung 35 zitierte Literatur.
49 Statistisches Bundesamt (Hrsg.), Gebiet und Bevölkerung, 1998, S. 244 ff.
50 Zu den Einzelergebnissen für die 36 Varianten vgl. die in Anmerkung 39 zitierte Literatur, S. 55.
51 Vgl. Anmerkung 4 sowie meinen Aufsatz hierzu in der Frankfurter Allgemeinen Zeitung vom 12.4.2000.
52 UN (Ed.), World Population Prospects – The 1998 Revision, New York 1999, sowie UN (Ed.), World Population Prospect – The 2000 Revision, New York 2001.
53 Ein Überblick über moderne Fortpflanzungstheorien aus unterschiedlichen wissenschaftlichen Disziplinen findet sich z.B. in E. Voland (Hrsg.), Fortpflanzung: Natur und Kultur im Wechselspiel – Versuch eines Dialogs zwischen Biologen und Sozialwissenschaftlern, Frankfurt a. M. 1992. Vgl. darin die biographische Theorie des menschlichen Fortpflanzungsverhaltens, die eine Synthese zwischen den disziplinären Verhaltensweisen versucht: H. Birg, Differentielle Reproduktion aus der Sicht der biographischen Theorie der Fertilität, S. 189–215.
54 C. Chesnais, Determinants of Below-Replacement Fertility. In: UN (Ed.), Below Replacement Fertility, Population Bulletin of the United Nations, New York 2000, S. 135.
55 Vgl. z. B. B. Hof, Europa im Zeichen der Migration. Szenarien zur Bevölkerungs- und Arbeitsmarktentwicklung in der EU bis 2020. Köln, 1993; J. H. Eding, F. J. Willekens und H. Cruijsen, Long-Term demographic scenarios for the European Union, Groningen 1996. Eurostat (Hrsg.), Bevölkerungsstatistik sowie Wanderungsstatistik, verschiedene Jahrgänge nach 1994.
56 Council of Europe (Ed.), The future of Europes population, Strasbourg 1992.
57 Th. Frein, Simulationsrechnungen zur künftigen Bevölkerungsentwicklung in den 15 Staaten der EU auf der Basis eines Projektionsmodells mit endogenen Berechnungen der Binnenwanderungen bis zum Jahr 2100. Diplom-Arbeit am Lehrstuhl für Bevölkerungswissenschaft der Universität Bielefeld, 1997.
58 Statistisches Bundesamt (Hrsg.), Gebiet und Bevölkerung 1997, Wiesbaden 1999, Tab. 3.3, S. 162/3.
59 UN (Ed.), Replacement Migration, New York 2000, Tabelle IV.7, S. 25.
60 H. Birg u. E.-J. Flöthmann, Demographische Projektionsrechnungen für die Rentenreform 2000, siehe Anmerkung 35 b und c, Projektionsvariante 5, Tabelle 5.5, S. 162.
61 Zu den Einzelheiten siehe: H. Birg, Trends der Bevölkerungsentwicklung – Auswirkungen der Bevölkerungsschrumpfung, der Migration und der Alterung der Gesellschaft in Deutschland und Europa bis 2050, insbesondere im Hinblick auf den Bedarf an Wohnraum, Bd. 12 der Schriftenreihe des Verbandes deutscher Hypothekenbanken, Frankfurt a. M. (Fritz Knapp Verlag), 2000.
62 Zeng Yi, James W. Vaupel u. Wang Zhenglian, A multi-dimensional model for projecting family households – with an illustrative numerical

application. In: Mathematical Population Studies, Vol. 6 (3), S. 187–216, 1997. Das Modell ist in einer unter Windows laufenden Form verfügbar („ProFamy").
63 G. Hullen, Projections of living arrangements, household and family structures. Bundesinstitut für Bevölkerungsforschung, Wiesbaden 1999 (unveröffentlicht).
64 K. Schwarz, Haushaltszugehörigkeit im Lebensverlauf. In: H. Birg (Hrsg.), Demographische Methoden zur Prognose der Zahl und Struktur der privaten Haushalte in der Bundesrepublik Deutschland, Frankfurt a. M./New York, 1986.
65 H. Birg, Entwicklung der Bevölkerung und der privaten Haushalte in der Region Berlin bis zum Jahr 2015. In: Deutsches Institut für Wirtschaftsforschung, Gutachten über die Entwicklung der Bevölkerung, Wirtschaft und Verkehrsnachfrage in der Region Berlin bis zum Jahr 2015, Berlin 1998, Tab. 5, S. 24.
66 H. Voit, Entwicklung der Privathaushalte bis 2015. In: Wirtschaft und Statistik, 2/1996, S. 90 ff.
67 H. Bucher u. M. Kocks, Die Bevölkerung in den Regionen der Bundesrepublik Deutschland – Eine Prognose des Bundesamts für Bauwesen und Raumordnung (BBR) bis zum Jahr 2015. In: Informationen zur Raumentwicklung, Heft 11/12, 1999, S. 755 ff. H. Bucher u. C. Schlömer, Die privaten Haushalte in der Bundesrepublik Deutschland – Eine Prognose des BBR bis zum Jahr 2015. In: Informationen zur Raumentwicklung, Heft 11/12, 1999, S. 773 ff.
68 J. Dorbritz u. K. Gärtner, Bericht 1998 über die demographische Lage in Deutschland. In: Zeitschrift für Bevölkerungswissenschaft, 4/1998, S. 377 f.
69 Zu den verschiedenen Methoden der Haushaltsprognose, vgl.: H. Birg, Demographische Methoden zur Prognose der Haushalts- und Familienstruktur – Synopse von Modellen und Prognoseergebnissen für die Bundesrepublik Deutschland, Frankfurt a. M. 1986.
70 H. Birg, D. Filip, E.-J. Flöthmann u. T. Frein: Ein multiregionales Bevölkerungsmodell mit endogenen Wanderungen – Zur demographischen Eigendynamik des Systems der räumlichen Bevölkerungsverteilung der 16 Bundesländer im 21. Jahrhundert. In: Materialien des Instituts für Bevölkerungsforschung und Sozialpolitik der Universität Bielefeld, Bd. 42, Bielefeld 1997.
71 D. Thränhardt, Regionale Ansätze und Schwerpunktaufgaben der Integration von Migrantinnen und Migranten in Nordrhein-Westfalen. Studie im Auftrag des Ministeriums für Umwelt, Raumordnung und Landwirtschaft des Landes Nordrhein-Westfalen, Münster, Oktober 1998, Tab. 14, S. 21.
72 Siehe vorstehende Anmerkung., Tab. 6, S. 16.
73 Siehe die in Anmerkung 35 b und c zitierte Literatur, Tabelle 5.5, S. 164.
74 Zu diesen Zahlen siehe: H. Birg, Perspektiven der Bevölkerungs- und Wanderungsentwicklung mit ihren Chancen und Risiken für den Wirtschafts- und Wohnstandort „ländlicher Raum". In: Institut für Landes- und Stadtentwicklung im Auftrag des Ministeriums für Umwelt, Raum-

ordnung und Landwirtschaft des Landes Nordrhein-Westfalen (Hrsg.), Ländliche Räume in NRW, ILS-Schriften, Nr. 85, S. 29.
75 W. Heitmeyer, Versagt die Integrationsmaschine Stadt? In: W. Heitmeyer, R. Dollase u. O. Backes (Hrsg.), Die Krise der Städte. Frankfurt a. M. 1998, S. 455.
76 S. D. Thränhardt, Anmerkung 71, S. 62–63.
77 H. Häußermann u. J. Oswald, Stadtentwicklung und Zuwanderung. In: Schäfers/Werner (Hrsg.), Die Stadt in Deutschland. Opladen 1996, S. 85–99.
78 Zum mathematischen Beweis siehe: Herwig Birg, World Population Projections for the 21st Century. Theoretical Interpretations and Quantitative Simulations. Frankfurt a. M./New York (Campus-Verlag/St. Martin's Press) 1995, S. 70 ff. In erweiterter Fassung ferner: Optimal and Low Fertility in Intergenerational Perspective. Paper presented at the Conference on Lowest Low Fertility, Max-Planck-Institut für Demografische Forschung, Rostock, Dez. 1998 (Veröffentlichung in Vorbereitung).
79 B. Felderer, Wirtschaftliche Entwicklung bei schrumpfender Bevölkerung, Berlin, Heidelberg, 1983.
80 Siehe Anmerkung 44.
81 B. Sommer, Entwicklung der Bevölkerung bis 2040. In: Wirtschaft und Statistik, Nr. 7, 1994, S. 497–503.
82 Zur Prognose der Lebenserwartung und zur Berechnung des Anstiegs des Anteils der Menschen, die das Alter 70, 80, 90 usw. erreichen, siehe die in Anmerkung 35 a – d zitierte Literatur.
83 J. Vaupel, Setting the Stage: A Generation for Centenarians?, Center for Strategic and International Studies and the Massachusetts Institute of Technology (Ed.), The Washington Quarterly, 23.3 (2000), p. 197–200.
84 Bundesministerium für Wirtschaft (Hrsg.): Grundlegende Reform der gesetzlichen Rentenversicherung. Gutachten des Wissenschaftlichen Beirats beim Bundesministerium für Wirtschaft, Studienreihe des BMW, Nr. 99, Bonn, April 1998, S. 37.
85 Siehe die in Anmerkung 4 angegebene Literatur und mein kommentierender Artikel hierzu in der Frankfurter Allgemeinen Zeitung vom 12. 4. 2000, S. 15.
86 Siehe die in Anmerkung 35 b und c angegebene Literatur, dort Bevölkerungsprojektion Nr. 1, S. 150.
87 H. Birg u. H. Koch: Der Bevölkerungsrückgang in der Bundesrepublik Deutschland, Frankfurt a. M. 1987, S. 144 f. und Tabelle TE7, S. 159.
88 Deutsches Institut für Altersvorsorge (Hrsg.), Vermögensbildung unter neuen Rahmenbedingungen, Köln 2000, S. 27.
89 Berechnungen des Verfassers auf der Grundlage der Daten des Ministeriums für Gesundheit und Soziales NRW (Hrsg.), Gesundheitsreport 1994, Bielefeld 1995, S. 174 f.
90 Statistisches Bundesamt (Hrsg.): Gebiet und Bevölkerung 1997, Wiesbaden 1999, Tabelle 5.2, S. 222.
91 Enquete-Kommission „Demographischer Wandel" des Deutschen Bundestages, Zweiter Zwischenbericht vom 5. 10. 1998, Abb. 8, S. 230. Siehe auch Anmerkung 96.

92 H. Birg, Could health spending surpass pension costs? Beitrag auf dem ‚Policy Summit of the Global Ageing Initiative', Center for Strategic and International Studies (Washington), Managing the Global Ageing Transition, Zürich (Rüschlikon), 22.–24.2.2001.
93 B. Hof, Auswirkungen und Konsequenzen der demographischen Entwicklung für die gesetzliche Kranken- und Pflegeversicherung, PKV-Dokumentation Nr. 24, Köln 2001.
94 Berechnungen des Prognos-Instituts und des Ifo-Instituts. Zweiter Zwischenbericht der Enquete-Kommission „Demographischer Wandel", Tab. 38, S. 126. Ferner B. Hof, siehe vorangegangene Anmerkung.
95 Das Statistische Bundesamt stellt genaue Angaben über die Zahl der 90jährigen und Älteren zur Verfügung. Zahlen über die Aufteilung der über 90jährigen in die beiden Gruppen der 90- bis 100jährigen und der 100jährigen und Älteren wurden vom Statistischen Bundesamt nicht veröffentlicht, weil die Angabe des Geburtsjahres bei sehr alten Menschen nicht immer genau genug ist. Die hier gemachten Angaben beruhen auf eigenen Berechnungen über die Aufteilung der 90jährigen und Älteren in die beiden Teilgruppen der 90- bis 100jährigen und der über 100jährigen auf der Basis der Daten des Statistischen Bundesamtes. Die Ergebnisse wurden in der Bevölkerungsvorausberechnung im Auftrag des Gesamtverbands des deutschen Versicherungswirtschaft verwendet (Anm. 35).
96 Deutscher Bundestag, Referat Öffentlichkeitsarbeit (Hrsg.), Zwischenbericht der Enquête-Kommission „Demographischer Wandel" (= Erster Zwischenbericht), Zur Sache – Themen parlamentarischer Beratung, Nr. 4, 1994. Enquête-Kommission „Demographischer Wandel" des Deutschen Bundestages (Hrsg.), Herausforderungen unserer älter werdenden Gesellschaft an den einzelnen und die Politik", Bd. 1 u. 2, Heidelberg 1996. Siehe auch Bundestagsdrucksache 12/7876. Ferner: Zweiter Zwischenbericht, Bundestagsdrucksache 13/11460 vom 5.10.1998.
97 Bundesminister des Innern (Hrsg.), Bericht über die Bevölkerungsentwicklung der Bundesrepublik Deutschland, 1. Teil, Bundestagsdrucksache Nr. 8/4437 v. 8.8.1980 und 2. Teil, Bundestagsdrucksache 10/863 v. Dezember 1983.
98 W. Zapf u. R. Habich, Frankfurter Allgemeine Zeitung, Nr. 138, 18.6.1999, S. 11.
99 N. Luhmann, Die Politik der Gesellschaft, Frankfurt a. M. 2000, S. 427.
100 E. Schütt-Wetschky, Gewaltenteilung zwischen Legislative und Exekutive? In: Aus Politik und Zeitgeschichte, Beilage zur Wochenzeitung, Das Parlament', 7.7.2000, S. 5.
101 D. Hume, Eine Untersuchung über die Prinzipien der Moral, Stuttgart 1984, S. 109. Siehe hierzu auch die Einleitung zu dieser Ausgabe von G. Streminger, insbes. S. 12.
102 H. Jonas, Das Prinzip Verantwortung, Frankfurt a. M. 1979, S. 91 f.
103 Vorstehende Anmerkung, S. 86.
104 Frankfurter Allgemeine Zeitung, Gericht spricht Kind Schmerzensgeld für Geburt zu, 11.12.1999.

Aus dem Verlagsprogramm

Politik und Zeitgeschehen

Herwig Birg
Die ausgefallene Generation
Was die Demographie über unsere Zukunft sagt
2005. Etwa 160 Seiten mit etwa 20 Abbildungen. Gebunden

Herwig Birg
Die Weltbevölkerung
Dynamik und Gefahren
2., aktualisierte Auflage. 2004. 144 Seiten mit 15 Schaubildern
und 2 Tabellen. Paperback
Beck'sche Reihe Band 2050
C. H. Beck Wissen

Wilhelm Bleek / Hans J. Lietzmann (Hrsg.)
Klassiker der Politikwissenschaft
Von Aristoteles bis David Easton
2005. 320 Seiten. Paperback
Beck'sche Reihe Band 1624

Felix Ekardt
Das Prinzip Nachhaltigkeit
Generationengerechtigkeit und globale Gerechtigkeit
2005. 238 Seiten. Paperback
Beck'sche Reihe Band 1628

Alfred Grosser
Wie anders ist Frankreich?
2. Auflage. 2005. 240 Seiten. Gebunden

Heinz Halm
Die Schiiten
2005. 128 Seiten mit 3 Abbildungen und 1 Karte. Paperback
Beck'sche Reihe Band 2358
C. H. Beck Wissen

Verlag C. H. Beck München

Politik und Zeitgeschehen

Jürgen Heideking/Christof Mauch (Hrsg.)
Die amerikanischen Präsidenten
42 historische Portraits von George Washington bis George W. Bush
Herausgegeben von Jürgen Heideking. Fortgeführt von Christof Mauch
4., fortgeführte und aktualisierte Auflage. 2005.
494 Seiten mit 42 Abbildungen. Broschiert

James G. Speth
Wir ernten, was wir sähen
Die USA und die globale Umweltkrise
Aus dem Englischen von Kurt Beginnen und Sigrid Kuntz
2005. 283 Seiten. Gebunden

Ralph Tuchtenhagen
Geschichte der baltischen Länder
2005. 128 Seiten mit 6 Karten. Paperback
Beck'sche Reihe Band 2355
C. H. Beck Wissen

Hans-Peter Ullmann
Der deutsche Steuerstaat
Geschichte der öffentlichen Finanzen
2005. 270 Seiten. Paperback
Beck'sche Reihe Band 1616

Max Weber
Die protestantische Ethik und der Geist des Kapitalismus
Vollständige Ausgabe
Herausgegeben und eingeleitet von Dirk Kaesler
2004. 432 Seiten. Paperback
Beck'sche Reihe Band 1614

Wuppertal Institut für Klima, Umwelt, Energie (Hrsg.)
Fair Future
Ein Report des Wuppertal Instituts
Begrenzte Ressourcen und globale Gerechtigkeit.
Herausgegeben vom Wuppertal Institut für Klima, Umwelt, Energie
2005. 278 Seiten mit 23 Abbildungen und 7 Tabellen. Broschiert

Verlag C. H. Beck München